DİKTATÖR DEVİRME SANATI

Popülist İktidarla Mücadelenin Teorisi

EREN ERDEM

VAFGO

DİKTATÖR DEVİRME SANATI
Popülist İktidarla Mücadelenin Teorisi

Eren Erdem

Yayın Yönetmeni: Cem Kabak
Kapak Tasarımı: Leyla Çelik
Sayfa Tasarımı: Kevser Akgüneş

1. Baskı Mayıs 2018

ISBN: 978- 605-68054-3-1

Baskı ve Cilt (Matbaa)
Ozan Matbaacılık Ltd. Şti.
Güven San. Sit C Blok No: 222
Topkapı İstanbul
Sertifika no: 11329

Vafgo Yayınları

Sertifika No: 36733
Güzeltepe Mah. Hoşdere Cad. 184/5
Ankara / Çankaya
Tel: 0312.442 20 27

DİKTATÖR DEVİRME SANATI

Popülist İktidarla Mücadelenin Teorisi

EREN ERDEM

VAFGO

İÇİNDEKİLER

GİRİŞ

Baştan söyleyeyim; bu kitap AKP'yi eleştirmez. AKP'nin iktidarda kalmasını sağlayan sistemi ortaya koyar ve bu durumun nasıl değişeceğini, defalarca sağlama yaparak temellendirir. Yani bir ***"çözüm"*** *kitabıdır. Endişeleri büyütme amacı taşımaz. Çözümü önerir. Uygulanması halinde, bütün tarih boyunca olduğu gibi* ***"kazandırır."*** *Bu kadar iddialı olmasının sebebi, tarih ve bilimin gerçekleri üzerinde yeşermesindendir.*

Bugün yaşadıklarımız, ilk defa bizim başımıza gelmiş hadiseler değildir. Birebir süreçlerin olduğu tarih, yine bu tür süreçlerden çıkışın teorisine de sahiptir.

Bu satırları okuyan herkesten ricam bu kitabı sonuna kadar okumaları olacaktır. Teorik tartışmalar çoğu kez ilgi çekmez ve sıkıcı gelebilir.

Fakat, çok uzun zamandır yapmadığımız teorik bir tartışmayı yapmak durumundayız. Tarihsel ve güncel kavramlarla meseleleri açıklamak ve bir içerik yaratmak zorundayız.

Aksi taktirde; gündelik ve yoz, çelişik ve umut vadetmeyen bir siyasetsizleşme krizine kapılmamız içten bile değildir.

Popülizmin Tarihi

Siyaset bilimsel bir alandır. Bu alanın doğru ve yanlışları vardır.

Nasıl ki bir insanın elini ateşe soktuğunda acı çekmesi bir bilimsel gerçeklik ise, ideolojisiz ve teorisiz; yani yol haritasız siyasetin başarılı olması da mümkün değildir. Bu durum elin ateşe sokulduğunda yanmayacağı iddiası kadar mümkündür. Dolayısıyla, bazı "yanlış bildiğimiz" kavramları doğru tanımlamak suretiyle, kitabın giriş bölümünde biraz daha teorik bir içerikle karşılaşacaksınız. Bu içeriği dikkate almanız halinde, adeta bir sinema filmi gibi, kendi kendisini ortaya koyan hakikatler ve çözüm ışığını göreceğiz. Kitabımız yaşadığımız sürece yeni bir teorik çerçeveden bakmak suretiyle somut, gerçek, uygulanabilir ve kalıcı bir çıkış yolu yaratmayı hedefleyen bir tartışma içeriyor. Dolayısıyla, kitabı bitirdiğinizde, zihninizde oluşacak düşünceler; son derece umut dolu olacak. 19. Yüzyılın sonlarında ABD'de doğan Popülist Halkçı Parti ve Rusya'da 19. Yüzyılın ikinci yarısında ortaya çıkan Narodnikler ile birlikte siyasi hayatımıza giren önemli bir kavramdan bahsedeceğim.

Popülizm

Popülizm kavramını duymuşsunuzdur.

Kavramın Türkçesi "halkçılık" manasına gelir. İlerleyen bölümlerde de göreceğiniz gibi; somut, müspet bir tanımı yoktur. Ama, tarihe ve günümüze yön veren ve Türkiye'de yaşanan krizin anlaşılması için bilinmesi gereken çok önemli bir kavramdır.

Popülizm, elitçiliğin karşıtı görünür

Kullandığı yöntem; sıklıkla ikilik yaratmasıdır.

Bu sayede halk arasında, temel çelişkinin (siyasete ihtiyaç duymamızı sağlayan gerçek sorunun) görünmez ve tartışılmaz olması için sahte çelişki ve çatışmalar yaratır.

Halk için, millet için, milletin adamı ve benzeri ibareler; popülistlerin temel söylemidir. Biz buna nabza göre şerbet verme, halk yağcılığı gibi tanımlar da yapabiliriz. Esasen kuramı olmayan bir kuram olarak popülizm bir tür halk dalkavukluğudur.

Popülist siyasetçilerin "milletin adamı" olarak tanımlanması, ona karşı olan herkesin "millete karşı" olduğu algısını yaratmaya yöneliktir. Esasen bu durum "milletin adamı" olarak işaret edilen kişiyle mücadeleyi "milletle mücadeleye dönüştürür." Yanlışları eleştirilemez. Koca bir "millet" karşınızda pozisyon alır.

Popülizm, ayrıştırıcı ve kutuplaştırıcı doğası ile, politikanın özü olan müzakere ve diyalogu yok eder. Dolayısı ile politikayı öldürür. Politikanın ölümü, siyasetin matemidir. Siyasetsizleşme, kişiliksizleşmeyi; kişiliksizleşme ise, kimliksizleşmeyi beraberinde getirir.

Popülizm, demokrasiyi kullanarak; demokratlara savaş açar.

Cansuyu toplumu ikiye bölmektir.

Popülistler halkı bölerek varolur ve yaşarlar.

Bu bölünme genellikle; "*millet ve elitler*" şeklinde olur. Aslında "*millet ve elitler*" olarak başlayıp, "*millet ve hainler*" olarak sürdürülür. Tarih boyunca her Popülist bunu yapmıştır.

20. Yüzyılın en önemli siyaset bilimcilerinden Leslie Lipson'un popülistleri tanımlamak için kullandığı şu ifade çok önemlidir:

"İnsanlar ikiye ayrılır; insanları ikiye ayıranlar ve ayırmayanlar.

Popülistler birincisidir."

Ayrıştırmanın en kolay yolu temel çelişkiyi göremeyen bir sosyoloji yaratmaktır. Bu kampanya görselinde gördüğünüz; "milletin adamı ve milletin düşmanları" arasında sürdürülecek bir seçimi, muhalefetin kazanma yolunun olamayacağıdır. Bu sahte büyüyü bozmadan, aynı popülist dil ile siyaset kurmaya çalışmak, sadece güçlü olan popülist liderin kazanmasını sağlayacaktır.

Polonya'da Sosyal ve Beşeri Bilimler Üniversitesi'nden siyaset bilimci Ben Stanley'in ifadesiyle;

"Popülizmin cıva gibi olan doğası, onu ciddiye almaya çalışanları her zaman çileden çıkartmıştır."

Cıva benzetmesi üzerinden, her şekli alabileceği ve her zeminde hareket edebileceği vurgulanır.

Bugüne kadar hiçbir genel teori, popülizmi tam manasıyla açıklayamamıştır.

Bu konuda üstad addedilebilecek Ernesto Laclau, Popülizmin kavramsal tanımsızlığına dikkat çeker.

Popülizmi tanımlamak kolay değildir. Bu kavramsal karmaşıklık, Popülizmin çevresinin rengine bürünen bukalemunsu bir olgu olduğunu hissettirir.

Bu durum biraz da Popülizmin tek bir türünün olmamasından Popülizmin bukalemunsu niteliği, tanımlanmasını zorlaştırmaktadır. *(Kaynak: Laclau E., İdeoloji ve Politika, Çev. Hüseyin Sarıca, Belge Yayınları, İstanbul, 1998, s.160)*

Popülizm tanımlaması ihtiyacına girişmemin temel sebebi, Türkiye'de yaşananların temel nedenlerinden birinin hatta en önemlisinin bu kavramla ilintili olmasından ileri gelir.

Popülizm Marx'ın manifestoda *"komünizmin hayaleti dolaşıyor"* şeklinde ifade ettiği benzetmeye benzer bir biçimde hayalet gibi ortalıkta dolaşma yetkinliğini bünyesinde barındırır.

Her mahallede, her sokak, her siyasi hareket ve eğilimde sinsice pusuda bekler. Öyle ki, zaman ve mekan tanımaz bir formasyonu vardır.

J.P.Zuquete'nin söylediği gibi; *"asla ve tamamen terk etmeyen, geri gelen bir hayalet her zaman kol geziyor, popülizm hayaleti." (Zuquete J.P., Book Rewiew, Journal of Latin American Studies, Cambridge University Press, Vol.41, No.3 (25 August 2009), 600-602.)*

Marx'ın komünizme atfettiği hayalet, Zuquete'de popülizme atfedilir. Keza, popülizm; her siyasi çeperin içine gizlenebilen bir hayalet gibidir.

Makul bir değerlendirmeyle ilk popülist hareketin Çarlık Rusya'sında 1860'larda ortaya çıkan Narodnikler olduğunu söylemek mümkündür.

Türkiye'de 68 kuşağı olarak bilinen politik hareketliliğin coşkusunu andırır biçimde ortaya çıkan Narodnikler, halka koşup onların sorunlarını çözme, onları örgütleme ve Çarlık düzenini devirme isteğiyle dolu gençlerden oluşmaktaydı.

Demokrat Parti'nin "yeter söz milletin" sloganıyla çıktığı seçimlerde Cumhuriyet Halk Partisi, "Atatürk ve İnönü" üzerinden kampanya kuruyordu. Esasen bu kampanyadan ötürü, "millet ile Atatürk" karşı karşıya gelmişti. Bugün Atatürk düşmanlığının yükselmesinde en kritik kırılmalardan olan bu kampanya, "Atatürk ile millet" arasında geçen ilk müsabaka olmuştur.

Zaten bu nedenle Narodnik yani ***"halkın dostları"*** ismi almışlardı.

Lakin Narodnikler son derece bahtsızdı.Keza, Çarlık Rusya'sında düzeni değiştirecek en önemli toplumsal katman olan köylüler, Narodniklere son derece ilgisizdi. Düzen değişikliği yönünde yaygın bir talep söz konusu değildi. Hatta fırsat buldukça Narodnikleri ihbar ediyor, tutuklatıyorlardı. Kısacası Rus Popülistler o dönem Rus köylüsünden destek bulamadılar.

Ancak; yaklaşık 60 yıl sonra gerçekleşecek Rus Sosyalist Devrimi'ne zemin hazırlamış oldular.

Buradan şu sonuca varabilmek mümkündür;

"Popülizmin halkın çıkarlarını koruma iddiası, sosyalizmin gelişmesine de yarar sağlamıştır".

Bu durumu farklı bir zeminde ve başlıkta ayrıca değerlendireceğiz. Lenin, 19. Yüzyıl Rusya'sında Narodniklerin ortaya çıkış nedenini şöyle açıklar;

"yarı feodal, eski ve doğal ekonomi çökmüştür. Ne var ki, yeni burjuva ekonomisi için gerekli olan şartlar oluşturulamamıştır."

Bu bağlamda sosyalist dünyanın içerisinde tanımlanan Narodnikler, romantik bir orta sınıf entelektüel hareketidir. Ve Popülizmin ortaya çıktığı süreçte, bugün olduğu gibi sadece siyasal sağın ve muhafazakarlığın değil, esasen solun da gerçekliği olduğunu ortaya koyar.

Yine siyasal tarihimizin önemli kırılmalarından biri olan Bülent Ecevit iktidarı, Rus Narodnik haketinin Popülizmine yakın bir popülist söylemi kullanmıştır. Köylü ve işçi iktidarı söylemi, gerçek bir sınıfsal temel ve üretim araçlarını ortaklaştırma hattına evrilmedikçe, popülist bir yöntem olarak addedilecektir. Fakat Ecevit örneğindeki popülist söylemler, ilerici ve esasen sınıfsal mücadeleye evrilebilecek bir içerik taşır. Bu nedenle Popülizmin ilk evresi olan "halkçı" temellendirmeler arasında görülecektir.

Popülizmin kavramsal etimolojik kökeni, 1870-1890 döneminde ABD'de "*Grangers*" ve "*Greenbackers*" diye bilinen çiftçi hareketine dayanır.

O süreçte bir tür üçüncü yol arayışı içindeki siyaset aktivistleri, 1892'de ABD'de Demokratlar'a ve Cumhuriyetçiler'e karşı Halk Partisi adıyla yeni bir parti kurma arayışını sürdürürken bu deyimi kullanmaya başlamıştır. Ve kavram hızla benimsenmiştir.

Gerçi kurdukları parti on yıl içinde dağılmış olsa da *"popülizm ve popülist"* gibi ifadeler siyaset terminolojisine girmişti artık.

Çarlık Rusya'sındaki Narodniklerin çiftçiler lehine başlattığı hareketler *"ilk popülist"* hareketler olarak nitelendirilse de, kavramın *"literatüre girişi"* Amerikan popülist hareketiyle gerçekleşmiştir.

Amerika'da ki siyaset aktivistlerinin, çiftçiler ve işçiler lehine başlattığı bilinçlenme hareketine popülist (halkçı) ismini vermelerindeki ironiyi William&Mary Üniversitesinde Tarih Profesörü olan Adrienne Petty şöyle betimler:

"1890'lı yıllarda o çiftçiler, o işçiler, hayatları boyunca maruz kaldıkları kurumsal kapitalistlerin şirketlerinin acımasız sömürülerine "artık yeter" diye isyan ederek kıvama evrilmişlerdir."

O halde rahatlıkla denebilir ki, Amerikan popülizmi, siyasal yapıda köklü bir dönüşüm beklentisi olan çiftçilerin öncülüğünde bir kitle hareketi olarak değerlendirilebilir.

Siyasal bir tarz olarak popülizm, günümüz Avrupasında ırka dayalı milliyetçilik olarak karşımıza çıkmaktadır.

Sosyal dışlamaya dayalı bu popülizm türü, ister aşırı sağda olsun ister aşırı solda olsun, her türden dış güce karşı, egemenliğin ve bağımsızlığın korunması vurgusuna dayanır.

Yine Asya kıtasının doğusunda ve batısında iki büyük ülkede iki imparatorlukta 20. Yüzyıl ile birlikte Popülizmin yankılandığını gözlemliyoruz. Bunlar Çin ve Osmanlı İmparatorluklarıdır.

Sun Yat Sen'le birlikte Çin'de *"halka doğru gidenler"* hareketi, Çin'de Mao devrimi öncesi halkın değerlerine sahip çıkıyor, seçkinlere özgü üst kültür ve Konfüçyüsçülüğe sırt çeviriyorlardı.

Folklorik öğelerden yola çıkarak köylü şarkılarını, yerel hikayeleri, atasözlerini toparlamak suretiyle Çin Popülizminin temellerini attılar.

Yerel kültüre, köylü kitlelere ve kırsal sorunlara odaklanan Çin gençleri, ileriki yıllarda tüm imparatorluğu dönüştürecek Çin komünist devrimciliğinin temellerini oluşturmuşlardı.

Bu eski seçim afişlerini incelediğimizde şunu görebiliriz; "Demokrat Parti, başladığı işleri bitirme adına istikrar talep ederken, Annelere çocuklarını koruma çağrısı yapan, milli vazife atıflarına varacak" söylemler, Demokrat Parti iktidarını büyütmek dışında bir sonuç yaratmamıştır. Çünkü Demokrat Parti'nin toplumsal omurga oluşturmayı başaran söylemi, Menderes'in parmak uzatarak söylediği; "Büyük Türkiye için Desteğinizi İstiyorum" söylemi olmuştur.

Tanıdık geldi mi?

Popülizm "*millet için siyaset*" yapma iddiasına dayanarak hegemonya kurma aracıdır.

Mao Zedung'un iktidara taşıdığı Çin popülizmi, gelenekten köklü biçimde kopuşu simzgeliyordu. Mao'nun esin kaynağı olan ve devrimden yıllar önce Liu Fu, Zhou Zuoren ve Gu Jiegang gibi "*Dört Mayıs*" entellektüelleri diye bilinen kesimin "*halka doğru*" adlı hareketi, Çin'de özellikle 1918'den itibaren halk edebiyatının Beijing Ulusal Üniversitesi'nde önemsenmesi, Çin entelejensiyasının edebiyata ve halk kültürüne yönelmesi gibi sonuçlar doğurmuştu.

Yani Çin örneğinde popülizm, entellektüelleri dönüştürecek boyutta ciddi bir iktidar alanına sahip olmuştur diyebiliriz.

Dolayısıyla, Marx'ın ifadesiyle, Komünizm hayaletinden önce sokaklarda dolaşmaya başlayan popülizm hayaleti, sosyalist devrimlerin gerçekleşmesinde önemli kazanımların ortaya çıkmasına yol açmıştır.

Çünkü popülizm; "*mutlak otorite karşısında hiçleştirilmiş halkın söz ve yetki sahibi olacağı*" fikri üzerinden olağanüstü bir cazibe yayıyordu. Evet, "*yeter söz milletin*" diyordu.

Evet, denebilir ki, esasen popülizm başlarda devrimci bir hareketlilikti. Günümüzdeki popülist hareketler gibi "sahte" değildi.

Keza, sosyalizmin pratik mücadele zemininde popülizmden yararlandığı; sosyalist hareketlerin Popülizmin açtığı yoldan yararlanmak suretiyle geniş kitleleri mücadeleye kattığını söylememiz mümkündür.

Nasıl mümkün olmasın ki, zira günümüz dünyasının popülist hareketleri, sağ siyasetin vaizliğini yapsa da, ortaya çıktığı ilk dönemde büyük çiftçi ve işçi hareketlerinin dayanışmasından oluşuyordu.

Neoliberaller bir yandan "demokratikleşmeyi" bir yandan da, piyasaların serbestleşmesini ve sınırsız birey teşebbüs hakkını savunurken popülizmi diri tutarlar.

Paradoksal gözüken bu durum şöyle cereyan eder; "hükümetler yaptıkları yasal düzenlemeler ile her türlü kapital ilişkilerinin önünü açtığında bu durum doğal olarak güçsüzleri, zayıfları ve halkı olumsuz etkiler. Tabir caiz ise "altta kalanın canı çıkar." Bunu fırsat bilen ve popülizmi siyasal bir iletişim tarzı olarak benimseyen liberal siyasetçiler adeta feveran ederek "yabancı düşmanlığı, dış mihrakların saldırılarını, etno milliyetçiliği ve dinselliği" içeren ifadeler kullanarak oluşabilecek öfkenin sönümlenmesini sağlarlar."

Popülizmin vaizliğini günümüzde sağ siyasetlerin yaptığını söylememizin nedeni budur.

Popülistlerin ayrıştırıcı siyasetlerine bir örnek daha. Milletin lideri ve partisi tanımı, karşıdakilerin tamamını "milletin düşmanı" ilan etmenin zeminidir. Ki Türkiye'de toplumsal kutuplaşmanın zemini hep bu olmuştur.

Bu yönüyle popülizm, halk için örtülü halk düşmanlığının halk adına yapılması için olağanüstü önemli bir silaha dönüşür.

Öyle ki basit bir "*siyasi üslup sorunu*" olarak görülen ve tartışılan, ancak bunun çok daha fazlasını ifade eden Popülizmin "*bolca boca edildiği bir demokrasi,*" kendi kendini imha dahi edebilir!

Çünkü "*popülizm*" adına siyasetçilerin "*ötekileştirici*" ve çoğulculuk karşıtı söylemler inşa etmesi, böylesi bir imhanın temelini oluşturacaktır.

Belki bu tartışmayı sürdürürken felsefi ve sosyolojik açıdan şu sorunun yanıtını aramamız gerekir; "*Popülizm meşruluğunu halktan mı alır?*" İşte temel kırılma noktası tam da budur. Bu kırılma noktasının iyi irdelenmesi, üzerinde düşünülmesi gerekir.

Esaslarıyla birlikte bu soruyu da ilerledikçe irdeleyeceğiz.

Esasen sosyal bilimciler bu kavramın tarihe karışacağını düşünüyorlardı. Ancak Latin Amerika, Afrika ve 68 hareketleriyle birlikte yükselen bir dalga olarak Popülizm, sosyal bilimcilerin bu beklentisini boşa düşürmüştür.

Bu anlamda geldiğimiz noktada şunu söylemek mümkündür. Yaşadığımız çağın adı; "*Popülizm Çağı*" dır.

Popülizm kavramını ciddi manada çalışan ilk akademisyenler Ernest Gellner ve Ghita Ionescu'dur. Popülizmin tanımlanması ve dünyanın çeşitli bölgelerinde yapılan çalışmaların karşılaştırmalı olarak sunulması amacını taşıyan ve 1969 yılında yayınlanan "*Populism*" adlı kitaplarında, Londra'da toplanan bir tartışma grubunun çalışmalarını derlemişlerdir. Gellner ve Ionescu'nun 1969'da kaleme aldığı şu satırlar günümüze ışık tutar niteliktedir:

Siyasetsizleşen sokağa kalan tek siyasal imge "lider" olur. Popülistlerin birinci hedefi "sokakları siyasetsizleştirmektir." Ve sokaklarda kalması gereken tek şey bir klik olarak "liderdir." Lider sokaktan ayrılmaz. Ama bir paradoks olarak, O'nun sokaktaki bu sürekli varlığının amacı, sokağı siyasetsizleştirerek demagojinin hakimiyetini kurmaktır.

"Şu an için, popülizm önemi konusunda hiçbir şüpheye yer yoktur. Fakat, kimse tam olarak ne manaya geldiği konusunda net düşünceye sahip değildir. Bir doktrin veya bir hareket olarak yakalanması zor ve sürekli değişkendir. Her yerde karşımıza çıkar, ama birçok farklı ve birbirine zıt biçimlerde olur bu. Özünde yatan bir ortaklığa sahip midir? Veya bir ismin şemsiyesi altında, birbirleriyle bağı olmayan birçok eğilim mi söz konusudur?"

Evet bu sorular son derece önemlidir. Sağın ve solun siyasi alanında, her köşe başından çıkabilme özelliğine sahip,aslında çelişkili görünen ama kendini gerçekleştirme konusunda son derece yetkin ve güçlü bir yöntem olarak popülizm, çağımızın ve insanlığın yegane sihirbazı olarak tüm gücüyle hükümdarlığını ilan etmiştir.

"*Macroeconomic Populism in Venezuela*" adlı çalışmasında Coupal

Yasmine; *"popülizm, çoğunlukla gelir dağılımı bozuk olan toplumlarda ortaya çıkma kapasitesine sahiptir"* der. Bu yönüyle, Latin Amerika'da solun, Avrupa'da sağın söylemlerinde görebiliriz popülizmi.

Fakat bu noktada bence tarihi bir tespit olarak Laclau'ya bakmamız gerekir. Laclaucu popülizm kavramsallaştırmasında, Popülizmin bir ideoloji veya belirli toplumsal aşamalarda patlak veren duygusal toplumsal hareketler olarak değil, karşılanmayan toplumsal taleplerin boş imgeler etrafında bütünleşerek halkın kendisini küresel bir düşmana karşı konumlandırdığı bir söylemsel inşa sürecini, başka bir deyişle bir politik zihniyeti yansıttığı söylenebilir.

Sistemin doğasından kaynaklı aksamalar popülistler açısından bir nimettir. Sürekli "değişim" derler. Değişim... Nasıl değişirse değişsin bu "iyi bir şeydir." Çünkü değişecek olan "kötüdür." Değiştirecek olan ise "milletin adamı." İşte bu aşamada, değişen ile yeni durum arasındaki çelişki anlamsızlaşır. Gelinen noktada sömürünün ne düzeyde derinleşeceği tamamen anlamsızlaşır.

Yine Ernesto Laclau, *"Popülist Akıl Üzerine"* adlı eserinde, Cumhuriyet Halk Partisi'nin altı okundan birisi olan halkçılığın, Türkiye'de farklı bir popülizm türü ortaya çıkarttığından söz etmektedir.

Tam bu noktada şunu söylemek yerinde olacaktır, bir ibare ya da vurgunun popülist olup olmadığını anlamanın yolu; tanımladığı toplumun içinden bir *"gerçek millet ve elit/öteki"* yaratıp yaratmadığıdır. Yani *"halkçılık"* ibaresindeki halk, *"gerçek halk ve hainler"* gibi bir ayrışma içeriyor ise popülisttir demek yerinde olacaktır.

Her ne kadar popülizmi net ifadelerle tanımlamak mümkün olmasa da, hatta birbirinden çok farklı tezahürleri olan popülist tanımlamalar olsa da dört temel başlıkta tüm popülizm türleri ortaklaşır.

1. Popülizm tümüyle halka vurgu yapar. Halkla özdeşleşme şeklinde kendisini ifade eder.
2. Elit karşıtlığı vurgusuna dayanır. Halkın yıllarca elitlerden çok çektiğini, elitlerin düzenini değiştireceğini iddia eden siyasetlerin yöntemidir.
3. Halkı homojenleştirir, farklılıkları görmezden gelir.
4. Sürekli olarak küresel düşmanlıklara dayanan bir bütünleşme ve halk adına halkçılık adına birleşme çağrılarını esas alır.

KAZANAN MİLLET

EVET % 51,37 HAYIR %48,63

YeniBirlik

www.gazetebirlik.com

"Cumhurbaşkanlığı hükümet sistemi"ni içeren, 18 maddelik Türkiye Cumhuriyeti Anayasası'nda Değişiklik Yapılması Hakkında Kanun, millet tarafından halk oylamasında kabul edildi. Saat 23.50 itibarıyla Türkiye genelinde sandıklardan yüzde 51.37 "evet", yüzde 48.63 "hayır" oyu çıktı.

YILDIRIM: KAYBEDEN YOK

16 Nisan referandumu ile birlikte seçimi kazanan "millet" oldu ifadesi neredeyse tüm medyada vurgulandı. Kazanma durumu %51,37 ile tanımlandığında, millet bu oy oranına işaret eden seçmendir algısı oluşturuldu. Bu ortadan ikiye ayrılma durumu, popülistlerin en önemli kazanımıdır. İşte "çözülmesi şart olan" bu sorunun en belirgin fotoğrafı budur.

Ve bu mealde en bilinen popülist hareketler şunlardır:

1. Narodnikler
2. Latin Amerika sol hareketleri
3. Leninizm
4. Nazizm
5. Peronizm
6. Titoizm
7. Doğu Avrupa Köycülük ideolojisi
8. Batı Avrupa Irkçılığı
9. Maoizm
10. Trotskyizm
11. Castroizm

Olarak ifade edilebilir. Bu örnekleri çoğaltmak mümkündür.

Yine popülizm üzerine çok ciddi çalışmalarıyla bilinen P. Taggart popülizm kavramını ele aldığı kitabında, Popülizmin kesin ve çeşitli türlerini kapsayıcı bir tanımının yapılmasının çok güç olduğunu, ancak popülist uygulamaların incelenerek kavramın anlaşılabileceğini öne sürer.

Yani Taggart, tek tip bir popülizm tanımından kaçınarak, Popülizmin yöntemlerini tanımlamayı seçmiştir.

Taggart'a göre Popülizmin çeşitli versiyonlarındaki temsili demokrasiye *(parlamenter sisteme)* karşı tavırların kökeninde, temsili demokrasi mekanizmalarının karmaşıklığı yatmaktadır.

Halk, kendisinin isteklerinin ve çıkarlarının temsili demokrasilerin *(parlamenter sistemlerin)* karmaşık yasama, yürütme ve yargı mekanizmalarında korunduğunu hissetmemektedir.

Temsili demokrasinin bu karmaşıklığı, popülistlerin güç kazanmasına yol açar. Çünkü popülistler, aracısızlığı dolaysızlığı savundukları için temsili demokrasinin karmaşık parti ve parlamento kurumlarına düşmanlık beslemektedir.

Bu yönüyle popülistlerin iktidarı ele geçirmesiyle birlikte "*temsili demokrasinin, parlamentonun zayıflaması hatta ortadan kaldırılması*" içten bile değildir. Bu da popülizmi tanımlayıcı bir kriter olarak ele alınabilir.

"

Popülist liderlerin temsili demokrasiye karşı olduğu gerçeği, 16 Nisan öncesi yüksek sesle dillendirilen tartışmalarda görülmüştü. Tam da sosyal bilimcilerin ortaya koyduğu gibi, "parlamenter sistem bir yük gösteriliyor, lider ile halk arasındaki dolayımları kaldırmanın ihtiyaç olduğu ifade ediliyordu".

"

Taggart'a göre popülistlerin bütün gücü ele alabilecek kadar güçlendiği durumlarsa, ciddi kriz dönemleridir. Böyle bir kriz geniş çaplı dönüşümlere yol açtığında veya böyle bir krizin olduğuna inanıldığında, isteksiz popülistler ana yurdu korumak için harekete geçerler.

Kriz dönemi geçtiğinde ve popülistler normal siyasal yaşam işlemeye başladığında da güçlerini kaybederler.

Ümüğünü sıkarız

Taksim'den yayılan protestoların faiz lobilerinin oyunu olduğunu söyleyen Erdoğan, "Borsayı da çökertmek istiyorlar. Bedelini ağır ödeyecekler" dedi

Arınç: Birileri bizi sarsmalı

BU OYUNU BOZUN!

HESABINI SORARIZ

Yüzde 100 sokakta

Vali'den selam ve özür tweet'i

Sosyal bilimcilerin referanslarıyla sizlere tanıtmaya çalıştığım popülizm kavramını ortaya koyacak en iyi görsel budur. Gazete küpürü, aynı gün içinde sokağa çıkan 2 dev kalabalığa işaret eder. Bir tarafta Erdoğan taraftarları, diğer tarafta karşıtları. Tamamen "çevreci" reflekslerle sokağa çıkan Erdoğan karşıtlarının; "faiz lobisi, ihanet, karanlık bir oyunun piyon, hesap sorulacak gafiller" kategorisinde anlatıldığını görüyoruz. Gezi parkı direnişçileri, "borsayı çökertmek isteyen, büyüyen Türkiye'nin düşmanı olan hainlerdir." Ve bu hainlerin başı ezilecektir. İşte bu "altın vuruş," bir popülist liderin; nihai diktatörlüğe geçiş kırılmasıdır. Ve Türkiye bu kırılmayı yaşamıştır. Popülizm budur. Bilimsel metinlerden hayata yansıyan pratik aynen burada görülür.

Bu yönüyle "*Muhafazakar Popülizm*" kitabıyla tanıdığımız Tarık Şengül'ün şu cümlesini paylaşayım; "*AKP, muhafazakar popülist bir hegemonya inşa süreci sürdürüyor.*"

Bu cümleyi, bir önceki paragrafta Taggart'a atıfla paylaştığım ifadelerle birlikte ele aldığımızda, AKP'nin Türkiye'de temsili demokrasi kurumlarıyla verdiği mücadelenin kökenini çok daha net görürüz.

AKP'nin geniş halk kesimlerini olumsuz etkileyen neoliberal politikalara bağlı kalmasına rağmen yoksul halk kesimlerinden oy almasının temel nedeni de budur. Esasen sömürü düzeninin temsilcisi olan AKP'nin, nasıl olup ta yoksul kesimlerden oy aldığı hususunda yürüyen tartışmanın tek kelimelik basit cevabı "Popülizm"dir.

Yoksul ve mazlumun yanında olan "milletin adamı," esasen yoksulluğu bitirecekken "dış güçler yüzünden" bu durum gecikmektedir. İş Erdoğan'a kalsa, yoksulluk bitecek, ama içerideki hainler ve dış destekçileri, bu büyük mücadeleyi engellemektedir. İşte "Erdoğan popülizmi ile yoksul kesimler arasındaki temel mutabakın mantığı budur." Yoksulluğun süreklileşmesini esas alan neoliberal politikaların uygulayıcısı olan AKP, bu gerçekdışı söylemi temellendirir. Muhalefetin bu durumu gerekçelendirerek gerçek bir sınıf temelli yaklaşım ortaya koymaması halinde, ezilenlere hitap edecek tek egemen söylem bu olacaktır. Bu durum, Erdoğan'ın işaret ettiği her hainin yok edilmesi gerekliliğini de doğurur. Çünkü bu bir beka sorunudur.

Popülizm, öteden beri Türkiye siyasetinde özne olarak var olmasına rağmen, AKP iktidarları döneminde fazlaca güçlendi. Referandum sürecinde ise zirveye ulaştı. O kadar ki, ciddi konuların tartışılamadığı, Popülizmin yarattığı şeytanlaştırma üzerinden siyasetin ve halkın ayrıştığı, meselelerin "*vatansever-vatan haini*" ekseninde ele alındığı süreç, Popülizmin zirveye ulaştığı bir süreçtir.

Bu zirveye biz "*Neopopülizm*" diyoruz.

Anlamsız tartışmaların, iktidarda olmayan siyasetlerin millet ve bağımsızlık düşmanlığıyla suçlandığı bu yeni popülist siyaset biçimi Türkiye'de adeta tüm siyaseti esir almayı başarmıştır.

Bunu bir örnekle gösterelim;

ERDOĞAN, ÇANKAYA MİTİNGLERİNİ SAMSUN'DAN BAŞLATTI

BİZ MİLLETÇİYİZ ONLAR DEVLETÇİ

BAŞBAKAN ERDOĞAN: Biz milletin tarafında olduk. CHP, MHP, HDP, devletin tarafında oldular. Aramızdaki fark bu

- BUGÜNE kadar 11 cumhurbaşkanı görev yaptı. Gazi Mustafa Kemal'den sonra her Çankaya seçimi büyük krizlere yol açtı.
- 77 yıldır süren bu tartışmalara son vererek bizzat halkın yani cumhurun Cumhurbaşkanı'nı seçmesini sağladık.
- CHP ise 1938'de başlatmış olduğu millet düşmanlığını bugünlere taşıdı. Demokrasi ve sandığın karşısında oldu.

HANGİ YÜZLE OY İSTEYECEKLER?

- CHP ve MHP halkı reddetti. Şimdi hangi yüzle halkın karşısına geçip bizim adayımız budur deyip oy isteyecekler?
- BUNLAR Cumhurbaşkanı değil, statükoya bekçi seçmenin derdinde. Ama artık başaramayacaklar.
- ÇANKAYA yan gelip yatma yeri değil. Cumhurbaşkanı yolları da, havalimanlarını da, milletin birliğini de takip eder.
- MİLLİ güvenliğimize tehdit oluşturan paralel yapıyı derdest edeceğiz.

Gazete küpüründe görüldüğü gibi, "millete seslenen" lider figürü olarak "popülist lider," karşıtlarını tanımlar. Kendisini ifade ederken herhangi bir siyasal referans ortaya koyma ihtiyacı hissetmez. O "milletin adamıdır." Ve karşıdakiler devletin. Devlet; "elitlerin elinde olduğundan" devletçilik kötüdür. Ve ancak "millet iktidara geldiğinde," devlete sahip çıkılabilir. Bu nedenle karşısındaki herkes "elitisttir." Haber spotlarını okuduğumuzda; "karşısındakileri statüko bekçisi tanımladığını, CHP ve MHP'nin milleti reddettiğini, şimdi ne yüzle milletin karşısına çıkıp oy isteyeceklerini sorar. Devamında; Cumhurbaşkanı, yollar yapar, havaalanları yapar milletin birliğini takip eder" der. Bu ifadeyle kitapta "bilimsel temelde yapılan popülizm tanımları içinde yer alan tek adamlaşma, aracı kurumları devreden çıkartma" eğilimini görürüz. Ve altın vuruş haber spotunun son başlığında verilir; "milli güveniğe tehdit oluşturan paralel yapı derdest edilecektir." Milletin tek yolu "milletin adamıdır." Eli yüreğinde, millet karşısında, millet için statükoyla savaşan "lider." İşte Popülizmin sihri.

Öyle ki, halkla bütünleşen söylem gücüyle, muhalefet partilerinin de davranışlarını belirleme gücü kazanan popülist iktidar, hem ülkeyi yönetirken; hem de karşıtlarının davranışlarını yönetme yetkinliği kazanmıştır. Bunu nasıl yapmıştır? Ortaya attığı söylemlere karşı çıkanları "*millet düşmanlığı*" üzerinden milletle karşı karşıya getirerek. Ve bu yönüyle Taggart'ın "*ciddi kriz*" eşiğini aşarak "*krizin en derin*" aşamasına ulaşmıştır.

Bu arada şunu söylemek gerekir. Özellikle Popülizm tarihçesini ortaya koymak için verdiğim "*Rusya, Çin ve Latin Amerika*" örneklerine göre popülizm"*ortaya ilk çıktığı süreçte*" sol ve sosyalist hareketlerin halkta güçlenmesini sağlamıştır.

Fakat, zaman içerisinde; sağ iktidarların Popülizmi bu örneklerden ötürü kullanmaya başlamasıyla günümüz popülizmi bir mutlak sağ yönteme evrilmiştir. Yani "*iyi popülizm, kötü popülizm*" yerine, "*popülizm ve Neopopülizm*" şeklinde bir ayrımı ortaya koymak gerekebilir.

T24'te Sezin Öney'in konuyla ilgili dosyasında

"*Düşünün ki, toplum olarak bir takım sorunlarınız var. Demokrat veya özgürlükçü çizgi, tıpkı bir doktor gibi, size; yani topluma, 'acı reçeteler' tavsiye ediyor. Tüm kötü alışkanlıklarınızı bırakmanızı, sıkı bir 'diyete' girmenizi salık veriyor. Sonra, bir 'büyücü doktor' geliyor ve tüm bunların safsata olduğunu, sizin aslında hasta falan olmadığınızı, dilediğinizi yiyip içebileceğinizi ve tersine, tabuları, kuralları yıktıkça, sağlığınızın daha da mükemmel olacağını savunuyor. İnsanların zaafı da, "kulağa hoş gelen 'alternatif gerçeklere' inanıvermeler"* şeklinde tanımladığı bu sosyolojik durumun bizatihi kendisi yaşanmakta" der.

Türkiye özeline döneceğiz. Giriş bölümü akabinde, Türkiye'yi konuşacağız, çözümü en net ve somut haliyle paylaşacağız. Ama Popülizmi irdelemeye devam ederek, ne ile karşı karşıya olduğumuzu görmeyi sürdürelim.

Önceliğimiz; karşı karşıya olduğumuz durumu anlamak, akabinde tedavisini ortaya koymaktır. Popülist söylemin temeli "gerçek halk" vurgusuna dayanır.

"Gerçek millet, iç ve dış saldırılarak rağmen" kazanmıştır. İşte AKP Neopopülizminin yarattığı "gerçek millet" tanımı böyle kurulmuştur.

Halktan yana olduğunu söyleyen popülistler; öncelikle "*kendi önceliklerine göre bir halk tanımı yaparlar*" ve bu önceliklere uymayan herkesi "*ötekileştirirler.*" Başlangıçta ötekileştirme olarak gelişen bu tutum, düşmanlaşma ve şeytanlaştırma olarak devam eder.

Çünkü Popülizmin varlık gerekçesi, "gerçek halk ve hainler" ayrımını yapabilmesine ve halkın çoğunluğunun "gerçek halk" ve bir kısmının da "hainler" kategorisine göre dizayn edilmesine borçludurlar.

Bu bağlamda, halk çoğunluğunun gerçek sesi olduğunu iddia eden popülist lider, hainler diye genel bir ad ile kategorize ettiği seçkinlere, elitistlere, düşünürlere ve kendine biat etmeyen tüm dinamiklere karşı "intikamcı bir kültür" ile bilenir. Bu durum "fasit bir daire" gibi süregitmek zorundadır artık. Geri dönüşü yoktur!

Özellikle de popülistlerin korkulu rüyası, bu kutuplaşmayı hedef alan siyaset biçimleridir.Bir siyasi hareketin "bu yaratılan kutuplaşmayı bitirecek içeriğe sahip" söylem üretmesi halinde, popülist iktidarlar tüm güçleriyle onları yok etme mücadelesine girişir. Ölüme varacak süreçlerin oluştuğu hadiseler yakın tarihimizde yaşanmışlıklarımız içinde yer almıştır.

Çünkü Popülistlerin tek gücü, yarattıkları "sahte çatışmalardır." Millet ve Millet düşmanları şeklinde gerçekleşen bu çatışmanın sona ermesi, Popülist iktidarın yıkılışı olacağından, sürekli bir düşmana ihtiyaç vardır ve bu düşman; iktidara gelmeye çalışan diğer siyasi hareketlerdir.

> *"CHP ne yerli, ne millidir!" bu söylem ustaca hazırlanmış bir popülist ikna söylemidir. Söylemin oluşması, kitabın temel önermesi olarak; "CHP'nin politik hatta gerektiği gibi girmesinden kaynaklıdır." Popülizmin minderinde sürdürülen bir kavgada, güçlü olan kazanır. Haklı olan değil...*

Yakın tarihin en iddialı popülistleri; "*Hugo Chavez, Recep Tayyip Erdoğan, Ahmedinecat, Donald Trump, Putin*" gibi isimlerdir.

Bunlar arasında Trump'ın ABD seçimlerini kazanma sürecinde sergilediği tüm siyasi yöntemlerin birebir popülizmi esas aldığı çok net görülecektir.

Spesifik olan durum ise, birbiri ile ideolojik farklılığı olan bu isimlerin aynı ortak noktada buluşmasıdır.

İşte, zamanın ruhu budur. İdeolojileri pasifize eden, insanlığı bir bütün olarak esir alan yeni sömürü sisteminin söylem gücünü oluşturan "*popülizm*" tüm siyasi çevrelerde var olan gerçek patrondur.

Gerçek patron popülizmken, meze mahiyetinde ideolojik tartışmalar; toplamda bu yeni ve en büyük patronun çizdiği sınırların içerisinde kalmaya mahkum edilmiştir.

Bu isimlerin ortak özellikleri, sembolikleşmiş bir tabirle "*gerçek millet*" vurgusu yaparak kendilerini "*milletin sesi*" olarak tanımlıyor oluşlarıdır.

Trump,sahte kimlik oluşumunda öncelik olarak; çok çalışan Beyaz Amerikalılar için bir siyasi kimlik oluşturmuştur. "*Biz vergi ödeyen gerçek Amerikalılar*" söylemi, bu söylem çerçevesinde vergi ödeyen beyaz Amerikalılar karşısında bir "*öteki*" yaratılmaktadır. "*Vergi ödemeyenler gerçek Amerikalı değildir.*" İşte toplumda yeni kategorik kutuplaşma böyle atılmıştır.

Trump Popülizmi, bu şekilde bir "*öteki*" yaratma yolunu seçmiştir.

İran'da ise Ahmedinecat döneminde alt kesimler, köylüler ve yoksul kesimler "*biz*" kimliğinin içine yerleştirilmiş, bunun dışında kalanların tamamı "*öteki*" olmuştur. Bu anlamda Türkiye'de de %51'in içinde olanlar "*gerçek millet,*" geriye kalanlar ise "*ötekiler*" olmuştur.

DEĞİŞİME EVET

Terör örgütleri PKK, FETÖ ve DEAŞ'a rağmen, Haçlı ittifakı, HDP, CHP'nin yanı sıra dahili ve harici işbirlikçilere rağmen, millet yeni sisteme "Evet" dedi.

BAŞKAN ERDOĞAN

"*Terör örgütleri PKK, FETÖ ve IŞİD, ayrıca haçlı ittifakı olan CHP ve HDP'nin yanısıra bütün harici ve dahili işbirlikçiler" hayır dedi. Kalanları "gerçek millet" olarak evet dedi.Bir kuram olarak popülistlerin en görünür olduğu manşetlerden biri daha.*"

Popülistler, mutlak otoriteyi ele geçirmek için mutlaka bu yola başvururlar. Halkı bu kötü oyuna ikna etmenin yolu; "*onun çıkarlarını koruma adına*" bunu yaptığına onu ikna etmektir.

Halk bu motivasyona şu şekilde ikna edilir; "*Popülistler, elitlerin ve monşerlerin egemenliğine son verip, millet egemenliği kurma iddiası üzerinden iktidara gelirler.*"

Zaten temsili demokrasinin (parlamenter sistem) çeşitli açmazlarından kaynaklı olarak devletle arasında mesafe oluşan halk kitleleri açısından bu son derece devrimci bir söylem addedilir ve istisnasız görülmektedir ki, karşılık bulur.

Dolayısıyla Türkiye'de yürütülen "*Millet sevdalısı*" ifadesi; esasen sadece %51'i kapsar. Bunun dışındakiler siyaseten o an hangi düşmanla anılması gerekiyorsa anılacak "*ötekilerdir.*" Bu ötekiler her şekle sokularak şeytanlaştırılır. Ancak %51'den ibaret olan "*gerçek millet*" çeşitli vesilelerle azınlığa düşecektir.

Bu durumlarda tarih boyunca tüm popülistlerin ortak direngenlik eylemi olarak şiddet baş gösterecek, popülist iktidar, iktidarı bırakmama adına yeni düşmanlar yaratarak; kaos ve gerilimi tırmandıracaktır.

Elbette popülistler yenilmez değillerdir. Aksine, en kolay yenilecek hegemon tipolojisi popülist tipolojidir. Fakat, popülist iktidarı yenebilmek için; toplumsal ve siyasal muhalefetin popülizmden tamamen kurtulması gereklidir.

Çünkü popülist iktidarların "*gerçek halk*" tanımlaması, hiçbir zaman muhalifleri kapsamaz.

Gerçek Millet kimliğini benimseyerek iktidarı destekleyen kitleler, popülizmi kullanan muhalefet partileriyle ilişki kurmazlar.

Çünkü, bir "*millet ve milli kimlik*" zaten oluşmuş ve içi iktidardaki popülistlerin belirlediği argümanlarla doldurulmuştur.

Ve bu kimlik tamamen, iktidardaki Popülist siyaseti yaşatmak için yaratılmıştır.

Dolayısı ile kendisini bu kimlikle tanımlayan bir vatandaşın, "*öteki ve hain*" gördüğü muhalefetin popülizme başvurarak tanımlayacağı kimliği benimsemesi imkansızdır.

7 Haziran sonrası atılan bu manşet, iktidarı kaybeden AKP'yi gösteriyordu. Çöküş diye işaret edilen şey Erdoğanizmin çöküşüne atıftı. Esasen siyaseti "kişi odaklı hale getiren" bu muhalif manşet, halen Popülizmin çökmediğinin en net deliliydi aslında.

Bu durum bir diğer ifadeyle; vatandaş aynı fiyata satılan orijinal ürünü tercih edecek, sahtesine teveccüh göstermeyecektir.

Bu nedenle, popülistlerin iktidarda olduğu ve halkın çoğunluğunu yarattığı "*gerçek millet*" kimliğiyle bütünleştirdiği bir ortamda, muhalefetin aynı yolu kullanması, bir tür siyasetsizleşme yaratarak mutlak başarısızlığı getirecektir.

Bu girdaba giren muhalefet; iktidarın belirlediği gündeme sıkışmak zorunda hissetmeye başlayacak ve kendisini bu zeminde ifade etme çabasına girişecektir.

Yani;

- İktidarın "*hain dediğine hain,*"
- Yapmazsan teröristsin dediğine eyvallah,
- Casus dediğine casus,
- Terörist dediğine terörist.

diyen bir muhalefet siyasetsizleşmesi, o ülke açısından büyük bir krizin başlangıcı olacaktır.

Bu siyasetsizleşme krizi, Popülistlerin iktidarını önce hegemonyaya akabinde de mutlak diktatörlüğe dönüştürmesini sağlar.

Yani bir ülkede Popülist iktidarların diktatörlüğe dönüşmesinin temel sorumlusu, Popülizmle mücadele etmeksizin, iktidarın gündem ve sınırları içinde kalarak siyasetsizleşen muhalifleridir. Popülizmle nasıl mücadele edileceği konusuna değineceğim.

Daha açık tabirle; "Popülistler asla kazanamaz, karşılarındakilerin kendilerine benzemesini sağlayarak kaybettirirler. Muhalefet kaybettiği için Popülistler kazanmıştır. Mesele budur.

Yani Popülistlerin tek kazanma stratejisi, muhalefetin nasıl davranacağını belirleyecek "*millet*" baskısını kurabilmeleridir. Böyle durumlarda muhalefet, Popülistlere benzeme çabasına girecektir ve kesinlikle kaybedecektir.

"Adalet Yürüyüşü" esnasında çekilen bu fotoğraf çok tartışıldı. Halk adamı, halk gibi olan adam, "ben de sizdenim, yerliyim, atletliyim" diyordu adeta.

Bu durum "Milletin adamı Erdoğan"ı çılgına döndürdü.

Dolayısıyla her Popülist iktidar için şunu söyleyebiliriz;

"Popülistlerin bir siyasal başarı temeli yoktur. Zaten halkı siyasetsizleştirmeyi amaçlar. Kazanmasının yolu, muhalefeti kazanamayacak hale getirmektir."

O zaman "*çözümü*" baştan söyleyelim: "*Popülistlerle mücadele ederken popülizmi esas alan her muhalefet tipi kaybeder. Popülistlerle, onların yok ettiği siyasal alanda, ideolojik mücadeleyle başarı sağlanabilir."* Şimdilik burada kalsın. Bu meseleyi uzun uzadıya ele alacağız.

Popülizm kavramına geri dönecek olursak, bu konuda en önemli isimlerden olan Ernesto Laclau'ya kulak vererek devam etmek yerinde olacaktır. Laclau'ya göre Popülizmin sebebi, *"toplumsal kesimler arasındaki ilişkiler ve seçkinler arasında ortaya çıkan bir hegemonya krizinin varlığıdır."*

Bu inanılmaz tespit, tüm olağanüstülüğüyle ilaç mahiyetinde buraya not olarak düşsün.

Yani Laclau, Popülizmin ortaya çıkış nedeninin; *"devletin seçkinlerce idare edilmiş olmasından kaynaklı tepkilere bağlar. Seçkinler devleti yönetmiş ve halk bir dışlanmışlık duygusuna kapılmıştır. İşte tam bu sırada "sihirbaz"* gelir, dışlanmış hisseden milletin; seçkinlerin, elitlerin ve monşerlerin yerine iktidara geleceğini söyler."

Erdoğan, karşısına Ekmelettin İhsanoğlu'nun çıkartıldığı Cumhurbaşkanlığı seçimlerinde tam da Popülizmin bütün araştırmacılarının söylediği gibi, rakibini "monşer, elit" olmakla itham etmişti. Keza, bu itham sayesinde iktidarı Erdoğan'a veren halk, bu yeni "monşere" asla iktidar veremezdi. Maç, bu sihirli sözcük sayesinde sandık kurulmadan kazanılmıştı.

Türkiye'de de durum böyle olmamış mıdır?

Az önce de ifade ettiğim gibi, bu söylem *(elit ve seçkin karşıtlığı)* Popülizmin ilk ortaya çıktığı dönemlerde; sosyalist devrimlere zemin hazırlar bir duruma da yol açmıştır. Fakat, 1970 sonrası, popülizmi bir siyasal yöntem olarak *"muhafazakar sağın"* ele almasıyla birlikte popülizm; ilerici ve halkı gerçek manada iktidara taşıyacak bir araç olmaktan tamamen kopartılarak, neoliberal sağ siyasetlerin iktidara gelme aracına dönüşmüştür.

Daha anlaşılır bir ifadeyle, popülizm ilk ortaya çıktığında; sol, bu söylemin halkta yarattığı iktidara gelme arzusunu devrimsel süreçlere dönüştürmüştür. Bunu yaparken "*halkın içinde kutuplaşma yaratmamıştır.*"

Söylemin gücünü gören sağ, bu söylemi tamamen tekelleştirmiş ve halkın iktidara gelme arzusunun yine halkın içindeki "*öteki, ihanetçi*" izdüşümlerle mücadeleyle mümkün olabileceği temeline dönüştürmüştür.

Anlaşılır olması için dikkat ettiğim bu durum şöyle de ifade edilebilir; "*solun elinde popülizm, halkın iktidara gelme adına mücadeleyi iktidar ve sermaye ile yapmasını*" sağlarken, sağın elinde "*halkın bizzat yine halkla mücadelesine dönüşür.*" İşte bu nedenle bir çoğunluk kimliği yaratılır. Bu kimliğin dışındaki herkes nefret objesine dönüştürülerek, halkın iktidarı ancak bunlarla mücadele edilirse mümkündür algısı kurulur.

Özetleyecek olursak, Popülizmin literatürel tartışmalarını iki döneme ayırmak yerinde olacaktır. Bunlardan birincisi II.Dünya Savaşı sonrası dönemden 1970'li yılların sonlarına kadar olan dönemdir. Gellner ve Ionescu'nun klasikleşen eserleri, Laclau'nun 77 tarihli kitabı, Gino Germani'nin 1978 yılında yayınlanan çalışması bu dönemde yer alır. Margaret Conovan (1981) ve Gavin Kitching'in (1982) eserleri de bir geçiş süreci çalışması olarak görülebilir. Bu kavramın asıl mahiyetini oluşturan ve Popülizmin sosyal biçimcileri adeta dumura uğratan gelişimini konu edinen eserler daha sonra kaleme alınmıştır. Latin Amerika ve Batı Avrupa'da birbirini izleyen neopopülist liderlerin ve Neopopülizmin incelendiği çalışmalar ise; Kenneth Roberts ve Kurt Weyland'ın, Latin Amerika Neopopülizmi üzerine yaptıkları çalışmalarla Hans Georg Betz ve Paul Taggart'ın çalışmalarının önemini vurgulamalıyım.

Muhafazakar sağın tekelleştirdiği Popülizm, halkı "*gerçek iktidar*" yapacak tüm sınıfsal önermelerden arındı. Yerine, "*gerçek millet*" başlığı altında, bir zümrenin çıkarlarına dayanan iktidarları koruyan muhafızlara dönüştürdü.

Burjuva demokrasilerinin hırpaladığı, darbelerin, ekonomik bunalımların ve geleneksel siyasetin bu krizlere çözüm üretemediğini düşünen geniş halk kitleleri, bu "*samimi ifadeler içeren silahı*" benimsemiştir. Bugün küresel ölçekte günbegün büyüyen bir Popülizm dalgasından bahsetmemiz gerekir.

Hatırlarsak, Hollanda krizinin yaşandığı günlerde; AKP iktidarı Hollanda'nın Türkiye düşmanlığından, Hollanda hükümeti ise Türkiye'nin Hollanda düşmanlığından dem vuruyor, bu popülist gerilim; bir tarafın portakal bıçaklamasını, diğer tarafın da Erdoğan posterleri yakmasını sağlıyordu.

Bir besin kaynağı olarak düşmanlık, halklar arasında tüm yapaylığı ile karşılıklı salvolarla yaşanırken, Hollanda ve Türkiye hükümetleri; "*düşmana karşı izlediği tutum nedeniyle alkış topluyor,*" sandığa atılan oylarla ödüllendiriliyordu.

Alman Bild gazetesinde Erdoğan'a yönelik bir manşet.

Dolayısıyla, yeni çağın Neopopülizmi bir tiyatronun ta kendisine dönüşmüştür. Avrupa ve ABD popülizmi ile kavga üzerinden Erdoğan, Erdoğan ile kavga üzerinden Avrupalı ve ABD'li popülistler "*yarattıkları*" dış düşmana karşı verdikleri büyük mücadele dışında bir şey söylemeyecekleri bir siyaset alanı yaratmışlardır.

Artık Erdoğan'ın konuşmalarının neredeyse tamamı Batılı Popülist liderlere "*eyyy*" diye çıkışan, sadece "*gerçek millet*" adına o dış mihraklarla verilen kutsal mücadeleyi anlatan bir içerikten ibaret hale gelmiştir.

İşte bu neopopülist yeni siyaset biçimi, esasen siyasetsizleşmenin ve diktatörlüğe hızlı bir biçimde evrilmenin işaretidir.

Yine Neopopülizmin bu yöntemlerinin mutlak manada başarı getirdiğini gösteren bir başka veri de 7 Haziran ile 1 Kasım seçimleri arasındaki gelişmeler olacaktır.

Kısaca özetleyelim;

Türkiye, çözüm süreciyle meşguldür. İmralı görüşmeleri, Öcalan ile buluşmalar, Oslo görüşmeler ve Habur karşılamaları eşliğinde; "*kan duruyor, barış geliyor*" naraları, milletin adamı (!) Erdoğan'ın, yıllardır çözülemeyen bu sorunu çözen bir dünya lideri olarak anılmasını sağlıyordu.

Süreç Popülist iktidarca tam da kitlesel mutabakatı büyütecek temelde ilerliyordu. Görüşmeler, akiller heyeti ve anaların duran gözyaşları.

Bir kırılma olarak, HDP eski Eş Genel Başkanı Demirtaş, "*seni Başkan yaptırmayacağız*" çıkışıyla, 7 Haziran kampanyasını ilan etmiş ve HDP'nin barajı geçip geçmeyeceği tartışılmaya başlanmıştı.

Ve tam o günlerde Cumhuriyet Halk Partisi çok tarihi bir hamle yaparak; Popülistlerin besin kaynağı olan "kişi odaklı polemikleri" tamamen sona erdirerek çok ciddi ve halkta karşılık bulacak vaatler zinciri ile sokaklara inmişti.

Televizyonlarda "*emekliye 2 maaş ikramiye, asgari ücrete zam, aile sigortasi*" gibi CHP'nin ekonomik vaatleri konuşuluyordu. Ve Erdoğan'ın "*koalisyona*" yönelik eleştirileri. İlk kez yanlış bir strateji kurulmuştu. "*Koalisyon eleştirilerine*" odaklanarak bir hafızanın dirilmesini sağlayan Erdoğan, muhalefetin ekonomik vaatlerini anlatmasına zemin sağlamıştı.

Elbette bir siyasal mücadele yöntemi olarak "*ekonomi satarak iktidar olunamayacağı*" gerçeğine rağmen, en azından AKP Popülizminin yarattığı kutuplaşmayı gölgelemesi açısından bu tarihsel bir çıkış olarak görülmüştü.

Koalisyon çıkışı

Cumhurbaşkanı Erdoğan, muhalefetin koalisyon söylemine "İflas getirir" diye karşı çıktı

HAYAL KIRIKLIĞI YARATIR

Roman gençlere kamuda iş sözü

İktidar mesajı

Hedef orta direk

Onarım bildirgesi

CHP ezber bozdu

CHP SEÇİM BİLDİRGESİNİ AÇIKLADI

Cebe dokunan vaatler

4 AYAKLI STRATEJİ

EKONOMİK VE SOSYAL YARDIM

Bu gazete küpüründe yer alan bir detaya dikkatlerinizi çekmek istiyorum. "Açılım Yaradı" şeklindeki içerik, 7 Haziran'ın tahlilini yapıyordu. Ve bu aynı zamanda bir çağrıydı; "açılım sürecini sonlandırın. Ve bu şekilde HDP'ye yönelecek bir siyasetle yeniden iş başına gelinebilirdi. Bu, gazetenin değil; kaybeden Davutoğlu'na karşı, kazanacak olan Erdoğan'ın fikriydi. Bu manşette "ete kemiğe" bürünmüş, mesaj verilmişti.

Erdoğan kürsülerden Kılıçdaroğlu'na sataşıyor, Kılıçdaroğlu ise sadece vaatlerini anlatıyordu.

"Vatan hainliği, millet düşmanlığı" şeytanlaştırmasının zemini çökmüştü.

Çünkü bir *"öteki, düşman"* olmadan, sadece *"vaatlerin konuşulduğu"* bir zemin oluşmuş, AKP adeta hazırlıksız yakalanmıştı.

Siyaset bilimci Jan-Werner Müller'in bu duruma yönelik önemli bir tespitini hatırlamak isabetli olacaktır. Popülizm üzerine ciddi çalışmalar yürüten Müller;

"yolsuzlukları ifşa etmenin popülist siyaseti yenmeye yetmeyeceğini, doğru olanın; yolsuzluğun, hukuksuzluğun, adam kayırmacılığın ülkenin tamamındaki birlik duygusuna zarar vereceğini halka anlatmak, polemik yapmadan; projelerle konuşmak" olduğunu ifade eder.

Ve 7 Haziran akşamı tek parti çöktü. 15 Yıldır iktidarda olan popülistler ilk defa yenildiler.

> *7 Haziran'ın arefesinde başlayan bu tartışma, halihazırda kurgulanmış bir sürecin parçasıydı. 7 Haziran'da kaybeden Erdoğan değil, AKP'yi daha siyasal bir hatta çekerek siyaset üretme iddiasında olan Davutoğlu'ydu. Böylece partide ayağa dolaşan bu tipler Erdoğan'ca tasfiye edilebilecekti.*

Çünkü ilk defa oyunun kurallarını belirleyemeden, "*düşmansız*" ve siyasetin canlandığı bir ortamda sandığa gittiler.

Olmaması gereken iki şey olmuştu. Hiçbir Popülist iktidar, bu iki durumun bir araya gelmesi karşısında kazanamazdı. Neydi bu iki şey?

- Başka bir şey konuşmaksızın, sadece kendisinden bahsederek seçim süreçlerini taşıyacak bir "düşmanın" olmayışı,
- Siyasetin canlanması, projelerin konuşulması, kişi ve şahıs karşıtlığına indirgenmemiş bir siyasal hareketliliğin baş göstermesi.

Olmaması gereken bu iki durumun ikisi de olmuştu. Ve bence Erdoğan'ın "*çözüm sürecini*" hayatının hatası olarak görmesini sağlayan şey de bu olmalı. Çünkü Kürt sorununun çözümü bir "*düşmansızlaşma*" yaratacağından, Popülist iktidarlar açısından son derece ciddi bir sorundur.

Başlığın bütünlüğünü bozmadan bir "*iç ya da ara başlık olarak*"

7 Haziran'la ilgili özel bir değerlendirme yazmam gereklidir. Şöyle ki; *"7 Haziran seçimleri Erdoğan ile muhalefet arasında kurulmuş bir sandık değildi. Erdoğan ile AKP arasında kurulmuş bir sandıktı. AKP içerisinde, "kurumsal siyaseti savunanlar ile Erdoğanizm arasındaki bir iç mücadeleydi."* Zaten sonraları *"pelikan dosyası"* ve benzeri çıkışlarla itibarsızlaştırılan bu *"kurumsalcı kanat,"* Neopopülizmin kazandırdığını zannettiren bir köklü kaybediş yarattığına inanıyordu. Türkiye'de kalıcı değişim bir *"ideolojik-politik"* mücadeleyle mümkündü. AKP araçsallaşmamalıydı. AKP'nin, Erdoğan'ın ömrüyle sınırlı bir siyasal sürece dönüşmemesi adına, kurumsal ve politik mücadeleye dönülmeliydi.

Erdoğan, *"kendisini gitgide büyütmeye başlayan"* bu söylemden çekindi. Korktu. Artık parti içerisinde *"hocacılar ve Erdoğan'cılar"* ayrımı başgösterecekti. Ama hocacılar daha güçlüydü. Erdoğan'ın siyasetsizleştirme temelli tutumu nedeniyle, siyasal arayışlara düçar olan kitleler, artık bir *"siyasal iktidar kurmamız lazım"* diyordu. Hoca (Davutoğlu) tam da buna yönelmişti.

Hoca'nın en yakınlarından bir milletvekili ile yaptığım özel sohbette bu durumu çok açık biçimde anlatmıştı.

Ve çıkarımları şaşırtıcıydı. 'AKP'nin Kemalistleştiğini, hızla çıktığı eksenden uzaklaştığını söylüyordu. Bu durumun nedeni, siyasetsizleşmenin kendisiydi.

Ve Davutoğlu ile AKP, ilk kez *"popülist bir yoğunlaşma kurmadan, politik mesajlar içeren söylemlerle"* seçime gidecekti.

Esasen bu kırılma bir başka sorunun görünür olmasına yol açtı. Muhalefet, öncesinde hiç girişmediği *"politik alana"* girişmişti. Vaatler, öneriler, projeler konuşuluyordu. Şimdi aslında kuramsal açıdan kafamda oturtamadığım bir teorimi paylaşacağım. *"Acaba popülist iktidarların muhalifleri, hareketliliklerini iktidara göre mi belirler hale geliyordu?"* Yüksek halk ilgisi, kendiliğinden bir benzemeye mi yol açıyordu? Ki iktidarın değişen stratejisi, muhalefetin stratejisine dönüşüyordu? Belki biraz abartılı gelecek bu tartışmayı düşünmeden edemediğimi belirtmem gerekir.

Erdoğan bu parti için arayışın tüm hünerlerini sahaya yansıtmasını istiyordu. Ortaya çıkacak sonuç AKP'nin değil, *"kurumsalcıların"* hüsranı olacaktı. Nihai olarak Erdoğan sahneye çıkacak, duruma el koyup *"maçı çevirecekti."* Böylece AKP'nin kurumsallaşma arayışı tamamen yok edilebilecekti.

Tam da öyle oldu...

Ve 7 Haziran'da Davutoğlu kaybetti. Erdoğan büyük bir zafer elde etti..."

Bu ara analizin akabinde kaldığım yerden devam edeyim.

Peki ya bu seçim (7 Haziran) sonrasında bozulan çözüm süreci daha önce nasıl pazarlanmıştı?

'HERKES İNANDI ERDOĞAN ÇÖZER'

ÖZEL HABER

Zana'dan sonra bir çıkış da kardeş Öcalan'dan: Meseleyi isterse Başbakan çözer. Kanı durduran sonsuza kadar anılır

Esad'tan bir katliam daha: 69 ölü

LEYLA Zana'nın "Bu işi ancak Erdoğan çözer" deyip Ankara'da Başbakan'la görüşmesine, Öcalan ailesinden de destek geldi. İmralı'da yatan PKK lideri Öcalan ile son görüşen kişi olan küçük kardeş Mehmet Öcalan "Zana'nın sözleri ortada" dedi ve sürpriz açıklamalar yaptı:

"GERÇEK BUDUR"

"SAYIN Başbakan isterse meseleyi çözer. Gerçek bu. Herkes buna inanıyor. Bu, Türkiye'nin en büyük meselesi. Ölümleri kim önlerse bölgede en güzel işi yapar. Kanı durduran sonsuza kadar anılır. Çözüm,

PKK Lideri Öcalan'ın kardeşi açıklamalar yapıyordu. Tüm toplum barış ve çözüm geldiği fikrine kapılmıştı. Erdoğan, bu işi çözüyordu. Çözecekti! Öyle ki, Öcalan'ın yaptığı bu açıklama, umutları büyütüyordu.

Gerçi, sürekli yeni düşmanlar yaratabilen Popülistlerin bir sabit düşmana ihtiyacı yoktur. Ama düşman sayısı, "*milletin*" zor ve çetin bir mücadele motivasyonu kazanmasını sağlar.

Elbette bu tarihi hata telafi edildi.

İstikşafi görüşmeler ile siyaset kilitlendi.

Seçim kararı alındı...

Çünkü nasıl kazanacağını biliyordu. Ve kazanabilecekken paylaşmak işine gelmezdi.

30 yıllık kanlı sayfa KAPANIYOR

Terör saldırıları, catısma ve sehit cenazeleriyle anılan karanlık bir dönem sona eriyor. Cözüm sürecinin en kritik adımı sınır dısına cekilme 'resmen' basladı. PKK kadroları 14 yıl sonra ilk kez sınır dısına cıkacak.

10 kisilik gruplar halinde

CÖZÜM süreci kapsamında 21 Mart'ta catısmasızlık ilan eden PKK kadroları, sınır dısına cekilme icin belirlenen tarih olan 8 Mayıs'ta hazırlıkları bitirdi, kademe kademe sınır dısına cekilme basladı. 10 kisilik gruplar halinde hareket eden PKK'lılar giris icin kullandıkları güzergahlardan sınır dısına cıkacak.

Güvenlik birimleri takibinde

CEKILMEYE kuzeydeki gruplardan baslanacak. Temmuz-Agustos gibi bitmesi beklenen cekilmeyi provokasyon ihtimaline karsı ilgili güvenlik birimleri yakından takip edecek. Kuzey Irak'taki örgüt kamplarına yerlesecek olan PKK'lılar silah bırakma asamasına kadar burada kalacak. ›› 17

NEREDEN GELDiLERSE ORADAN ÇIKARLAR

OY ORANI YÜZDE 52

ERDOĞAN, "Anketlerde AK Parti'nin oyu yüzde 52 civarında görünüyor. Türkiye'nin en önemli meselesi terörü cözdügümüzde milletimizin teveccühü daha da artacaktır. Ilk hedefimiz 2023 ama Istanbul'un fethinin 600. yıl dönümü olan 2053'ü de hedeflerimiz arasına alıyoruz" diye konuştu. ›› 15

BASBAKAN Erdogan, "Terör örgütünün sınır dısına cıkma tarihi acıklaması filan bana göre yanlıs seylerdir. Yapacaksanız zaten tarih acıklamaya, suna buna gerek yok. Esas olan silahları bırakarak terk etmektir. Zaten nasıl nerelerden girdiyseler oradan da cıkmasını bilirler" dedi. ›› 15

ÇIFTCIYE FAiZ MÜJDESI ›› 7

30 Yıllık kanlı süreç sonra erecekti. Manşetlerde "satır arası" gözden kaçan bir detay, Popülist AKP iktidarının çözüm sürecine bakışını özetliyordu aslında; "OY ORANI %52." Dolayısıyla bu süreç, oy oranlarıyla paralel yürümeye mahkum doğmuştu. Çünkü bir ilkesel çözüm aklından ziyade, "milletin adamı bu işi çözer" tekliğinin propagandasıydı. Ve oy oranlarına bağımlı olan süre, 7 Haziran'da AKP'nin aldığı oy ile birlikte tamamen yok oldu.

Ve hiç kimsenin "neden" diye sormadığı bir şekilde, bir anda; çözüm masası devrildi. PKK terör eylemlerine başladı. Cenazeler ve terör üzerinden "gerçek millete" seslenen Erdoğan; terörden, ihanetten, vatan hainliğinden dem vurma gücünü kazanarak süreci tamamen domine etti.

Artık sadece Erdoğan konuşuyordu.

MİLLET KOALİSYON DEDİ

HDP %13

MHP %16,4

HDP yüzde 10 barajını rahat aştı. Bu durum en çok AK Parti'yi vurdu. Birinci gelmekle birlikte oyları düşen AK Parti 276'nın altında kalarak, tek başına iktidar imkanını kaybetti.

AÇILIM YARADI

Gerçek Dost Doğruyu Söyler

Eserinizle Gurur Duyun

BATMANIN YOLLARI HDP'NİN OYLARI

Bu gazete küpüründe yer alan bir detaya dikkatlerinizi çekmek istiyorum. "Açılım Yaradı" şeklindeki içerik, 7 Haziran'ın tahlilini yapıyordu. Ve bu aynı zamanda bir çağrıydı; "açılım sürecini sonlandırın". Ve bu şekilde HDP'ye yönelecek bir siyasetle yeniden iş başına gelinebilirdi. Bu, gazetenin değil; kaybeden Davutoğlu'na karşı, kazanacak olan Erdoğan'ın fikriydi. Bu manşette "ete kemiğe" bürünmüş, mesaj verilmişti.

Her gün şehit cenazesi gelen bir ortamda muhalefetin siyaseti canlı ve diri tutarak önerilerle yol yürümesinin makul zemini kalmamıştı.

Haber bültenleri terör örgütünün saldırılarını ve şehit olan askerleri veriyor, cenazelerde sloganlar atılıyor, 7 Haziran'da yükselen siyasi motivasyon yerini tekrar "*millet ve millet düşmanı teröristler*" hattına bırakıyordu. O hattın tek otoritesi şüphesiz ki Erdoğan'dı.

O günlerde *"terörün oyları arttırdığını söyleyen siyasilerden, kimsenin nedenini anlamadığı şekilde bir anda bozulan çözüm sürecine,"* akabinde büyüyen terör saldırılarına karşı, *"vatan, millet, millet sevdası"* motivasyonuyla 1 Kasım'da AKP tarihinin en yüksek oyuyla iktidarı aldığı bir süreç yaşandı.

Erdoğan bizzat kazanmıştı. Popülist iktidar, Popülizmin tüm söylem gücüyle bu kadar kısa bir sürede yüksek bir oy toplayarak yeniden iktidara gelmişti. Davutoğlu kaybetmiş, tek ve gerçek kazandırıcı siyasetin bu olduğu "içinde tartışan tüm AKP tabanına gösterilmişti." Artık "pelikan dosyalarıyla" Davutoğlu yok edilecekti. Nitekim öyle oldu.

Tayyip'in seçim oyunu tuttu Tek başına iktidar oldu!..
2 KASIM 2015 PAZARTESİ
T.C. SÖZCÜ
TERÖR ARTTI
DÖVİZ ARTTI
OYLAR ARTTI
SALTANATA DEVAM
AKP %49.04 312 vekil
CHP %25.81 135 vekil
MHP %12.13 43 vekil
HDP %10.48 60 vekil
Erdoğan, koalisyon kurdurmadı, millet tatile gönderildi, seçime katılım azaldı Üstelik ülkede terör ve kriz korkusu yaşandı. AKP tek başına koltuğa oturdu!
KAOS KORKUSU
ÇOK MUTLU OLDULAR
'ELHAMDÜLİLLAH' DEDİ
CHP sokta... MHP, HDP çöktü
KILIÇDAROĞLU PASİF KALDI
BAHÇELİ HEP 'HAYIR' DEDİ
DEMİRTAŞ EMANETİ HARCADI
Muhalefetin hesap verme zamanı geldi
7 Haziran seçiminde ayağına gelen kısmeti değerlendiremeyen muhalefet tokadı yedi. Şimdi hepsinin istifa etmesi bekleniyor!..
Hayırlı olur inşallah!
TOKMAK
Türkiye yine sarardı
SANDIK ÖLÜYÜ DİRİLTTİ
Tokmak 2 köşesi
Seçim haberleri 2-3-4-5-7-8-10-11-12-13-14-15

Ve artık bundan sonrası için yürütülecek yöntem, katıksız ve şüphesiz Neopopülizm olacaktı.

Kısa bir süreliğine Erdoğan yetkileri Davutoğlu'na emanet etmişti. Nasılsa büyünün dağılmayacağı ve iktidar olma sorunu yaşanmayacağını düşünüyordu. Ama Davutoğlu'nun siyaset yapması, politik bir mücadeleye girişmesi asla kabul edilemezdi. Çünkü o alanda kazanmak imkansızdı.

Bir akademisyen olması açısından, Popülist AKP içerisindeki politik açlığın bir yansıması olarak Davutoğlu, kendisini *"AKP'den bir politik iktidar yaratarak ispatlama çabasına girişmişti."* Bu olursa, hem Popülist liderin büyüsü bozulacak, hem de AKP kurumsallığını koruyabilecekti. Ve Siyasetsizleşen Türkiye, bir politik hareketlilikle normalleşebilecekti.

Bu bağlamda Davutoğlu-Erdoğan gerilimi, AKP kurumsallığıyla Erdoğanizm arasındaki savaştı.

Doğal olarak Erdoğanizm kazandı ve AKP kurumsallığı tasfiye sürecine girdi. Bugün tüm belediye başkanlarının koltuğundan edip partiyi hallaç pamuğuna çeviren Erdoğan, ***"gerçek patrona karşı bu sessiz başkaldırının tekrar etmemesi için"*** başkaldırabilecek bir kurumsallık bırakmayacak sertlikte AKP'yi örselemektedir.

Ve AKP'nin sembolikleşmesini sağlamaktadır.

7 Haziran - 1 Kasım arasında yaşananlar sonucunda Davutoğlu'na rağmen Erdoğan kazanmıştı. Kazanan Erdoğan olduğuna göre, o koltuk gerçek sahibine devredilmeliydi...

Ve Davutoğlu gitti.

7 Haziran-1 Kasım arasında çok bariz bir kazanımı örgütleyen bu yöntem, tarihin her döneminde olduğu gibi *"mutlak kazandırıcı"* güç olduğunu yine ispatlamıştı.

Ekonomik ve ideolojik alanda siyasallaşmanın kaybettireceği, ancak Popülist yöntemlere tutunarak iktidarın sürdürülebileceği gerçeği, somut biçimde görüldü.

Esasen AKP kadrolarının içine düştüğü tükenmişlik sendromunun sebebi de budur. AKP kadroları, politik bir hareketlilik yaratmaları halinde kaybedeceğini bilen, bu nedenle var olabilmenin tek koşulunun Erdoğan'ın sürdüregeldiği Popülist yöntemler olduğunu gördüler.

> *"1 Kasım'ın hemen ardından atılan bu manşet, herşeyi ortaya koyuyordu. Namaz kılan Erdoğan'ın yanındaki 'yedirtmedik' vurgusu, yeniden güçlü bir popülist dalgayla gelinen iktidarın mantığını belirgin kılıyordu. Ve "zafer milletindi."*

MİLAT

SENİ BAŞKAN YAPTIRACAĞIZ

YEDİRTMEDİK

ŞIRRAAAK!*

OSMANLI TOKADI

Türkiye Geneli

%99.9

MİLLET: HEMEN İSTİFA EDİN!

AK PARTİ % 49.4

CHP % 25.4

HDP % 10.6

Millet sandıkta. Pensilvanya'dan Kandil'e, içerideki hainlerden emperyalist baronlara kadar bütün hıyanet odaklarına Osmanlı tokadını yapıştırdı.

Vatandaş tek başına iktidara getirdiği AK Parti'den yeni Anayasa'yı yapmasını, partilerini rezil rüsva eden CHP, MHP ve HDP liderinden de istifa etmelerini bekliyor

ELHAMDÜLİLLAH

Milletin tokadı!

Erdoğan adeta *"kafasındaki soru işaretlerini"* yavaş yavaş dillendirmeye başlayanlara ders verir nitelikte tüm tartışmaları yok edecek bir güç gösterisi yapmıştı artık.

Evet... Halen kimse anlayabilmiş değil değil mi?

Nasıl oldu? Ve ne oldu?

Nasıl oldu da bitti çözüm süreci. Ve akabinde terör.

Düşünün, PKK ile HDP arasında bir yakınlık olduğu öteden beri ifade edilir. Diyelim ki böyle; HDP'nin %13 civarında oy alıp

80 milletvekiliyle TBMM'ye girdiği bir ortamda, hele hele seçime giderken PKK'nın terörü tırmandırması hangi makul mantıkla açıklanabilir?

Elbette terörizmin mantığı yoktur. Ama, üç günde masanın devrilip dördüncü gün terörün dirilmesi ve tüm bu olup bitenlerin 7 Haziran'dan sonra gerçekleşmesi "*sorgulanması gereken*" bir husustur.

İşte Neopopülizmin sihiri, büyüsü ve gerçekliği...

Şu halde girizgahı tamamlarken şunu not edelim;

"Popülizmin silahı, bir gerçek halk ve karşısında da hainler yaratarak halkı kutuplaştırmaktır."

O halde panzehiri ise birleştirmek olacaktır.

Peki ama nasıl?

İşte bu önerileri, teşhis açısından kitabımıza bu uzun girizgahı yaptıktan sonra, bölümler ve başlıklar altında tartışmayı sürdürelim.

Eren Erdem

19.03.2018 – TBMM / Ankara

Literatürel Açıdan Popülizm ve Çeşitli Sorular

"Bir hayalet dünyanın her yerinde sıkça görünür oldu. Popülizm."

Gellner ve Ionescu'ya atıfladığımız bu ifade, bir dönüm noktası niteliğinde olan eserlerinin yayınlandığı 1969 tarihinde şok etkisi yaratmıştı. Henüz, bu kitap yayınlanmadan 10 yıl önce ulusların bağımsızlığını kazanırken akıllara takılan temel soru şuydu; kaç tanesi komünist olacak?

Bugün tarihi geçmiş bir soru olarak tanımlayabileceğimiz bu soru yerine, Popülizm nasıl yenilecek sorusunu sormak gereklidir.

Hali hazırda, her yeni ulusal bağımsızlık; bir ortak amaç yaratma çabasına giriştiği an zorunlu olarak popülizme müracat etmektedir.

Çünkü her ulusal amaç, kendisini hak eden asil bir kimliğe, bir millete ihtiyaç duyar. Ve bu, son derece doğal olarak bir *"öteki"* yaratır. Çünkü amaç *"ulusaldır."* Bir kimliğe özeldir.

Ya da bir inanç mensubiyetine. Şu halde, amacını gerçekleştirmesini bir *"ötekine"* bağımlı kılan her görüş Popülisttir diyebiliriz.

Mesela; *"büyük devlet olacağız ama içimizdeki hainler müsaade etmiyor."* Kim bu hainler? Popülistlerin cevabı basittir; benim *"gerçek millet"* dediğim kategoride olmayan herkes.

Elbette Popülist hareketliliğin gözlemlendiği alanlar sadece yeni ulus inşası süreçleriyle sınırlı değildir.

Sol dünyada da yaşayan güçlü akımların neredeyse tamamı popülizmi bir yöntem olarak kullanmaktadır.

Yunanistan'da Syriza'nın Türkiye'yle yürüttüğü "*Ege Adaları*" tartışması; bir dış düşman ihtiyacına dayanmaktadır. Sürdürülemez hale gelen Yunan ekonominin tartışılmasını engellemek için, Syriza gibi "*sol*" bir hareket; bu polemiğin parçası olmak suretiyle varlığını koruma çabasına girişmiştir.

Bu tartışma; "*alçak Yunan*" diyenin de, "*pis Türk*" diyenin de alkışlandığı ve iktidarını koruduğu bir tartışmadır. Ve hiçbir zaman Türkiye ve Yunanistan hükümetleri savaşmayacaktır. Buna ihtiyaç yoktur. İktidarları korunaklı kılan polemiğin zemini yeterlidir.

Çipras'ın silahlanma politikasını Türkiye üzerinden açıkladığı demecine yönelik atılan bir manşet. Özetleyici ve yeterli.

Çünkü savaş, bir "*iktidarı koruma*" aracıdır. Bugün için artık bu aracın yerini "*Popülizm*" almıştır.

Unutmayalım, Avrupa'daki köklü siyasal değişiklikler 1. ve 2. Dünya savaşları sonrası oluşan yenilgilere dayalı düşen hükümetlerin, yerlerini devrettiği sosyal demokrat ya da merkez siyasetlerce gerçekleştirilmiştir.

Bir "*iktidarı koruma*" aracı olarak savaş, yerini polemik ve demagojiye bırakmıştır. İllaki bir savaş yapılacaksa, bunu "*birilerine yaptırmak*" yeterlidir. Ama mesele siyasal tutunma ve varlığı sürdürme ise, Popülizm biçilmiş kaftandır.

Popülizm çağının bu gerçekliğini kavrayamamış aydınlar sık

sık; "*nasıl olur da Erdoğan böyle konuşur*" ya da "*nasıl olur da Çipras böyle konuşur*" hayretiyle meseleri irdelerler.

Fakat Neopopülizmin domine ettiği küresel siyaset açısından tüm bu çatışmalar, çatışanların tamamının iktidarda kalma gücünü arttıran süreçlerdir.

Alan razıdır, veren razıdır.

Aşağıda ise "*portakal bıçaklayıp bayrak yakan ve bu kurgunun iliklerine kadar sömürdüğü*" geniş halk kitleleri vardır.

Sadece siyasi alan değil, varlık ve beka krizleri yaşayan kişi, kurum, şirket, her ne ise; popülizme müracat eder.

Bir motivasyon olarak bu durumu hayatın her alanında görmeniz mümkün. Hatta çoğu kez, hepimiz bu yola başvurmuşuzdur. İş yerinde bir kriz yaşadığımızda; "*bize kumpas kurulduğunu*" ifade ederek bir "*öteki, kumpasçı*" yaratırız.

Ve bundan böyle o kumpasçının ne kadar "*hain, alçak*" olduğunu anlatmak yoluyla var olabileceğimizi anlatırız.

Varlığımız, bağlı olduklarımızı ikna ettiğimiz "*kötü ötekilere*" bağımlıdır.

Sol, sosyalist örgütlerde de, "*ihanetçi*" kavramı üzerinden yaratılan kişilik; mevcut iktidarın gücünü koruma aracıdır.

"*İçimizdeki ihanetçiler*" ifadesi ile başlayan her cümle, bir koruyucu irade imajı yaratır.

Evet "*içimizde ihanetçiler*" vardır. Dolayısı ile, önderlik kurumu güçlendiği ölçüde bunları yok edebilir.

Oysa sol içi demokrasi kültürü burjuvaziden çok daha demokrat olmak zorundayken, sol örgütlerin içinde dahi popülizm adına "*ötekileştirme*" süregelmiştir.

Sol içinde bu kadar "*yılgın, dönek, hain, ajan, yalancı, kirli insan*" olabilir mi gerçekten?

Elbette hayır. Mesele biraz da, büyük örgüt olacağız ama içimizdeki hainler müsaade etmiyor mantığındaki işleyişin yansımasıdır.

İlkokul sıralarından üniversiteye, hayatın her alanında Popülizm hayaleti mutlaka zihinlerimize tasallut ederek kendisini gösterir.

Çünkü modern çağ, dayattığı üretim ilişkileri nedeniyle yaşamın tümünü bir *"iktidar savaşına dönüştürmüştür."*

Tüm yaşam bir iktidar savaşına dönüştüğünden, bu savaşın en güçlü silahı olan popülizmi mutlaka defalarca elimize almamızı sağlamıştır.

İnsan, öncelikle doğa karşısında iktidar olmanın ve akabinde yarattığı kentlerde birbiri üzerinde iktidar olmanın sınırsız ve sonsuz ihtirasıyla sürüklenmektedir.

Daha da ileri gitmek gerekirse insan, kendi üzerinde dahi mutlak hegemon olma arzusunu, yarattığı *"ilke, prensip"* ve benzer kavramlarla gösterir.

Popülizm kuramına dönecek olursak, Gellner ve Ionescu'nun girişte alıntıladığım hayalet ironisinin gerçeği ıskalayan bir boyutu da vardır.

Bu ifadeye göre; *"yaşayan bir popülizm yoktur."*

Büyük ölçüde, 18 ve 19. yüzyıl Amerikan Çiftçi Hareketleri ve Narodnik'lere atfen kullanılan bu ifade, Popülizmin ölü ve yaşam arayan bir ruh olduğu görüşü içerir.

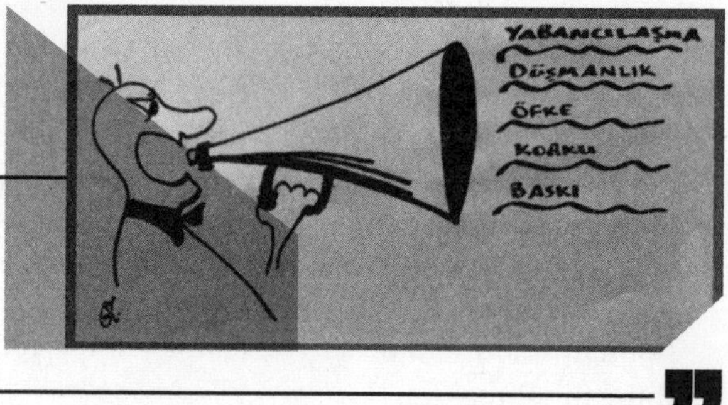

Bu anlamda, Popülizmin Neopopülizme evrilme sürecinde, kendini revize ederek "elitlerle mücadele" temelindeki zeminin yavaş yavaş kaybetmeye başladığını söylemek mümkündür. Ölmüş olan, "sol hareketlerin de önünü açan," ilk tetikleyici Popülizmdir.

Gelinen noktada, seçkinler ve elitlerle mücadele şiarından yola çıkarak sınıf mücadelesine zemin yaratma noktasından, halkı; halkla çatıştırmaya ve iktidarı bu çatışma üzerine kurmaya dönüşen Neopopülizm;bir hayaletten çok, zombi niteliği taşır.

Rus Narodniklerin zemini hazırladığı Sovyet Devrimi'nden, çiftçi hareketlerine dayanarak yükselen ABD Başkanları eliyle yürütülen neoliberal siyaset, tümüyle farklı versiyonlarda olsa da popülizmi esas alarak güçlenmişlerdir.

Hatta şunu da söylemek gerekir; "*soğuk savaş, ABD liberalizmi ile Sovyet Sosyalizmi arasındaki bir savaş değildir.*" Birbirine muhtaç, bağımlı iki popülist güç merkezinin; birbiri üzerinden kendi güç hattını sağlamlaştırdığı bir kitlesel konsolidasyon sürecidir.

Birbirlerinin varlığına duacı bu iki güç merkezinin kitlelere yönelik söylemlerini irdelediğimizde; "*öteki ve dış düşman*" odaklı söylemler üzerinden "*bir iktidarı koruma zemini olarak sıcak savaşlar dönemine son veren, yeni popülist çağın temellerini atmıştır.*"

Şu halde Popülizm, "*sıcak savaşın*" yerini alan bir korunaklı alana dönüşmüştür. Bu yeni yöntemde, çok fazla kan dökülmeyecek, fakat; örgütlü nefret, kan dökmeksizin tüm insani değerleri yok edecekti.

Gellner ve Ionescu'ya yönelik bir diğer eleştiri de; yazınlarında Popülizmin ilk aşamada ezilmiş halk kitlelerine seslenen bir söylem olarak ortaya çıkıp geliştiği, daha sonra ise sosyalizm, milliyetçilik ve köycülük gibi ideolojiler içinde eriyerek kaybolduğu genel temasına yönelik yapılmalıdır.

Bir yönüyle doğru olan bu ifadeyi şöyle açalım:

- Rusya ve Çin örneğindeki Popülist hareketler bir "*sosyalist devrimi*" amaçlamamıştır.
- Fakat otoriteye karşı halk iktidarı söylemi oluşturmuşlardır.
- Bu söylem başarı getirmemiş, ancak bu söylem ile halk ve iktidar kavramlarını yan yana getiren insanlar sosyalist hareketlerin devrimci dinamizmini benimseyerek devrimlerin olmasını sağlamıştır.
- Lakin, ilk aşamada sosyalistler popülizmden esinlenmiş olsa da, nihai olarak ideolojik karakteri içerisinde popülizmi eritme eğilimi kazanmışlardır.

Bu yönüyle "*sol devrimlere*" kitleleri motive eden ilk dalga popülizm erimiş ve kaybolmuş diyebiliriz.

İlk çıkışları halkları heyecanlandıran ve gündeme geldiği ülkeleri devrimsel hareketliliğe sürükleyen popülizm, zamanla aşırı sağ ve merkez sağın tekeline girerek bugünün Neopopülizmine dönüşmüştür.

Bu, ölünün dirilişidir. Ve dünya sinemasındaki Zombi karakterine benzer. Şuursuzca saldıran, yaşayan herşeyi tüketen, yok eden ve durdurulamayan bir Zombi. Ancak "*kafası*" kopartıldığında yok edilen bu Zombi'nin kafası olarak tanımlayabileceğimiz şey; "*kültürel hegemonyadır.*"

İleri bölümlerde bu başlığı detaylıca ele alacağız.

Türkiye'de öteden beridir; bu kadar emekçi nüfus yoğunluğu varken sol neden iktidar olamıyor sorusunun cevabı da şudur:

Neopopülizm bir dalga olarak, halkın iktidara gelebileceği fikrini benimsetirken, bunun yöntemi olarak aslında emeğin sermaye ile mücadelesi temelinde bir sınıf hattı oluşturmaz.

Halkın, iktidardaki *"ötekiyi"* doğru tanımlamasını engelleme adına, o *"ötekinin"* halkın değerleriyle çatışan bir kişiliğe dönüşmesini sağlar.

Yani *"Neopopülizm,"* halka vadettiği iktidarı, kalıcı olarak sermayeye teslim eder. Halk, değerlerini koruma adına *"işaret edilen ötekilerle"* mücadele eder. Ve sınıf motivasyonundan ziyade, iktidarca çerçevesi belirlenmiş bir *"milli ruh"* ile hareket eder.

Türkiye özeline dönecek olursak, yine giriş bölümünde Popülizmin çıkış noktasının elit karşıtlığı olduğu verisini tekrar gündemimize alalım.

AKP iktidarı ilk günden itibaren *"Beyaz Türkler, elitler, monşerler"* şeklinde bir tanımlama yaparak ortaya çıkmıştır.

"Biz, elitlerin kurumuna dönüşen, elitlere yaslanan devleti millete teslim edeceğiz" diyerek gerçekleşen bir yola çıkış, tam da tüm sosyal bilimcilerin tanımlarında yer alan Neopopülizmin bizzat kendisidir.

Elitler ve monşerlerin yönettiği devlet, temsili demokrasinin karmaşıklığından kaynaklı olarak, halkın güven duymadığı bir aygıta dönüşmüş, AKP'de devleti elitlerden alıp millete teslim etmeye gelmiştir.

150 yıllık köhne zihniyetle savaşıyoruz

Başbakan Erdoğan, "Devletin kılcal damarlarına ilişmiş **İttihat Terakki** zihniyetiyle mücadele ediyoruz. Dersim de, 27 Mayıs da, 12 Eylül, 28 Şubat, Kürt meselesi de bu zihniyetin ürünüdür" dedi.

DARBELERİN ARKASINDAKİ ZİHNİYET

JAKOBENLERİ DEŞİFRE ETTİK

YARGI MİLİTANLARDAN ARINIYOR

DİNDAR VE DEMOKRAT NESİL

"150 Yıllık köhne elitist zihniyet, Türkiye'nin bütün sorunlarının temelidir." Bu elitistler, haberin spot metninde tanımlanmaktadır. "Darbeci, Jakoben, tepeden bakan, seçkinci, yargıyı militanlaştıran, dindarlığa karşı olan, millet düşmanı." Dersim'den 27 Mayıs'a, 28 Şubat'tan Kürt sorununa, tüm sorunların nedeni "bu zihniyettir" tanımı, Popülistlerin klasik "elit ve monşer" karşıtlığı üzerinden kendisini gerçekleştirme tezidir. Burada amaç, zikredilen sorunları ortaya çıkaran gerçek nedeni örterek, bir yapay neden yaratıp, bu sayılan geleneğe yaslanan halk ile bundan rahatsız olanları çatıştırıp iktidara gelmektir.

AKP tarafından icra edilen neopopülist söylemin temeli ve çıkış noktası budur.

Tabii, gelir gelmez; çok katı biçimde hayata geçireceği neoliberal politikalara yönelik yaygın bir tepki gelişmemesi için "sosyal yardımlar ve görsel icraatlar" üreterek, halkın bu tercihinde yanılmadığını halka hissettirmiştir.

Bu yönüyle popülist iktidarların tüm özelliklerini içeren AKP iktidarı dönemi, popülizme bu çalışmada katacağımız kategorik çerçeve açısından öngörülebilir bir süreç yürütmektedir.

Eğer bir popülist iktidarın doğuş ve kendini sürdürüş sürecini kategorilere ayırmam gerekirse sanırım aşağıdaki tablo ortaya çıkacaktır:

1. Elitlere dayanan devleti kurtarma ve halkı özgürleştirme iddiasına dayanan doğum süreci.

2. İktidara gelişle birlikte, sosyal ve ekonomik politikalar geliştirerek; halkın tercihinde yanılmadığı duygusunu kanıksatan gelişme süreci.

3. Ve halihazırda gelişime kapalı olan küresel ekonomi-politiğin neoliberal politikalarına entegrasyondan kaynaklı krizleri aşma adına "*gerçek halk ve ötekiler*" tanımlamasının yapıldığı kutuplaştırma süreci.

4. İktidarın tüm kurumları ele geçirerek devleti tam manasıyla ele alabilmesi adına; "gerçek halk ve ötekiler" çelişkisinin şiddet sarmalına sürüklenerek derinleştirildiği kaos süreci.

5. Çöküş ya da Mutlak Diktatörlük.

Bir politik kronolojide nihai süreç nasıl "*iki zıt sonuçla*" ifade edilir diye soracaksınız. 5. madde, mutlak anlamda; Popülist iktidarların olduğu ülkelerdeki muhalefetlerin mücadele yöntemlerine bağlıdır.

Bu açıdan, doğru yöntemlerin uygulandığı modellerde; Popülist iktidar çökmüş ve çok ciddi bir toplumsal tepki ile geri gelmemek üzere tarih çöplüğüne gönderilmiştir. Ama tam tersi bir durum olarak, muhalefetin doğru mücadele yöntemleri ortaya koymadığı ülkelerde de güçlü, mutlakiyetçi diktatörlüklere dönüşen iktidarlar tarihi çok açık biçimde ortadadır.

Bir örnekle devam edelim.

AKP iktidarının 3. Havaalanı projesi herkesçe malumdur. Yap-işlet ve devret modeli ile ihale edilen çok sayıda projeden biri olan bu proje duyurulduktan sonra, muhalif sivil toplumdan; ihalenin usulü ya da havaalanının yapılacağı yerin seçimiyle ilgili bir eleştiri getirildiğinde hemen şu cevap verilir;

"3. Havaalanı istemiyor musunuz? Türkiye'nin büyümesini, gelişmesini istemiyor musunuz?"

Bu bir internet gazetesinde yer alan, tam da anlatmaya çalıştığımız meseleyi ortaya koyan bir manşet olarak örneklenebilir.

Çünkü halihazırda *"gerçek millet"* diye kategorize edilen ve bu motivasyonu benimseyen kitlelere;

"Elitlerin devleti yönettiği dönemlerde yaşanan sefaletten ve gelinen noktada Türkiye'nin nasıl büyüdüğünden defalarca bahsedilmiştir."

Ve bu *"örtü"* ile, usulsüzlüklerle ve onlarca yıl boyunca devletin kasasını boşaltacak geçiş garantili köprü ihalaleriyle yapılan icraatların içeriği asla tartışılmamalıdır.

Bu nedenle aynı mottoya başvurulur; *"milletin büyümesine, Türkiye'nin güçlenmesine karşı mısınız?"*

Esasında Popülizmin bir yöntem olarak bu ve benzeri *"gerçek millete"* atıflı sorular sormasının temel sebebi; *"tereddüt dolu cevaplar"* alma arzusundan kaynaklıdır.

Bir kere bile verdiğiniz cevap *"tereddüt içerirse,"* zafer iktidarın olacaktır. Çünkü artık kim ne derse desin; *"tüm teknik tartışmalardan bağımsız olarak, 3. Havaalanını istemeyen, Türkiye'nin büyümesinden rahatsız"* kategorisi içinde değerlendirilecektir.

HESAP BAŞKA

AK Parti'nin Sincan'da düzenlediği mitingde konuşan Erdoğan, Taksim'deki olayların "Çevrecilikle" ilgisi olmadığını belirtip, "Hain bir oyun var" dedi

Okul gezisi faciayla bitti

Öcalan cep telefonu istedi

Ehliyetler süreli olacak

Gezi yarın boşaldı boşaldı

ALÇAK TUZAĞI ANLADI

Biz eline molotof alanlardan olmadık

Bugün de Kazlıçeşme

Gül: Herkes eve dönmeli

Tadını kaçırma marjinalleşme

Gençlerin kararına saygı duyulmalı

"Gezi olayları sırasında kullanılan bu popülist söylem, Türkiye'nin güçlenmesine, büyümesine karşı olan bir grubun ülkeyi karıştırdığı söylemine dayanıyordu. Hesapları başkaydı. Çevrecilikle ilgisi yoktu. "Hain bir oyun" sahneleniyor, alçak bir tuzak kuruluyordu.

Oysa karşıtlığın kendisi *"çevresel ve bilimsel"* nedenlerledir. Ama bu önemsizdir. Artık her karşı çıkış bir *"vatan hainliği"* olacaktır. Bu uğurda bilim insanları, akademisyenler, cezaevlerine doldurulacaktır.

Soruyorum, yaşanan bu değil midir?

Oysaki Popülist iktidarlar yenilmez değildir. Giriş bölümünde 7 Haziran örneğinde belirttiğim gibi, muhalefetin 7 Haziran kampanyasında yürüttüğü *"ideolojik mücadele diyemeyeceğimiz, ama bir politik hareketlilik yaratan"* vaatler stratejisi dahi Popülist iktidara kaybetme korkusunu yaşatmıştır.

Bir de gerçek bir ideolojik mücadelenin örgütlendiğini düşündüğümüzde, yenilgi ve normalleşme olağanüstü mümkün ve gerçekçidir.

Bu bağlamda; Popülist iktidarların güç kazanımı ile muhalefetinin stratejileri doğru orantılıdır demek yanlış olmamakla, defalarca kendisini ispat etmiş bir somut gerçeklik olarak görülmelidir.

Nihai olarak, bütün neopopülistler diktatördür.

İddiası gereği yaratılan lider kültü ile halk arasındaki dolayımları yok etmeyi arzularlar.

Hegemonyayı esas alırlar.

Popülizmin toplumu örgütleyebilmesi için öncelikli düşmanları *"kendilerine entegre olmayan medya organlarıdır."*

Popülist iktidarlar, *"gerçek millet"* kodlaması üzerinden militanlaştırdığı kadroları kalıcılıklarını sürdürme adına devlette kadrolaştırır ve bunu *"milletin devleti ele alması"* olarak takdim ederler.

Ekmelettin zaferi sonrası Erdoğan ile ilgili atılan bu manşet, tam da anlattığımız meseleyi gözler önüne sermektedir. Zafer "milletindir." Millet kazanmıştır. Bir grup yandaş sermayedarın iktidarı, "büyülü bir biçimde" milletin iktidarı addedilmiştir. Popülizmin en sihirli sözcüğü, yine bir 9 sütunluk kültürel hegemonya aracında tecelli etmiş bulunmaktadır.

"Gerçek millet" olarak motive edilmiş kitleyi baz alalım.

Monşerlerin ve elitlerin bürokrasi devletinin kapısından geçemezken; oğlu, kızı, torunu devlette çalışan, yaratılan *"gerçek millet, dindar nesil"* gibi kavramlar dahilinde yaşam sürdüren kimliğinin, özgürce devlet alanında geçmiş dışlanmışlığını unuturcasına var olması sağlanır.

Bu bir hegemonyadır. Fakat *"halkın iktidara gelmesi"* değildir.

Şimdi, *"ne güzel işte, ezilen, mazlum ve dışlanmışlar"* devlete geliyor, iktidar oluyor, bunda ne sakınca var şeklinde bir soru akla gelebilir.

Hemen cevaplayayım.

İktidar kelimesi *"mülk"* üzerinde kudret kurmak manasındadır. İktidar ve muktedir; taktir eden, yani ölçüyü belirleyen demektir. Peki neyin üzerinde ölçü belirleyen? Mülk yani tüm toplumsal fenomenlerin belirleyicisi olan altyapı olarak ekonomi-politikanın.

Halkın iktidarı; *"halkın, üretim araçlarında ortaklaşması"* manasına gelir.

Bir zümrenin, halkın çıkarlarını koruma ve halkı iktidara taşıma iddiasıyla iktidar olması ise; *"o zümrenin üretim araçlarında hakimleşmesi ve halkın bu durumu kabulleneceği sosyal zeminin yaratılmasıdır."*

Neopopülist iktidarlar, mutlak anlamda *"hakim sınıfların"* iktidarını temsil eder. Halk, Popülistlerce türetilmiş *"gerçek millilik, gerçek dindarlık"* gibi fenomenlerin emarelerini devlette daha önce hiç görmediği kadar görmek suretiyle iktidara geldiğini zanneden bir aygıta dönüşmüştür.

Dolayısıyla bizim *"halkın iktidarı"* yaklaşımımız; halkın üretim ortaklaşmasına atıfken, Popülistlerin halk iktidarı pratiği, bir zümrenin egemenliğine işarettir.

Evet! Halk adeta bir illüzyon oluşturularak uyutulmakta ve kendini iktidar sanmaktadır. Bu konuda çok kadim ve eski bir uygulamayı hatırlatmak isterim:

Erdoğan'ın sık sık yapmaya başladığı bu "özeleştiri içeren" çıkışlar kamuoyunda ilgi yaratırken muhalefet, bu durumu doğru kullanamayarak bu popülist çıkışların gerçek manasını görerememektedir. Bu ve benzeri çıkışlarda söylenen şey şudur; "Biz, AKP olarak başaramadık! Çünkü içimizde bu anlayışta olmayanlar var! Gelin şu AKP'yi de aradan çıkartalım, ben sorunları biliyorum! Hepsini ben çözerim!" Bu güçlü iddia, diktatörlüğe geçişte, bütün kurumsallığı pasifize etmeye dönük bir stratejidir. Ve muhalefetin tüm eleştirilerine "muhatap" yaratmaktadır. Artık halk, "evet sorun var, muhalefet de söylüyor, ama sorunun sebebi Erdoğan değil" diyecektir.

"İlk çağda Mezopotamya'da hükümdarlar her yedi yılda bir borçları silerek, temiz bir sayfa açma kuralı belirlemişlerdi. Amaç çiftçilerin borç yükü altında ezilip demoralize olmaması, böylece üretimden kopmasının önüne geçmekti. Yani dönemin devleti yahut hükümdarlar, bir bakıma o kadim geleneği uygulayarak, devletin insan gücünü ve gelir kaynaklarını korumayı hedefliyorlardı. Ama aynı zamanda, mükerrer pratiğin gösterdiği üzere; borçlanmalara yol açan toplumsal örgütlenmelere dokunmuyor, aslında bizzat bunu sürdürmeye devam ediyorlardı."

Kaldı ki, milletin aygıtlaştırılmasını esas alan bu motivasyonun zengin ettiği hiçbir figür, *"portakala bıçak saplama, kefenle yollara düşme ve 15 Temmuz faşist darbe girişimine karşı direnme"* eylemlerinde görülmezler.

Çünkü artık "*patron*" koltuğuna oturmuştur.

Ve garip olan, kesesine hiçbir kuruş kar ve kazanç ulaşmadığı halde, kendisini patron zanneden işçi, "*gerçek millet*" kimliğini koruma adına gereken her eylemselliği yapacaktır.

Ama aynı "*gerçek millet*" çocuklarının geleceği için fazla mesai yaparken, yeni elit ve sistemin sahipliğine soyunanlar sıfırlanan vergi borçlarıyla ve havadan kapılmış ihalelerle servetlerine servet katmaya devam edecektir.

İşte bu Popülist iktidarın tarihi açmazı ve paradoksudur.

Hatta bu durum öyle boyutlara ulaşır ki, Neopopülist diktatörlerin iktidarı; kurumsallaşmayan sosyal yardımlar iktidarıdır. Yani keyfi, iktidara ve kişiye bağlı, yasalaşmayan, "iktidar giderse yok olacağı düşündürülen" sosyal yardımlar. Bu durum burjuva demokrasilerinin doğası gereği, hayatı boyunca "devletten hiçbir hayır ve fayda görmemiş" bireyin, kendisini iktidar addetmesini ve hissetmesini sağlayan bir sürece dönüşmektedir.

Ve bu popülist iktidarca motive edilen birey; devleti ele alarak edindiği tüm kazanımları, iktidarın gitmesiyle kaybedeceği fikrini örgütlemeye başlar.

Çünkü sosyal yardımlar ya da sosyal devletlerde kurumsal olarak olması gereken tüm kazanımlar, hiçbir yasal ve kurumsal yapı kazandırılmaksızın, adeta elden ulufe misali dağıtılan bir olguya dönüştürülmüş bu tamamen bilinçli olarak yapılmıştır.

İktidarda hiçbir ortaklaşması söz konusu dahi değilken, iktidara geldiğini düşünerek bu kazanımları kaybetme korkusu, gerekirse; iktidarı elde tutma adına can verme gibi hissiyatları dahi tetikleyebilir.

Uğruna can verilen, uğruna her türlü mücadele edilen iktidar aygıtı; aslında birkaç müteahitin zenginliğine zenginlik katma aracından başka bir şey değildir.

Ve aslında, ***"gerçek millet"*** masalıyla uyutulan bu profilin *"kendisine ait"* zannettiği şey, çoktan birkaç sermaye baronunun tapulu mülküne dönüşmüştür.

www.haberler.com
akit
Gül: Partime DÖNECEĞİM
KAVAFOĞLU CAMİ HALILARI
60 YILLIK TECRÜBE
MAZLUM VE MAĞDUR HALKLARIN DUALARI KARŞILIK BULDU
ÜMMETİN LİDERİ
9. defa girdiği seçimlerde ümmetin de duasıyla yüzde 52 oy alarak Türkiye'nin 12. Cumhurbaşkanı olan Recep Tayyip Erdoğan, erişilmesi güç bir rekora imza attı. Erdoğan'ın halkın ilk seçtiği cumhurbaşkanı olması dünyanın dört bir yanındaki ümmetin yetimlerine de büyük bir mutluluk yaşattı.
Kongre 27 Ağustos'ta
Gülen'in 'İhsan-ı Ekmel'i 'Hüsran-ı Ekmel' oldu

"Artık Erdoğan sadece Türkiye halkının değil, tüm ümmetin lideridir. Ümmetin lideri, milletin lideri ve artık her ne diyorsak; "milletin ve ümmetin iktidarını tesis edecektir." Fakat ne hikmetse, bu yeni iktidar anlayışının içinde "ümmet ve milletin" iktidara ortaklığı söz konusu değildir. Bir grup zenginin zenginleştikçe zenginleştiği bu ortamın, millet adına iktidarda olan AKP'nin popülist söylemleriyle sürdürülmesi mümkündü. Çünkü dikkatlerin dağılması halinde, aslında "milletin iktidarda olmadığını anlaması mümkündü." Dikkatler dağılmamalıydı. Ve muhalefet, dikkatleri dağıtacak hiçbir "karşı ideolojik" çalışma içinde değildi.

Bu durum, ancak çok güçlü bir karşı ideolojik mücadele ve insan olmanın doğasından kaynaklı haklarının ve toplum bilincinin yanı sıra, sınıf ve alınteri şuurunun gelişmesini sağlayacak bir ideolojik hareketlilik dışında bu büyüyü bozabilecek bir durum söz konusu olamaz.

Halkın bu motivasyonu sahiplenmesiyle birlikte, başka ve yeni bir tasarıma girişilir.

Medya aslında özel bir başlık olarak ele alınmalı. Ama bu kitapta çok fazla başlık açmayı düşünmediğimden, metin bütünlüğü açısından burada medyaya değinmek isterim.

Medya, geniş yığınlarla iletişimi sağlayan bir kitle iletişim aracıdır.

İlkel toplumlardan günümüze, insanlığın avcı ve toplayıcı yaşayıştan tarım toplumuna evrilmesi ile birlikte ortaya çıkan yönetim ihtiyacı bağlamında, yöneticilerin yönetilenlerle kurduğu tek yönlü bir iletişim aracı olarak ifade edilebilir.

Demokratik rejimlerde bu, bilginin kitleye ulaşmasını sağlayan bir araç iken, Popülist iktidarların hakim olduğu rejimlerde ise bir "*mutlak propaganda*" aracıdır.

Gazeteci, doğası itibariyle taraftır. Tarafı ise halktır. Amacı; halkın doğru bilgiye erişmesini sağlamaktır. Bu durum bazı dönemlerde tersine döner. Gazetecinin "*halktan*" değil de, iktidar ve iktidarın yaslandığı bir zümreden taraf olması halinde, gazetecilik adına sergilenen her şey bir propagandadan ibaret hale gelir.

Gazetecilik ile propagandistliğin ayrıldığı ayrım tam da budur.

Ve gazetecilik esası itibariyle; "*halkın doğru bilgiye erişmesi*" gibi bir amaçsallıkla tanımlandığı ölçüde politik bir kişiliğe dönüşür.

Popülistler, hiçbir politik hareketliliğin yaşamasına müsaade edemezler. Dolayısı ile, Popülist iktidarların en nefret ettiği zümrelerin başında "*gazeteciler*" gelir.

Gazetecilerin yayınlayacakları, Popülistlerin mistik bir ruh katarak sunduğu maskeli yüzlerinin tüm büyüsünü bozabilecektir. Keza, bu durumun doğası gereği, gazetecilik bir sembolik aygıta dönüştürülmelidir.

Türkiye'de AKP iktidarı öncesi medya, 28 Şubat ve öncesi "*postallı popülist*" hegemonya tarafından defalarca tahrif edilmiş ve kutuplaşmanın en önemli kaynaklarından birine dönüştürülmüştü.

Fakat, 28 Şubat darbesinin "*laiklik*" söylemi üzerinde yoğunlaşan medya akımı, AKP'nin iş başına gelmesiyle bu konuda ciddi tartışmalar yapabilecekti.

Elbette AKP iktidarının "*elitler ve monşerlerle*" mücadele iddiasıyla gelirken, bütün kesimleri kucaklayıp; "*marjinal*" bir elit tanımı üzerinden toplumsal mutabakata yönelmesi, ana akım medyanın kaygı duymasına sebep olabilecek bir laiklik tartışması yaratmamıştı.

Tam tersine, 28 Şubat'ın en ciddi savunucuları, AKP'nin Türkiye'yi AB yoluna soktuğunu ve esasen neoliberal politikaların ekonomiyi raya oturtacağını söylüyordu.

Bu, öteden beridir; Türkiye medyasının sermaye ve siyasetle

"sağlıklı zeminde gelişmemiş" girift ilişkisinden kaynaklı bir tercih olarak görülebilir.

Ve elbette durum böyle olmadı. Yaşadığımız süreç; *"büyüdükçe gerilimi büyüten ve nihayetinde tüm özgür gazetecilik faaliyetlerini yok etme"* safhasına ulaşan ve kendi yarattığı *"gazeteci"* görünümlü parti propagandistlerinin siyasal bültenleri üzerinden kültürel hegemonya kurmayı hedefleyen bir aşamaya gelindi.

Bu yönüyle genel bir tabirle, Neopopülist iktidarların; gazetecilikten nefretinin, toplamda sınıfsal olduğunu, bu nefretin bir yok edici eylemselliğe mutlak manada evrileceğini belirtmek gerekir.

Bu satırları kaleme alırken, Türkiye medyasının amiral gemisi ve ana akımı olarak ifade edilen Doğan Grubu, Demirören grubuna satıldı. Muhtemelen hadisenin sıcaklığıyla yazılan bu satırları okuduğunuzda, zaten konu üzerine çok ciddi tartışmalar yapılmış olacaktır. Fakat, *"kültürel hegemonya"* başlığında incelediğim durumu tamamen teyid eden bir hadise olarak bu satış, iktidar dışındaki siyasetlerin görünürlüğünü hedef alan bir satıştır.

Ve seçim kazanmaya yöneliktir.

Her ne kadar eleştirilse de, Doğan Grubu; muhalefete görünür bir alan açıyor ve tartışmalarda görüşlerini ifade etmesinin zeminin yaratıyordu. Bunun tamamen ortadan kalkması, siyasi muhalefetin iletişimini sıfırlama stratejisinin bir adımıdır. Arkası seçimdir...

Eğer tedbir alınmazsa; AKP'nin zaferi ve kazanımıyla sona erme riski taşıyan bir seçimdir.

Alınabilecek tedbir ise, bir seferberlik mantığıyla yeni ve bağımsız TV kanal ve gazetelerine halkı ortaklaştırıp büyütecek ciddi kampanyaları örgütlemektir.

Ve elbette, medya dışındaki alanda, yani toplumsal alanda varlığınızı güçlendirmenizdir.

Kısacası neopopülist iktidarlarca bütün ulusal değerler, din ve kültürel/folklorik değerler sömürülür.

Entellektüeller yok edilir.

Cezaevleriyle övünen bir siyasal kriz ortamı normalleşir.

Ve sırada "muhalefetin itibarsızlaştırılması vardır. Şimdi size popülist iktidarın bu stratejisinin delillerini göstereceğim.

Bir siyasi parti olan HDP'nin kurultayına katılan CHP Grupbaşkanvekili Engin Altay hakkında atılan manşet budur. Fakat garip olan, bir siyasi parti olarak HDP'nin kongresine "hükümet komiseri ve YSK temsilcilerinin de katılmış olmasıdır." Eğer bu kongreye katılmak suç ise, YSK'da suçludur. Ama mesele bu değildir. 7 Haziran sonrasına dair yürütülen kampanya adına bu yapılacak, "popülist ayrımcılık" büyüyecekti. Ki öyle oldu.

Bu haberde yer alan hiçbir ifade "gerçekte söylenmemiştir." Fakat "söylenmediğini" ispat edebilecek bir alan olmadığından, hükümetin bu propagandası adına servis edilmiştir.

Yine bu haberde CHP'li vekiller "PKK bayrağı ve pankartı altında yürümemektedir." Ancak, haber bunu iddia etmektedir. Ne de olsa; "resme bakılmayacaktır." Amaçlanan kampanya adına her görsel bir fırsattır.

Haberde DHKPC avukatı olarak işaret edilen Selçuk Kozağaçlı hakkında bir terör soruşturması yoktur. Kendisi, mağdur ve imkansız olanlara avukatlık yapan biridir. Nuriye ve Semih'in avukatıdır. Nitekim haberde "terörist" ilan edilmiştir. Terör; hukuk cüppesinden nefret eder. Hukuka inanan kimse, terörist olamaz. Ama bunun anlamı yoktur. Önemli olan manşettir. Gereken yapılmıştır.

Bu manşette ifade edilen ziyaret, CHP'li Mehmet Tüm ve Murat Emir'in Siirt ziyaretinde, Ticaret ve Sanayi odasına yaptığı bir ziyaretin resmidir. Her CHP'li milletvekili, gittiği ilin Sanayi odasını, ticaret odasını ziyaret eder. Keza, duvardaki resimlerin kim olduğu bile belli değildir. Ama bellidir. CHP ile terör yan yana gelmelidir. Ve bu haberde hedef yapılan CHP, buna neden olan Ticaret ve Sanayi Odası ile halen faaliyettedir. Nasılsa ek amaç "bu manşettir."

Manşeti okuduğunuzda "yuh artık" diyeceksiniz. Bir CHP'li vekil, PKK cenazesine gidiyor. Ağlıyor ve bu eylemini "komşuluk göreviyle" açıklıyor. İşte bu yansıtılan durumdur. Gerçek ise, PKK ile hiçbir ilgisi olmayan, Gazi mahallesinde yaşarken sırf IŞİD ile mücadele için Kuzey Suriye'ye giden bir gencin cenazesidir. Bu genç, eline ilk kez "Suriye'de silah almıştır." Orada başka kimse olmadığı için "MLKP terör örgütü" ile anılmıştır. Bu genç, yine orada ölmüştür. Ve bir milletvekili, o gencin yakınlarını tanıyan bir milletvekili, üzüntüsünü ifade etmiştir. Hayatı boyunca PKK ile hiç iç içe geçmemiş, sadece IŞİD nefretiyle eline silah almış bir kişinin cenazesi üzerinden atılan bu manşet, amaca ulaşmıştır. Amaç bellidir.

CHP Ankara Milletvekili Şenal Sarıhan ile ilgili atılan bu manşet, gerçeğin tam tersidir. Ama maalesef amaçlanan şey bellidir. Amaç hasıl olmuştur.

Popülist iktidarın karşıtını "teröristleştirme adına yürütmesi gereken kampanya" için bir örnek daha. Ortada ne terörü savunan vardır, ne de terörist. Tamamen algıdır esas olan. Ve manşet maksadına ulaşmıştır.

Yine bir eylemden aktarılan bir kare. CHP'li Tanal konuşur, vatandaşlardan biri tepki gösterir. Gösterdiği tepkinin nedeni "atılan manşetlerdir." Ve bu dolaylanan tepki haber olur; "bunlar vatan haini." Kim? "CHP'liler..."

CHP'nin en yurtsever vekillerinden olan Musa Çam ile ilgili olarak "tamamen hayal ürünü" olan bir içerikle hazırlanan manşet. Keza içeriği tıklanıp okunmuş mudur? Sanmam. Manşet amacına ulaşmıştır. Amaç zaten bellidir.

Özgür Özel, CHP Grup başkanvekilidir. Ve birçok sol çevrenin "ulusalcılıkla itham ettiği" bir siyasetçidir. Manşet, tümüyle "gerçeğe dayanmayan" bir içerikle amaca hizmet etmiştir. Amaç bellidir. Ve bu amacı açıklayacağım.

Hakkari'de yaşanan SİHA ölümünde, piknik yapan vatandaşlar yaşamını yitirmişti. Ve bu vatandaşlar ile ilgili bir tepki olarak Tanrıkulu'nun tepkisi sonrası hükümet; bunların terörist olduğunu söylemişti. Ortada ölen bir terörist yoktu. Ama hükümet ne derse o doğruydu. Ve Tanrıkulu "terörist" olmuştu.

Kim olduğu belli olmayan bir kişinin resmi gizlenerek manşet atılmıştı. Gizlenen resimdeki kişinin kim olduğunun önemi yoktu. Nasılsa Tezcan, kendisini anlatamazdı. Dev bir medya gücü, o gizlenen kişiyi FETÖ'cü yapabilecekti.

İstanbul'da gerçekleşen ve Haziran Hareketince düzenlenen bir miting. Görselde 3 CHP'li var. Önlerindeki kişilerden biri, HDP'li bir vekile benzetiliyor. Gerçekte benzetilen kişi olmayan o vatandaş üzerinden CHP ile HDP ortak miting düzenlemiş oluyor.

"Kendisini canlı bomba yapan kızın, o hale gelmesinin nedeni ne?" Bu soruyu soran bir CHP milletvekili. İnsani ve vicdani olan bu sorunun karşılığı ise "terörist CHP'li algısı." Evet, sormak gerek; "hangi motivasyon ve hangi eksiklerimiz, bu ülkenin evlatlarını böyle işlere sürüklüyor?" Bunu sormak terörü desteklemek değildir. Yok etmenin yollarını aramaktır.

Terörün, FETÖ terörünün en çok zarar verdiği isimlerden olan eski savcı, yeni CHP milletvekili Cihaner'in bir konuşmasından "kasıtlı" biçimde cümleler çekilerek manşet atılır. O artık "skandal düzeyde terörü korumuş bir vekildir."

Görselde yer alanlardan birisi de benim. Ve terör marşı denilen marş, "Dev-Genç marşıdır." Bu marşta havuz medyasının rahatsız olduğu bölüm; "al silahı, vur beline, emperyalizme karşı" bölümü olmuştur. 29 Ekim 2013 yılında Cumhuriyet Bayramı kutlamalarında, AKP'li Manisa Akhisar Belediyesi bu marşı çalmıştır. Bu marş; devlete ya da halka silah doğrultma iması dahi içermez. Emperyalizm olarak tanımlanan işgalciliğe direnişten bahseden, herkesi kapsayan bir marştır. Ama havuz için o an "terör marşı" olabilir. Çünkü ne söylediğimiz paylaşılmayacak, sadece manşet atılıp resim paylaşılacaktır.

Manşetler aralıksız sürecek, Türkiye büyürken; her ihanetin altından CHP çıkartılacaktır. Kültürel hegemonya böyledir. CHP'nin en korkulan ve bu hegemonyayı yok edebilecek bütün yüzleri karalanacaktır. CHP ile terör o kadar bir arada anılacaktır ki, yaşayan herkes CHP'nin terörle ilişkili olduğunu düşünmeye başlayacaktır.

Ortada hiçbir terör eylemi olmadığı halde, Adalet yürüyüşüne katılan HDP'li siyasetçilerin varlığı CHP'yi terör yuvası addettirmiştir. Bu, popülistlerin en güçlü yönüdür. Popülistler güçlü düşmanlar yaratır. Yarattığı algı güçlüdür. Düşmanlaştırdığı ise, yarattığı algıyla asla örtüşmez. Ama amaç bellidir. Hasıl olmuştur.

Türkiye'de yaşananların herkesçe bilinen bir kısmı budur. Ama esas, bilmediğimiz ve tasarımsal kısmı ilerleyen bölümlerde tartışılacaktır.

1982 Yılında yayınlanan "*Development and Underdevelopment in Historical Perspective Populism*" adlı eserle bilinen Gavin Kitching, popülizmi bir düşünce geleneği olarak ele alır.

Kitching'e göre popülizm; geniş ölçekli ve yoğun üretimin karşısında hem tarımda hem de endüstride, bireysel küçük girişimcileri savunan bir düşünce geleneğidir. Bu düşünce temelleri açısından Sismondi'ye kadar uzanır ve Robert Owen, Proudhon ve Rikardocu Sosyalistler gibi düşünürleri de kapsar.

Kitching, popülizmi endüstrileşme ve proleterleşmeye karşı bir düşünüş olarak ele aldığı için Marx'ı popülist geleneğe dahil etmez.

Yine 80'lerin başlarında Conovan bu kavram üzerine ciddi tartışmalar yürütmüştür. Conovan popülizmleri kategorik olarak sınıflandırmıştır. Öncelikle tarımsal popülizm ve siyasal popülizm gibi iki temel ayrıma gitmiş, tarımsal popülizmi de 3 alt kategoride; çiftçi radikalizmi, köylü hareketleri ve entelektüel kırsal sosyalizm olarak tanımlamıştır. Yine Conovan siyasi popülizmi 4 alt başlıkta kategorize etmiştir.

Bunlar; popülist diktatörlük, popülist demokrasi, tepkisel popülizm ve siyasetçilerin popülizmidir.

Conovan, bizim kanaatimizce katılmadığımız bir yaklaşımla; bu popülizmler arasında evrensel bir ortaklık kurulmasının imkansız olduğunu öne sürmüş, yapılabilecek olanın, ancak aile benzerliklerine dayalı bir sınıflandırma olduğunu söylemiştir.

Ancak yine Conovan, bu yaklaşımının aksine; tüm bu popülizmlerin ortak yönünün halka seslenmek ve seçkinlere güvensizlik olduğunu da belirtmiştir.

Giriş bölümünde kullandığım bir ifadeyi tekrar hatırlayalım. Popülizm; politikayı öldürür ve siyasetsizleşme baş gösterir.

Bunun en belirgin delili, Popülizmin kurumsal parti yapılanmalarından çok siyasi liderliğe dayanması, çatışmacı ve ötekileştirici olması, "*meşru iktidar kaynağına sahip fakat çıkar düşkünü siyasetçiler ve sözüm ona aydınlar tarafından çıkarları ve istekleri göz ardı edilen halkın gerçek temsilcisi olan lider tipolojilerini ortaya çıkarması,*" akabinde; politikanın liderliklere dayanan, indirgenmiş ve aslında yok olmuş bir enkaza dönüşmesini sağlamasıdır.

Müzakerenin yok edildiği her ortam bir hegemonyaya dönüşür.

Bu bir ev ya da işyeri için de geçerlidir. Ve her hegemonya bir öteki ve yine her öteki bir "*gerçek millet*" dolaylar. Bu dolaylamaların yarattığı karmaşıklıktan sadece "*yeniden müzakere*" yani politika ile çıkılabilecektir.

Çünkü; sonsuz sayıda zıtlığın "*öteki*" tanımı içinde yer alması mümkün iken, bu çatışmanın bir ayrışmayı çok kalıcı ve fiziksel bir görünüme sürüklemesi de potansiyel risktir.

II. Dünya savaşı sonrası yeni düzeni oluşturan 4 temel sütundan bahsetmemiz gerekir. Bunlar; sosyal demokrasi, korporatizm, refah devleti ve keynezyenizmdir.

İşçi sınıfının desteğini bariz biçimde alan sosyal demokrat

hareketler, 60 ve 70'lerde yaşanan geçiş çaplı siyasal ve ekonomik değişimler nedeniyle güç kaybına uğradı.

Korporatizmin temeli olan sendikacılık zayıfladı. Refah devletinin harcamaları tepkileri büyüttü.

Büyüyen tepkiler; yeşilleri, feminist hareketleri, savaş karşıtı hareketleri ortaya çıkarttı.

Türkiye'de 68 kuşağı olarak bilinen ve siyasal tarihimizin en önemli halk hareketlenmelerinden olduğunu söylediğimiz hareketler ortaya çıktı.

Bu anlamda, yükselen dalganın karşısında muhafazakar sağ; halihazırda popülizmi esas alıyor olmasına rağmen, "*halkçı talepler*" başlığında yükselen dalgayı kontrol altında tutabilmek için, muhafazakar popülizmi, yani Neopopülizmi yöntemleştirdi.

Sosyolojinin kurucuları arasında gösterilen Max Weber bu durumu şöyle betimler; "*sağ popülizm, neoliberalizmden çelişik görünse de ondan her zaman güç devşirir.*"

"*Yeter, söz milletin*" ifadesiyle iktidara gelen Adnan Menderes ile birlikte Türkiye'de muhafazakar sağ popülizm çok büyük bir kırılma yarattı.

Her şeyin millet için olduğu, devleti yönetenlerin millete, milletin dinine ve imanına düşman olduğu söylemi üzerinden "millet ve millet düşmanları" tanımlamasına dayanarak yükselen Menderes popülizmi, bu Popülizmin halkta yarattığı büyük ilgi ve giderek kalıcılaşan bir iktidar eğilimi taşıması açısından 1960 darbesiyle iktidardan indirildi ve siyasi tarihimizin utanç sayfalarında yer alacak bir hadise olarak; Adnan Menderes'in idamıyla sonlandı.

Menderes Popülizmine yönelik kaygılarla gerçekleşen 60 darbesi, silahın gölgesinde, kaygılı halkı "*milli egemenliği tesis*" motivasyonuyla tutmaya çalışıyor, işçilere sendikal haklar veren kapsamlı bir anayasa üzerinden Menderes'in seslenemediği kitlede meşrulaşarak bir alternatif popülist toplumsal zemin arayışına giriyordu.

Böylece "*milletin adamını, milletin çıkarları için indiren darbeciler*" elbisesiyle meşru zemin yaratılmaya çalışıldı.

Her gelenin kendince "*millet tanımı*" üzerinden, bir dönem

"cami cemaati," diğer dönem *"Beyaz Türkler"* asli unsur oluyor, sürekli tanımı değişen bir *"gerçek millet"* kimliği elden ele dolaştırılıyordu.

Bundan sonraki süreci zaten az çok biliyorsunuz. Köylü Sülo olarak bilinen Demirel, halkın çocuğu Karaoğlan, milletin anası olan Çiller ve Mücahit Erbakan.

Ümmet için cihad eden Erbakan'ın ardında yürüyenler ile, toprağı işleyene suyu kullanana vereceğini söyleyen Karaoğlan Ecevit'in, milli duruşun sembolü olan Bahçeli'den, sağlam irade; milletin adamı Recep Tayyip Erdoğan'a, siyasi geçmişimiz millet ya da halk için siyaset ürettiğini ifade eden bunca insanın sahnede olduğu bir süreç olarak tarihe kazındı.

Elbette tüm siyasetçilerin *"milletin çıkarları"* için mücadele ettiği söylemine dayanarak ve bugün için milletin 81 milyon aynı bireylerden oluştuğunu düşünürsek, *"aynı millet için hizmet edenlerin"* hangi nedenlerle birbiriyle kavga ettiğini anlamamız için bilmemiz gereken tek kavram Neopopülizmdir.

Popülizmin tarihini ve genel çerçevesini ele alıp, Türkiye özeline ve popülizmle nasıl mücadele edilir sorusunun yanıtına cevap vermeden önce, kafa karışıklığına yol açabilecek birkaç temel soruya da yanıt aramamız gerekir.

İzahatlarım içerisinde özellikle vurguladığım örnekler bağlamında okuyucularım adına şu soruları sorup, yanıtlamaya çalışayım. Soracağım sorular muhtemelen kafalarda oluşan sorulardır.

1. Popülist hareketler, Rusya ve Çin örneğinde görüldüğü gibi "sosyalist ve ilerici devrimlere" zemin hazırlıyorken, niçin toptan popülizm karşıtı bir yaklaşım içindesiniz?

Popülizm geldiği yer itibariyle "*sermayeye karşı emeği*" örgütleyecek bütünlüklü halk tanımı üretemez pratik deneyimlerle adeta silahlaştırılmıştır. Bu nedenle, metodolojik olarak; oluşan bu tahribatı restore etmek olanaksızken, Popülizmi bir araç olmaktan uzaklaştıracak politik hareketliliklere ihtiyaç doğmuştur. Çünkü doğası gereği politik zemini yok etmiş, kendisini savaşın yerine konumlandırmıştır.

Dolayısı ile iyi popülizm kötü popülizm yoktur. Popülizm, karşıtlıklara dayanan, halkı; halkın çıkarlarına yönelik siyaset ürettiğine ikna etmeye dayalı bir kansız savaş stratejisidir.

Halkta ciddi etki göstermesi, kimi sosyal bilimcilerin tanımladığı gibi "*iyi popülizm kötü popülizm*" kategorizasyonunu meşrulaştırır mı?

İşte bu soruya cevabım hayır.Ama şu da ayrıca ifade edilmelidir ki, geride bıraktığım satırlarda da değindiğim gibi, Sosyalizmin hareketliliğin oluşmasında yol açıcı bir halk bilinci yaratan Popülist hareketler ile 70'ler sonrası adeta bir Zombi olarak güncellenen Neopopülizm arasındaki ayrımı ve esasen artık "*halk yararına*" ya da "*halkın gerçek anlamda iktidara gelmesi adına*" gelişebilecek bir popülist yöntemin olanaksızlaşmış olmasından kaynaklı olarak, toptan reddeden bir refleks geliştirdiğimi söylemem mümkündür.

2. Halkı etkileme adına son derece güçlü referansları olan popülizm doğru kullanılıp halk yararı bir sürece evrilemez mi?

Bu soruya da cevabım "*hayır*" olacaktır. Çünkü popülizm; iktidar aygıtını ele geçirmeye dönük bir yöntemdir. Esasen, iktidar aygıtını; halkı temsilen ele geçirme yöntemidir. Ve Popülizmin savaşın yerine konumlanmasını sağlayan muhafazakar sağ popülizm (Neopopülizm) neoliberal ekonomi-politiğin omurgasını oluşturduğu bir gemiye dönüşmüştür. Bu geminin "*halkı*" gerçek anlamda iktidara taşıyabileceği fikri, gerçekle bağdaşmaz.

Popülizm, bir yöntem olarak; başarısı defalarca ispatlanmış bir olgudur. Amacı güç ve otoriteyi ele geçirmek olan bu olgunun, mutlak güç arayışını sonlandıracak, kontrol edebilecek bir mekanizması yoktur.

Ve mutlak güç arayışı, diktatörlüğün felsefi temelidir. Tarihte, diktatörlüğe doğru hareket etmemiş bir popülist hareket yoktur.

Zaten bu sebeple şunu söylemek gerekir ki; popülistler devleti yönetmezler, işgal ederler. Kendilerini halkın yegane temsilcileri gördükleri için, siyaset anlayışları çoğulculuğu dışlayıcıdır. Siyasetin değil, siyasetsizleştirmenin derdindedirler. Kendi dışındaki tüm akımları, diktatörlüğe emin adımlarla yürürken adım adım "*milli çıkarlar*" mottosuyla yok ederler.

Yöntemi açısından; "*biz ve ötekiler*" temeline yaslandığı için, sürekli çatışarak var olmak ve baskı kurmak zaruretini doğurur. Yani "*iyi popülist*" olmaz. Halk yararına popülizm diye bir tanımdan bahsetmemiz örneklenemeyecek olduğundan neredeyse imkansızdır.

Bu iki soruyla birlikte, şu ana kadar ana hatlarıyla anlattığımız "*gerçek patronun*" Türkiye izdüşümünü ve bu "*gerçek patron*" ile nasıl mücadele edileceğini anlatmak gerekir.

Ve elbette Popülizm, bir kavram ve yöntem olarak öncelikle "*kültürel iktidarı*" öngörür. Çünkü yaratacağı kimliğin kitlelerce benimseneceği argüman ve dinamiklere ihtiyaç vardır. İşte bu kültürel iktidarın adı, kültürel hegemonyadır.

Kültürel Hegemonya

◎◎◎

Bu kavramın yaratıcısı İtalyan Antonio Gramsci'dir. Marxist çerçeveden ürettiği terpitler, sosyal bilim araştırmacılarının en önemli kaynağıdır. Gramsci'nin kültür ve ideoloji konusundaki çalışmalarının anahtar kelimesi "*hegemonyadır.*"

Özetle, Gramsci'ye göre;

- Kapitalist toplumlarda, ekonomik krizler olmasına rağmen neden toplumsal devrimler gerçekleşmez?

Çünkü devlet ve onun düşünce üreten kuruluşları, sivil toplum alanlarını adeta kuşatarak (İbadethaneler, sendikalar..vb) egemen sınıfın hegemonyasının kurulmasında başat rol oynarlar.

- Gramsci şu sorunun peşine düşmüştür;
- Elit bir azınlık, toplumun geri kalanına nasıl hükmeder? Ve üstelik çoğunluk hükmedilmeyi nasıl sineye çeker?
- Nasıl olur da, elit bir azınlık, üstelik zora başvurmadan çoğunluğu kontrol edebilmektedir?

İşte Gramsci bu sorunun cevabını "*hegemonya*" kavramıyla ifade eder.

Kitabımızın bu bölümüne kadar paylaştığımız görseller, gazete ve manşet içerikleri tümüyle kültürel hegemonyayı işaret eder. Kültürel hegemonya, popülist iktidarca yaratılan yeni sanrının kanıksanmasını sağlayan araçların yarattığı hegemonyadır. Ve AKP iktidarının bu durumu adeta zıvanadan çıkmışçasına kullandığını söylemek mümkündür.

- Hegemonya kavramının altını doldurmaya girişirken Birikim Dergisi'nden Tanıl Bora'nın kaleme aldığı bir makaleyi alıntılayarak bir çerçeve oluşturmaya çalışacağım:

"Kültür lâfı duyduğum anda tabancamın emniyetini açarım." Nazi ulularına -kâh Goebbels'e, kâh Göring'e- atfedilen bir sözdür bu. Aslı, Nazilere yakın bir koyu milliyetçi oyun yazarı olan Hanns Johst'a ait. Johst'un Schlageter adlı oyununda geçer. Schlageter, I. Dünya Savaşı sonrasında bir süre Fransa kontrolünde bulunan Ruhr bölgesinde gerçekleştirdiği sabotaj eylemlerinden ötürü yargılanıp ölüme mahkûm edilmiş bir milisin adıdır. Schlageter, oyunun birinci perdesinde eder bu sözü: "Kültür lâfı duyduğum anda tabancamın emniyetini açarım." Çünkü, "kültür", düşman-Fransızların "propagandasını" temsil ediyordur. Schlageter, Fransız Devrimi'nin "eşitlik, özgürlük, kardeşlik" ve cumhuriyet ideallerinin riyakârlığına dair bir tirat atar. Fransızlar, bu "yüksek değerler" ve onun etrafına örülü bir "kültür" adına eziyorlardır Almanlığı.

"Kültür lâfı duyduğum anda tabancamın emniyetini açarım." Bu söz, yüzeysel yorumuyla, Nazilerin "kültür düşmanlığının" ikrarı sayılmıştır. O kadar basit değil. Sadece Nazizmin değil I. Dünya Savaşı sonrası Alman milliyetçi-muhafazakâr ideolojisinin, "kültür"ü bir millî hayat-memat meselesi sayan zihniyet dünyasının ifadesidir. "Yabancı", "zararlı" sayılan kültür, nahoş, uygunsuz, mahzurlu filan değil, düpedüz düşmandır. Bu sebepten, zapturapt altında tutulmalı, zor kullanmaktan sakınmadan vaziyet edilmelidir kültüre.

İktidar mahfilleri, epey zamandır, kültür alanında bir kudret noksanından muzdaripler. Cumhurbaşkanı Erdoğan'ın yazılı metinlerinde dahi, kültür alanında "arzu edilen seviyeye" ulaşılmadığı yakınmasına rastlanıyor. Siyasî, iktisadî, toplumsal alanda kazanılan iktidarın kültür alanında makes bulmadığından yakınan, çok.

Bu memnuniyetsizlik, gayzını genellikle "kültürel hegemonya" mefhumu üzerinden boşaltıyor. Ot-Kafa-Deve-Fil-Bavulgillerin mütekabili olan Cins Dergisi, çıkışında misyonunu: "Bizim en büyük kavga alanımız ve derginin başat fikirlerinden biri kültürel iktidarla, Türkiye'de Kemalist beyazların oluşturduğu bu kültürel iktidarla mücadele etmek," diye duyurmuştu. Levent Cantek, Birikim'in 333/334. sayısındaki yazısında, "kültürel hegemonya" cürümünün gayet manipülatif kullanımını, iktidar think-tank'lerinin mizah dergilerine dönük karalamaları vesilesiyle ele aldı.

"Kültürel hegemonya", bir eksikliği, yetersizliği veya gayretsizliği mesele etmekten ziyade (bunu dert edenler de vardır), "karşı tarafın"

hâlâ tuttuğu iddia olunan birtakım iktidar imkânlarına dayanan üstünlüğüne işaret eden bir mefhum olarak iş görüyor. Bir nevi haksız rekabet mazeretine sığınan bir mağduriyet söylemi... Baş edilemeyen bu kültürel iktidarın öznesi, "beyaz Türkler", Kemalistler, solculardan oluşan topaktır o zihinlerde, "yerli"ye bigâne bir Batı kültürü taklitçiliğiyle geçinip gidiyor; o hegemonyayla yerli ve millî kültürü eziyor, yeşermesini önlüyor veya görünmez kılıyorlardır.

El çabukluğuyla yapılan o topaklaştırmayla perdelenenleri de atlamayalım. "Eski" modernizm de tıkılıyor, onun yerli ve millîsi olan Kemalizm de tıkılıyor bu torbaya; o geleneği aşarak kendi yolunu çizen sol-sosyalist ve "hatta" post-modern tabir edilen birikim de tıkılıyor. Eski-modernizmin "kültür"ü bizatihî yüceltmiş ve kültürel üstünlüğü adeta fıtraten kendine özgülemiş seçkinci kibrini sorgulayan onca eleştirel birikim de yok sayılıyor böylece. İslâmcı-muhafazakâr "kültürel hegemonya" mazereti, solda sadece lafla değil kültürel üretimle inşa edilmiş bir anti-elitizmi bedavadan gasp etmeye kalkıyor. Varsa iktidarın bir karşı kültürel hegemonya teşebbüsü, nirengisi işte buradadır. Belki daha doğrusu: bundan ibaret...

Hegemonya, Marksist literatürden apartılarak hasma doğrultulan bir kavram. Zihinlere nüfuz etmiş bir hakimiyeti anlatır; hasımlarının dahi söz ve eylemlerini kalıplamayı başarmış bir ideolojik etki kapasitesidir. "Kültürel hegemonya"ya hücum edenlerin dilinde, zaman zaman kavramın bu sahih anlamını çağrıştıran imalara da rastlayabiliyoruz. Fakat belirleyici olan, kesinlikle jeopolitik zihniyetten devralınmış bir hegemonya kavramıdır. Mustafa Aydın'ın "sosyolog" sıfatıyla –bu arada Althusser'i de zikrederek!– yaptığı tanım, mesela (Umran, Şubat 2006): hegemonyayı, "güç çevresinde kurulmuş bir şiddet, baskı ve tahakküm politikası" diye tanımlar; "ne ahlâkî ne de etik ilke tanı"yor, "kamuoyunun ve içinde bulunduğu toplumların kanaatini hiçe say"ıyor, "çevreyi kesin bir şekilde dost ve düşman kategorilerine ayır"ıyordur, "bir ülke içindeki gizli baskı yapıları" da eksik değildir, zaten "şeytanî tahakküm" diye sıfatlandırır hegemonyayı.

Başka pek çok örnek verebilirim. Sözün özü: bu mahfillerde "hegemonya" kavramı, –gayri nizamî harp 'üslûbunu' da dışarıda bırakmadan–, basbayağı jeopolitik ve maddî-fizikî bir güç olayı olarak düşünülüyor.

Soğuk Savaş döneminin milliyetçi-muhafazakâr aydınları da öyle düşünürlerdi zaten. Yüksel Taşkın, Milliyetçi Muhafazakâr Entelijansiya kitabında (link), onların "kültür"ü, kaba Marksist şemadaki "altyapı" kavramının yerine koyduklarını anlatır. "Kültür", toplumun ele geçirilmesi gereken kontrol kulesidir onların nazarında; yerli-yabancı, biz-düşman ekseninde mukayyet olunacak bir millî güvenlik faktörüdür.

Nuray Mert, iktidar muhitinin kültürel hegemonya iddiasıyla ilgili, kavramın sahih anlamına yaslanan şu basit ödev tanımını yapmıştı: "Kültürel manada iddianız varsa, bunu mevcut ve beğenmediğiniz düşünce ve kültür dünyasını bir yana ayırarak değil, onu aşacak ürünler ile yapabilirsiniz. Yoksa siz çalarsınız siz oynarsınız." (link)

Evet, sahih anlamda hegemonyaysa murat edilen, beklenen o olurdu. Hazır medya havuzuna klor basılmışken, hazır üniversitelerden "gönüllü kuruluşlar" sahasına, ödüller, tayinler-terfiler, teşrifat ve törenlerle maddî imkânlar ganiyken... "Bizim değerlerimiz" diye hep aynı efsane beşi sayıp durmak yerine; "leylî meccanî"de yetişmiş olsa altın kaşıkla doğmuş muamelesi yaptıkları "Beyaz Türkler"e kahredip durmak yerine; hasmını bile okumaya, bakmaya, düşünmeye, derununa dalmaya cezbeden "eser veya eserler" konması beklenirdi ortaya...

Ama olmuyorsa, yoksa öyle bir takat... Hem zaten hegemonya kavramı da ilhamını jeopolitiğin güç oyunlarından alıyorsa, yol budur tabii: polis marifetiyle "kültürel hegemonya"... Kafilelerle ehil akademisyeni üniversiteden uzaklaştırarak, yazarları, çizerleri hapsederek, baskı altında tutarak... "Kültür lâfı duyduğumda..."

(http://www.birikimdergisi.com/haftalik/8174/kulturel-hegemonya#.WrFt5ujFI2w)

Tanıl Bora'nın makul zeminde ele aldığı ve dilimize Gramsci tarafından pelesenk edilen kültürel hegemonya kavramı, Popülizm ile amaçsal bir hayatiyetle bağlıdır. Keza, iktidara gelişi akabinde bir kültür devrimi olarak Cumhuriyet'in Batılı seküler referansları esas alarak bir kültürel kimlik yaratma çabasının, doğal olarak bir "kültürel kayıp" oluşturduğunu söyleyip duran iktidar entelejensiyası, bu duruma karşı "Kemalist kültür devrimiyle" mücadele şiarını esas alan çok fazla girişimde bulunmuştur.

Keza Tanıl Bora'nın atıfta bulunduğu Yüksel Taşkın'ın hayatiyet arz eden şu tespitini ciddiye almak gerekir: "*bizim ekonomi ile ilişkilendirdiğimiz altyapı, İslamcılığın içini kültür kavramıyla doldur-*

ması akabinde," ekonomik ilişkiler dahil, tüm fenomenleri sevk ve idare aracı olarak görülür.

Şu halde, tabiatı itibariyle İslamcılık açısından kültür; "*toplumsal fenomenleri belirleme aracıdır."*

Kültür, toplumun duyuş ve düşünüş birliğini oluşturma iddiası taşır.

Dolayısı ile,Popülist AKP iktidarının mahfillerinden yükselen; "*batıcı kültürel iktidarla mücadele"* çığırtkanlığının, Türkiye'nin batısının ötesine yönelen bir amaçsallığı yoktur.

Fakat hangi açıdan bakarsak bakalım, durum Erdoğan'ın çeşitli platformlarda bahsettiği kadar vahim değildir.

Kültürel hegemonya bir bütün olarak topluma zerk edilebilecek bir ilaç değildir. Kültür, yukarıdan aşağıya bir hareket olarak örülür. Ki çeşitli vesilelerle tam tersi hareketliliklere de tanık olmak mümkündür.

Ama esasen;

"*an itibari ile havada olan kuşun uçmadığını iddia etmenizin kuşun uçtuğu gerçeğini değiştiremeyeceği gibi, İslamcılığın; kültürü altyapıya atfederek, bütün toplumsal fenomenlerin belirleyicisine dönüştürme çabası, yaşanmakta olan gerçeği değiştirmemektedir."*

Tarih ve bilim göstermektedir ki, İslamcılığın iddia ettiğinin aksine, toplumsal fenomenlerin belirleyicisi olan altyapı; "*ekonomi-politiktir."*

Yani, "*paraya bakış şekliniz, kültürünüzü belirler."*

Kültürünüz, paraya bakış şeklinizi belirlemez. Ama etkiler.

İdeoloji, altyapı ve üst yapıdan oluşur.

Altyapı; üstyapıyı belirler. Üstyapı ise altyapıyı etkiler.

Zemin sağlamsa bina sağlam olur.

Eğer siz, "*kültür"* altyapıdır derseniz ve kültürü "*sadece dinsellikle"* ifade ederseniz, geri kalan bütün sosyal fenomenlerin "*bu olguyu"* esas alarak biçimlenmesini sağlarsınız.

Yaşamımızın özü budur. Altyapısal çerçevemiz, diğer tüm sosyal içeriklerimizi belirler.

Dinler öncesi süreçlerin de bir *"altyapı-üstyapı"* gerçekliği olduğundan, tüm hayatın tahlili bizleri *"ekonominin altyapı olduğu"* bilimsel sonucuna ulaştırmıştır. Bu bağlamda *"kültür, sanat, inanç, yaşam tarzı, devlet teorisi ve sayabileceğimiz bütün sosyal fenomenler"* üstyapıdır.

Altyapı, yani *"ekonomi,"* eğer eşitlikçi ve kamucu bir içerikteyse, saydığım tüm *"üstyapı"* fenomenleri o ruha göre şekillenirler.

Fakat altyapı, yani *"ekonomi,"* tekelci ve bir zümrenin çıkarlarına dayanıyorsa, saydığım bütün üstyapı fenomenleri bu duruma göre biçimlenir.

Bu söylemi basit 2 örnekle somut, net ve sağlaması yapılmış bir noktaya getirerek, esasen iki kere iki dört demek kadar bilimsel olan bu olguyu bir daha anlatma ihtiyacı hissetmeden devam edeyim.

Bir ülkede, ekonomi-politik; neoliberal temelde piyasacı biçimde uygulanıyorsa, bir üstyapı kurumu olarak *"kültür"* buna göre şekillenir.

Mesela *"din,"* İslamcılığın atfettiği gibi kültürün temeliyse, kapitalist ülkelerde *"din anlayışları"* servet ve sermaye sahiplerini ve onların iktidarını koruyan bir yorumla yorumlanır.

Bugün bunu yaşamıyor muyuz?

Diyanet yorumlarından, İslamcılığın çıkarımlarına, sermayeyi koruyan ve sermayenin iktidarını neredeyse kutsallaştıran çıkış ve söylemler görmüyor muyuz?

Dolayısıyla, İslamcılığın; *"ideolojinin altyapısı kültürdür tezi, bırakın teorik metinleri, yaşanan gerçekle dahi bağdaşmamakta, gerçek bize; ekonomi politiğin altyapının ta kendisi olduğunu her an her saniye adeta göstermektedir."*

Dolayısıyla bu bilimdışı söylemden bağımsız olarak, esasa dönük tartışmamızı sürdürelim.

Her devrim ve üretim biçimi kendi kültürel dinamiklerini yaratır. Kapitalizmin yarattığı tüketim zorunluluğu; zorunluluk olarak kapitalist modernleşmeyi ve buna endeksli olarak, individüal/bireyselci bir kültür zemini kurar.

Kapitalizmin ya da piyasa ekonomisinin hakim olduğu ülkelerde, kültüre müdahale ederek bu ekonomik ilişkiyi değiştirmek ne mümkündür? Tarihte karşılık bulmamış bir bu içi boş ve yavan söylem, esasen Popülizmin gücüne güç katan bir araçsallaştırmanın da önünü açar.

Peki nedir bu söylemin temeli?

En temelde İslam'ın "*manevi, ahlaki, kültürel*" temelden iktidara geldiği fikrinden türeyen bir bakış açısıdır bu.

Oysa, bu tarihin akış ve mantığına aykırıdır.

Türkiye'de bu yaklaşıma itiraz eden "*İslami hareketlenmeler*" baş göstermiştir. Benim de içerisinden geldiğim "*anti-kapitalist Müslümanlar*" hareketi, esasen bu tartışmada "*mülk ve üretimi*" esas belirleyici olan "*altyapı*" olduğu gerçeğini vurgulamıştır. Fakat gelin görün ki, "*kültürel hegemonya*" bu hareketlenmeyi öyle yerlere koymuştur ki, adeta yok etme çabasına girişmiştir.

Anti-kapitalist Müslümanlar hareketi, kapitalizme ve neoliberalizme eklemlenen İslamcılığa karşı yükselen bir tepki olarak doğdu. Bu tepki kısa sürede bir tartışmaya yol açtı. Anti-kapitalist Müslümanlar bir tartışma kuruyordu. Onlara göre, sosyal fenomenlerden bağımsız olarak ideolojinin temeli "altyapı," ekonomiydi. İslamcılık bu durumu ıskalayarak, ekonomik sürecin neoliberalizme dönüşmesini sağlıyordu. Kapitalist ekonomi ile mücadele edilmeliydi. Ve bu tehlikeli söylem son derece rahatsızlık verici bir yerden yükseliyordu. Mahallenin içinden.

Kapitalizme karşı kul olunmaması gerekiyordu. Mülk Allah'a aitti. Yeni bir mücadele başlamıştı. Tam mahallenin içinden bir mücadele. Kapitalizm eleştiriliyor, yeni bir ortaklaşmacı düzenden bahsediliyordu. Popülist iktidarın büyüsü bozulmuş, gerçek çelişki tartışılmaya başlamıştı.

Bu fotoğrafta en önce olan kişi benim. Yer ise "Gezi Parkı." O günlerde, mahalleden arkadaşlarımla "gerçek çelişkinin," üretim ilişkileri olduğunu, ortak ve eşit bir gelecek inşa etmemiz gerektiğini ifade ettiğim etkinlikler yapıyor, tartışıyorduk. Nihai olarak bu "sol" tartışmanın sonucunda Gezi Parkı'na girdik. Ve bizim için "ilk sizi yerler" manşetleri atıldı. Yiyecek olan kimdi? Bu şartlanmışlık hangi motivasyondan besleniyordu. Söyleyeyim; "popülizm."

Ve akabinde bu gibi manşetler yayınlanmaya başladı. Böylece kapitalizm karşıtı İhsan Eliaçık'ın, aslında kapitalist sistemi benimsediği, bütün karşıtlığının AKP'ye yönelik olduğu mesajı verilecekti. Eliaçık, "kapitalizm karşılığından değil, Erdoğan karşıtlığından dolayı eylemler organize ediyordu." Bu "çelişki" gösterilmeliydi. Keza, tüm gelir kaynağı kitapları olan ve kitap gelirlerini yoksullarla paylaşan Eliaçık'ın, dağıtım şirketlerinin "kanunlar gereği" kitap ücretlerini, banka hesabına yatırma zorunluluğundan ötürü bankamatik kartı kullanıyordu. Ama mesele bu değildi. Tartışma başka bir zemine çekilmeli, Eliaçık'ın aslında söylediği gibi yaşamayan biri olduğu gösterilmeliydi.

Gezi olaylarının hemen sonunda, anti-kapitalist Müslümanlar Taksim'de uzun bir yeryüzü sofrası kurmuştu. Ramazan ayınca gerçekleştirilen bu etkinlik ile, ortaklaşmacı bir sofra üzerinden anti-kapitalist bir yaşamsallaşma pratiği sergilenecekti. Sofra kuruldu, binlerce insan sofraya oturdu. Sofrada, o güne kadar mahalleler arasındaki kavga ve gerilim nedeniyle, bütün dini duyarlılıktan uzak duran kitleler de vardı. Bu bir kazanımdı. İki mahalle birleşiyor, aynı sofrada yemek yiyordu. İftarın sonunda, sofra dağıldıktan çok sonra çekilen bu fotoğraf servis edilmişti. Resim "iftar sofrasında bira içiliyor" algısı yaratacaktı. Oysa, fotoğrafın ne iftarla, ne sofrayla ilgisi yoktu. Yapılan iftar etkinliğinden çok sonra çekilen bir fotoğraftı.

> *Ve Kamuoyunun "anti-kapitalist Müslümanlar" diye ifade ettiği kalabalık 1 Mayıs yürüyüşüne geçmişti. Yolda bir pankart dikkatleri çekiyordu. "İnşallah sosyalizm gelecek!" Bu pankartın Fatih'te, AKP'nin siyasal kalesinde ortaya çıkması son derece sorunlu bir durumdu. Bu sorun derhal çözülmeliydi. İçeriden, mahallenin içinden bir yaklaşım, iktidarın popülist çılgınlıkları nedeniyle mahalleyi kuşatacaktı. Ve akabinde Türkiye siyaseti, ilk kez İslami mahalleden başlayan bir sınıfsal mücadele anlayışıyla, dönüşecekti. Hemen düğmeye basıldı. Kültürel hegemonyanın aracı olan medya "uyarıldı."*

Türkiye bunları yaşadı. Yaşanmış gerçekler olarak bunlar, hafızamızı fevkalade işgal eden hadiselerdir. Meselenin teorisine inmemiz gerekirse şunu söylemek gerekir.

İslam, tüm diğer iktidar değişimlerinde olduğu gibi doğrudan *"ekonomi-politik temelden iktidara gelmiştir." (Bu konuda bkz. Devrim Ayetleri adlı kitabımız)*

Temel önermesi; *"leh'ul mülk, yani mülk Allah'ındır"* ifadesine dayanır.

Mekke'de ki 9'lu çetenin köleci ekonomisine karşı çıkıp, mülkiyet ortaklaşması getirmiş, köleliği kaldırıp; eşitlikçi bir yeni *"altyapı/ekonomi"* inşa etmiştir. Yani İslam'ın devrimi, ekonomik düzeni değiştirerek kültürü şekillendirmiştir.

Hali hazırda AKP Popülizminin yaslandığı İslamcılık, bu

gerçekliği "*İslam'ın servet ve sermaye ile arasındaki mücadeleden duyduğu rahatsızlık nedeniyle*" örtmektedir. Çünkü bu devrimsellik, bugün AKP'nin uyguladığı neoliberal piyasacı anlayışı mahkum edecektir.

Ve Allah'ın gazabından ziyade, sandık sonuçlarıyla amel eden Popülist bir hareketin, İslam'ın ekonomi-politik temelde bir değişimi örgütlediği gerçeğini benimsemesi intihardır.

Dolayısıyla AKP Popülizmi, bu alanı doldurmak için; "*manevi, ahlaki devrim*" tezine sarılır. Ve her yönüyle çuvallar.

Tabi, 2. Dünya savaşı sonrası "*piyasa ekonomisiyle*" bütünleşen İslamcı hareketlerin bu kaçınılmaz süreci, Hasan El Benna gibi figürler özelinde, AKP'nin de ilham kaynağı olan İhvan hareketinde gözlemlenebilir.

Yükselen "*komünizm karşıtlığı,*" İslamcılığın bir alternatif üretim biçimi üretemeyişi *(burada İslamcılık-İslam ayrımını baz alarak örnekleme yapılmıştır)*, neoliberalizme mutlak teslimiyeti doğurmuş, esasen tarihi okuyamamaktan kaynaklı bu teslimiyetin kültüre vereceği zarardan kaygılanan İslamcılık, "*kültürün altyapılaştırılması*" üzerinden ekonomi dahil her fenomeni belirleme çabasına girmiştir.

Bu İslamcılığın müdahaleci tavrının agresifleşmesini sağlamıştır.

Çünkü gerçekle örtüşmeyen bu yapısallık, bir "*müdahaleyi zorluyordu.*" Kültürün ekonomik ilişkiler dahil herşeyi dönüştürücü olabilmesi olanaksızken, "*nasıl bir kültürel alan yaratırsak bunu başarırız*" tartışması, kültürün sadece dinsel yorumlardan ibaretleşmesini sağladı.

Böylece "*emir kipinde*" fetvaların, düşünüş ortaklaştırıcı olan kültürü "*düşünmeme esaslı*" bir sürece dönüştürmesi zorunluluğu doğacaktı.

Tabir caizse; "*ayağı frene basılı adamın arabayı hareket ettirme adına gaza basmak yerine, fren balatasını söküp, frensizleştirdiği aracın ağır harekete geçmesi"* bir kazanım görüldü. Ama fren yok! Duvara çarpacak!

Ve gerçeğe yönelen korkular, esir alıyor sahibini.

Çünkü "*ekonominin"* altyapı olduğu ve tüm üst yapıyı belirlediği gerçeği; bir üstyapı fenomeni olarak din ve kültürün, tümüyle "*neoliberal piyasacı"* üretim ilişkilerinin güncellemelerine açık hale geleceği kabullenilemezliğini ortaya çıkartmıştır.

"*Güncelleme"* ifadesi bu kadar derin ve ihtiyaca dönük bir ifade aslında!

Bu paradoks, aşılamayan bir açmaz olduğu halde; ısrarla sürdürülen bir söyleme dönüştü.

İslamcılık, ideolojik mahalleye bir put dikti. Bu put, gerçekle sürdürdüğü kavgada milyonlarca kez yenilmesine rağmen, orda kalmaya devam etti. Halen AKP Popülizminin kültüre bakışı, bu putun merkezinde olduğu bir çerçeve kadardır.

Bu yönüyle, her yanlışın "ahlak ve maneviyat" ile düzeleceği fikri; "altyapının kültür" olarak tanımlanması, kültürün de temelde inançla içsel ele alınmasından kaynaklanır. Çünkü altyapı, üst yapıyı belirler.

İşte bu nedenle, AKP Popülizmi; "*Cumhuriyet'in kültürel iktidarının, bir elitler, batılı yoz monşerlerin ithal kültürünün iktidarı"* olarak tanımlamıştır.

Bu "*yabancı ve dışarıdan olan, BİZ e ait olmayan yoz iktidar"* söküp atılmalı, yerine; ecdada ve atalara yakışır bir "*milli kültürel iktidar inşa edilmelidir."*

Yaratılan bu yeni kimlik, Popülist bir lider olan Erdoğan'ca "Rabia" ile ifade edilmiştir. Ve tüm seçimler boyunca, olağanüstü güçlü bir kültürel hegemonya aracı olarak medya aynı bilinçaltını örgütlemiştir.

Her ne kadar yazınsal anlamda bu gerçekleştirilememiş olsa da, farklı alanlarda *"ortak düşünüşü sağlayacak"* bir kültürel iktidar yaratılmıştır.

Ama AKP Popülistlerinin deminden beri ifade ettiğim tezleri zırr'ü zeber olmuş, yerin dibine girmiştir. Çünkü; *"kültürün dinsellikten ibaretleşmesine rağmen, neoliberal ekonomi-politik aynen devam etmektedir."*

Şimdi soruyorum. Madem *"kültür"* altyapıdır. Ve altyapı, ideolojinin belirleyici unsurudur. Ekonomi de *"üstyapıdır."* (Elbette bu bilimdışı tanım AKP'ye aittir) O halde, bütün kültürel alan dinselleşmişken, ekonomi-politiğiniz neden hala neoliberal sömürü politikalarıdır?

Yani AKP Popülizminin tezlerini esas alırsak, şunu söylemek mümkün olacaktır:

"İslam dini, sömürü, zulüm ve çağın vahşi kapitalizmiyle son derece

entegre, sermayenin emek üzerindeki bütün sömürüsüne onay veren bir dindir."

İşte siz "*ey AKP elitleri,*" dini kültürün temeli yapar, kültürü ideolojinin belirleyicisi addeder ve buna rağmen "*neoliberal politikalar uygularsanız,*" belirleyici olan din, belirlenen ekonominin neoliberalizm olmasına onay veriyor algısını yaratırsınız.

Bu nedenle, İslam'ı hiçbir şekilde uyuşmamasına rağmen; neoliberalizmle aynı torbaya koyan, sıkışmışlığından kurtulma adına "kültür kartına" asılıp onu "altyapı" addeden Popülist İslamcılardır.

Ve İslam'ı işte bu zeminde konumlandırmışlardır.

Hiçbir İslam düşmanı, İslam'a bu kadar zarar veremez. Ve halkımızın "*altyapı, üstyapı, ekonomi-politik*" gibi kavramlara uzak oluşu, bu büyük ihanetin, bu alçak kumpas ve tecavüzün anlaşılmamasının ana nedenidir.

Çünkü yıllarca Müslümanlara, "*bırakın bu gomünüst işlerini, ibadet edin, kitap mitap okumayın*" diyenler, yarattıkları örgütlü cehaleti sömürerek İslam'a en büyük saldırıyı tam da bu anlattığım şekilde yaparken, mütedeyyinlerin bunu farkedip; kendisine karşı pozisyon almasından korktu. Onu kandırdı ve kendi tarihini, akaidini bilmeyen bir tipe dönüştürdü.

Yine de "*bir ihtimal,*" İslamcılıkla özdeşleşmiş bir vicdan sahibinin bu satırları okuması halinde yaratacağı tartışma ışığında, İslamcılık adına icra edilen bu okumanın yarattığı tahribatla mücadele edileceği ümidi taşıyarak, kalemin inadıyla yazıyorum bunları.

Yine bu iktidar, kültürün üretimi belirlediği tezine inanan, neoliberalizm temelli üretim ile geçmişi örtüştürememe krizine sürüklenen acınası durumundan kaynaklı olarak; kültürel alandaki dönüşümü karşıta saldırma üzerine kurmuştur.

Yani, "*kültürel mevcudiyetinin*" ekonomik pratiğini dönüştürmediği gerçeği, kültürün bir ortaklaşma alanından, saldırı ve tecavüz alanına dönüşmesini sağlamıştır.

Dikkatlerinize arz edeceğim husus şudur: "şu ana kadar başlıkta tartıştığım konunun özeti olabilecek bir söz söyleyeceğim."

- Neopopülizmin, halkı "*iktidara ortak etmeksizin*" iktidara taşıma iddiasını "bir zümre ya da sermaye iktidarı kurma zaruretinden aldığını ifade etmiştik.
- O zaman, bu duruma motive edilecek halkın bir belirleyici "*altyapı*" ihtiyacı vardır.
- Neopopülist iktidarın "*vazgeçilmezi,*" uygulayacağı "*neoliberal*" politikalar olacağından,
- Ve "*neoliberal*" ekonominin "*altyapı olmasından sebeple,*" kültürü belirleyen faktör olacağından,
- Oluşacak yeni kültürel dilin, ekonomik sistemle kavgasının olması söz konusu değildir. Yani sistemle kavga etmeyen bu yeni dindarlık modeli, ancak "*sistemce*" işaret edilmiş düşmanlarla kavga ederek varlığını sürdürebilecektir.
- Ve İslamcılık, dinin "*kültürün temeli*" olduğu tanımını yaparak, din ve dinselleşmeyi; neoliberal, kapitalist ekonomik alanla asla kavga ettirmeyecektir. Çünkü nihai olarak "*birey,*" hayatın içinde yaşadığı ekonomik hiyerarşiyi benimseyecek, kültüre o hiyerarşinin yarattığı gözlükten bakacaktır.
- O zaman Popülist iktidar, kültürü ya da kendi tanımıyla DİNİ esas alan bir hegemonya kurmalıdır.
- Çünkü bu hegemonyayla örgütlenmiş birey, esas kavga alanı olan "*ekonomi-politik*" dışında herşeyle kavga edebilecek, böylece düşmanlaştırma ve şeytanlaştırma adına iktidarın eli güçlenecektir.

Umarım açıklayıcı olabilmişimdir. Ve aslında bu durum, düşmanlaştırdıklarını "*din düşmanlığıyla*" tanımlayan hegemonyanın, gerçek din düşmanı olduğunu da göstermektedir.

Çünkü din, popülist iktidar için; iktidarını ve iktidarının dayandığı sınıfı koruma aracıdır.

Onlar açısından başka hiçbir fonksiyonu yoktur.

Ve "*neoliberalizmin*" üstyapısı olarak şekillendirilen din, milyonları "*savaşa motive ederken,*" savaşılması gereken gerçek hedefin silahına dönüşmüş olacaktır.

Bu, dinin haketmediği bir konumlandırmadır.

Popülizmi tanımlarken *"milli değerler"* vurgusu yapmıştık. Popülist iktidarlar, güçlerini; kurdukları kültürel iktidarla arttırırlar.

16 Nisan öncesi konuşan Erdoğan; "dualarla yürünen yol" ibaresi kullanır. Yürünen yol "neoliberalist, kapitalist sistemdir." Şu halde "dualar," o yolculuğu sürdürme adına yapılmaktadır. Ama aslolan, "gerçek millet" diye tanımlananın, yürünen yoldan habersiz hale getirilmesidir. "Tuzak bozan, millet sevdası" sihri, bu illüzyonun kendisidir.

Türkiye'de 12 Eylül darbesi öncesinde toplum popülist iktidarlarca ayrıştırılmıştı.

Milliyetçi Cephe'nin *"biz"* tanımı; *"komünizme karşı olanları,"* ve solun *"biz"* tanımı ise; *"emekçileri"* kapsıyordu.

Esasen bu köklü ve tarihimizin travmatik sayfalarına referans olan kavgasında, her tarafın etkili bir mahalle içi bir kültürel iktidar alanı vardı.

Muhalefetin "tek adam" eleştirisi tek bir çıkışla yerle bir edilmişti. Popülist sihirbazın anahtar kelimesiyle; "milletin adamı."

Fakat, adeta özel bir mühendislik ürünü olarak; Neopopülizmin en güçlü temsilcisi olarak çıkış yapan AKP; ilk iş olarak kültürel alanları hedefine oturttu.

Kendi varlığının karşısındaki mahallelerin iç *"kültürel iktidarını, toptancı bir yaklaşımla elitiçilik olarak tanımladı."*

AKP öncesi Türkiye'de, ideolojinin kitlelere ulaşmasında en önemli araç kültürel alandı.

Zannediyorum ki Türkiye'de her görüşten insanın albümlerini dinlediği bir Ahmet Kaya, herkesin güldüğü ve aslında tüm filmlerinde sınıf temelli senaryolar icra eden bir Kemal Sunal kadar etkili kültürel iktidar unsurlarını tartışamayız.

Bir tarafta; 1 Mayıs yürüyüşlerinden, işçi marşına emeğin ve alın teri alanlarının içinden konuşan aydın ve sanatçılar, diğer tarafta statükoyu, kutsallar üzerinden korumaya çalışanlar.

Türkiye, esasen bugün geldiği noktaya; bu dengeyi yitirmesi sayesinde geldi.

Modernleşme adına bireycileşen kesimlerin; muhafazakar Popülizmin karşısında, bir denge unsuru olarak dirençle yaşatılan kültürel iktidar alanlarını, muhafazakar Popülizmin toplumu esir alarak olağanüstü bir hızla dönüştürmesinin önünü açtı.

Bireycileşmenin en belirgin emaresi, kendi kültürel iktidarına inancını yitiren muhalefetin, o kültürel unsurları terk ederken *"bütün bu sosyalizasyon arayışını"* geçmişle ilintileyen yeni bir dil kurması oldu.

"Bunlar geçmişte kaldı" söylemine dayanarak, mevcut kültürel söylemlerini terk eden kitleler, bir alternatif yaratamadı. Alan boşaldı. Popülist iktidar, bu boşluğu doldurdu.

Ve IŞİD'in Adıyaman hücrelerini inşa eden *"Alevi çocukların"* paradoksu görünürleşti.

Nasıl oluyordu da, bir Alevi çocuk böylesi radikal bir savrulma yaşayabiliyordu?

Cevabı belliydi; *"moderleşme adına bireycileşen"* tüm demokrat kesimler, neoliberal politikalara eklemlendiği ölçüde, bu politikalara karşı çıkan kültürel geçmişine de yabancılaşıyordu. Ve yerine koyacağı bir alternatifin olmayışı, alanı domine eden *"kültürel dilin"* kendi evine kadar hakim olmasını sağladı.

Oysa bu aşamaya gelinmeden önce durum çok farklıydı.

Demokrat Parti'den Adalet Partisi'ne, sağdan sola oy verenler de akşam Kemal Sunal'ı izliyor, onun filmlerindeki içerikle muhatap kalarak, ekseriyetle işçi sınıfının sorunları içinden mizah üreten o kültürel propaganda sayesinde nötralize oluyordu.

Cumhuriyet elitleri,en azından bu zemini inşa edebilmişti. İşte bu zemin çöktü. Kamucu ve ortaklaşmacı içerik sıfırlandı.

Lakin, küresel ölçekte 70'ler sonrası Neopopülizmin bütünüyle muhafazakar sağ siyasetçe içselleştirilmesi de, tüm dengeleri değiştirdi.

AKP ile birlikte, yeni trendler haline getirilen *"Recep İvedik"* modellemeleri ve *"karşı kültürel hegemonyanın unsuru olan aydın, sanatçı ve entelektüellerin uğradığı sistemli saldırı, işsiz bırakma, görünecek alan bulamama"* sorunu, sadece AKP Popülizminin kültürel hegemonyasının meydanı ele geçirdiği ve bu sayede halkı çok inanılmaz bir hızla dönüştürme gücü yakaladığı bir süreci başlattı.

İktidarın yarattığı kültürel hegemonyanın karşısında gelişebilecek bir alternatif kültürün tüm temsilcileri "terörle ilişkilendiriliyordu." Manşetler, bu "sanatçı görünümlü teröristler" temelinde şekilleniyor. Karşı kültürel alan yok ediliyordu.

Halk bu kültürel hegemonya sayesinde inanılmaz bir süratle dönüştürülürken, bu hegemonyanın karşısında ve AKP Popülizmine karşı mücadele eden hareketler yaşanan dönüşümü tahlil edemedi.

Bu eksiklik, çatıştırılan geniş kitlelerin karşılıklı bir yabancılaşma içine girmesine yol açtı.

Ortak ve müştereklerin azalması, ortak duyguların yitirilmesi; neopopülist kültürel hegemonyanın öncelikli amaçlarındandı.

Daha somut bir ifadeyle, 28 Şubat ve akabinde AKP sürecinden önce, ayrışan kitlelerin "*ortaklaştığı*" değer ve duygular çok daha fazla iken, bu en minimum düzeye indirgendi.

AKP karşıtları, halkın; halen AKP öncesi reflekslere sahip olduğunu düşünüyordu.

Hatta halen AKP'nin seçmen analizi yapılırken, bir zamanların ANAP ve DYP seçmenlerinin "*kimliklerini koruyarak*" AKP'ye oy verdiği şeklinde bir sanrı sık sık dile getiriliyordu.

Bu kat'i suretle gerçekle bağdaşmayan tahlil, toplumsal muhalefetin; iktidarın kültüre biçtiği rol üzerinden toplumu dönüştürdüğü yeni sürece ne kadar yabancı ve uzak olduğunun delilidir.

Türkiye'de demokrasi mücadelesi başlığında iktidara eleştiri yönelten kesimlerin, sosyolojik değerlendirmelerinin tamamının sınıfta kaldığı gerçeği ortaya çıktı.

Kültürel hegemonya, iktidarı elinde bulunduran siyasetin; medya başta olmak üzere, kültürel alanı kuşatmak suretiyle; halkın refleks ve düşünüş şekline yön vermesini sağlayan bir hegemonyadır.

MANDACILARIN SONU HÜSRAN OLACAK

Cumhurbaşkanı Recep Tayyip Erdoğan, Ankara Arena Spor Salonu'nda kamu ve özel sektör tarafından tamamlanan 99 baraj ve hidroelektrik santralinin toplu açılış töreninde yaptığı konuşmada, "Milletimiz mandacı artıklarına gereken cevabı verecek" dedi.

VATAN DİYE BİR MESELELERİ YOK

MİLLET BUNLARA CEVABINI VERECEK

Avrupa'da bu imzayı atamazlar

Artık Türkiye "mandacılar ve manda karşıtları" ayrışmasına varacak düzeye ulaşmıştı. Bütün muhalifler mandacı, AKP ise manda karşıtıydı. Sanki; kapitalizmin bütün doktrinini Türkiye'ye boca eden "muhaliflerdi." Ve AKP, milli kurtarıcı gömleğiyle, kutuplaşmayı büyütmeyi sürdürüyordu.

Bir ülkede; iktidarda olan parti eğer "*neopopülist*" bir parti ise, kendisi için tehlike arz eden tüm kültürel unsurları yok ederek işe başlayacaktır.

Fakat bir neopopülist iktidar için, bizzat yarattığı *"biz ve ötekiler"* ayrımını besleyen hiçbir karşıt girişim sorun teşkil etmeyecektir.

Bu nedenle, *"bidon kafalılar ve göbeğini kaşıyan adam"* gibi tanımlarla iktidarın mahallesini tanımlayarak muhalefet etmeye çalışan çıkışlar, iktidarın hegemonyasını kanıksatması açısından adeta Allah'ın lütfudur.

Keza, yok edilemeyecek kadar güçlü unsurları da kendi yanında resimleterek; kendi meşruiyet alanını genişletecektir. Ahmet Kaya'nın konserinde Kaya'yı alkışlayan Erdoğan'ın aynı kadraja girmesi, bu manada örnek teşkil eder.

AKP tipi neopopülist partilerin en temel hegemonya aracı toplumsal fenomenlerdir. Bunlar, din, kültürel alan, sanat ve benzer hareketlilik alanlarıdır.

Bu bağlamda; tarikatler, cemaatler, hocaefendilerin konuştuğu TV programları, dinin temel reflekslerini *"güncellemek"* suretiyle iktidara meşruiyet katan, iktidara alan açan inançsal söylemlerin öne çıkartılması, AKP tipi neopopülist hareketlerin doğal davranış biçimidir.

Keza bu yapılırken, hareketin lideri; *"ümmetin lideri, mücahit"*

gibi sıfatlarla iç içe geçirilerek sunulur. Bu o kadar çok tekrarlanır ki, bir süre sonra; bu harekete karşı olan insanlar dahi, söylenenin gerçek olduğu kanısına vararak inançtan uzaklaşacak noktaya gelir.

Elinize TV kumandasını alıp tuşlara basmaya başladığınızda, bir kanalda başka hocanın, ötekinde başka hocanın sürekli fetvalar verdiğini anlatır programlar görürsünüz.

MAZLUM VE MAGDUR HALKLARIN DUALARI KARŞILIK BULDU

ÜMMETİN LİDERİ

9. defa girdiği seçimlerde ümmetin de duasıyla yüzde 52 oy alarak Türkiye'nin 12. Cumhurbaşkanı olan Recep Tayyip Erdoğan, erişilmesi güç bir rekora imza attı. Erdoğan'ın halkın ilk seçtiği cumhurbaşkanı olması dünyanın dört bir yanındaki ümmetin yetimlerine de büyük bir mutluluk yaşattı.

Kongre 27 Ağustos'ta

Gülen'in 'İhsan-ı Ekmel'i 'Hüsran-ı Ekmel' oldu

AKP tipi kültürel hegemonyaya önemli bir örnek. "Ümmetin lideri" başlığı ve sürdürülen Popülist süreç.

Bu süreçte ortaya çatlak sesler elbette çıkar. Yaşar Nuri Öztürk ya da İhsan Eliaçık gibi isimler ortaya çıkıp; "*bu anlatılanlar dinin gerçeği değil*" dediğinde ve hassaten söylediklerini çok güçlü delillerle delillendirdiğinde; "*derhal imha harekatı başlar.*"

Bu gibi isimlerin, AKP'nin Neopopülizminin etkisinde tutulmaya çalışılan kitlenin gözünden düşmesi sağlanır. Onlar için iftira kumpanyaları, karalama kampanyaları başlar.

Eğer bunu bir milletvekili yaparsa; "*benim yaşadığım gibi, sahte ve uyduruk tweetler ile İran ajanı, tüm geçmişi Fetullahçı cemaatin aleyhinde kitaplar yazmakla geçmiş olmasına rağmen FETÖ'cü*" ilan edilir.

PARALELİN CHP'Lİ TETİKÇİSİ

Karşı

Bütün dertleri Türkiye'yi bölmek

Barış diyenler hastane bombaladı

Kardeş çocuklarının kanlı tartışması

SÜPER GEMİDE PUPA YELKENİ

Eğer bir siyasi figür Popülist sihri bozarak, her mahalleyle iletişim kurabiliyorsa; kültürel hegemonya ona yönelir. Ve tüm geçmişi tarikatlarla mücadele ile geçmiş olsa dahi, yaratılan "düşman" torbasına atılarak itibarsızlaştırılır. Bu konuda en tecrübeli isimlerden birisi olarak, bu hegemonyayı iliklerime kadar yaşadığımı, yaşamaya devam ettiğimi söylemeliyim.

Bu çalışmalarda şuna dikkat edilir. Zaten AKP popülizmi "*biz ve onlar*" ayrımı üzerinden, "*gerçek millet ve millet düşmanları*" hattını kurmuştur.

Bu hattı kurarken; "*gerçek millet*" tanımı içerisine bazı kriterler getirmişlerdir. Mutlaka bu kriterler ile sizi kavga ettirerek, "*millet düşmanı*" olmanızı sağlar, akabinde; "*onlarca medya organı üzerinden*" tüm halka yüzlerce kez aynı telkini yaparak sizin hain olduğunuza herkesi ikna etmeyi başarırlar.

Esası itibariyle halkın ikna olmasının temel nedeni, "*millet düşmanı*" ibaresinin yine kendisi tarafından doldurulmasına olanak tanınıyor oluşudur. Popülist iktidarlar bu durumdan rahatsız olmazlar. Onlar için kutsal alan; "*üretim ilişkileri ve iktidarın sürdürülebilir olmasıdır.*"

Hali hazırda, neoliberal piyasa ekonomisi kanıksatılmış kitlelerin "*milli değerler*" tanımlarına bir yeni "*üretim ortaklaşması*" yerleştirmesi mümkün olmayacağından, söylenen ve müşterisi olan herşeyin söylenebileceği bir korunaklı alana dönüşür bu ve benzeri kavramlar.

Bu iş siyaset arenasında daha sorunlu bir şekilde işler.

Popülizmin doğası gereği neopopülist iktidar, kendi muhalefetini doğal olarak *"onlar"* kategorisinde ötekiler.

Eğer kültürel hegemonyayı da kurmuşsa, geniş kitlelere sürekli olarak bu telkini yapar. Bir süre sonra, ağzını her açtığında; *"CHP camileri ahır yaptı, camileri genelev yaptı"* gibi gerçekdışı ifadeleri sıkça kullandığını görürsünüz.

Bu propoganda büyür, artar, her eve girer.

Artık CHP Cami düşmanıdır. AKP; milletin dinini kurtarmıştır. Özellikle de Popülizmin muzdaribi olan kitleler açısından, artık CHP ağzıyla kuş tutsa da bir mana ifade etmez.

CHP ATEŞLE OYNUYOR

Kılıçdaroğlu'nun Parti Meclisi'ni mezhepçi isimlerle doldurmasına tepki gösteren Alevi kanaat önderleri ve eski CHP'liler, partinin mezhepçilik üzerinden toplumsal bir ayrışmanın odağı haline getirilmek istendiğine dikkat çektiler.

KRİPTO ERMENİLER TUZAK KURUYOR

CHP MEZHEPÇİ BİR PARTİ YOLUNDA

CHP'Lİ SİYASİLER DE TEPKİLİ

Bu gazete kupürüyle birlikte CHP'nin "Alevi partisine dönüştüğü" tartışması başlamıştı. Halihazırda Alevi inancına mensup insanların da içinde siyaset yaptığı bir parti olarak CHP, bu manşetlerle birlikte "savunmaya çekilmişti." Kitapta "ideolojik mücadele" referansıyla sık sık ifade ettiğim ve son bölümde genişçe açacağım mücadeleye girişilmemesi halinde, bu kasıtlı manşetler davranışlarınıza yön vermeye başlayacaktır. Keza, siyasi muhalefetin bugün tüm kaygıları bu manşetlerin yarattığı algılarla beslenmektedir.

Bu aşamadan bir adım sonrası çok daha tehlikelidir. Neopopülist iktidarların diktatörlüğe yürüme aşamaları krizin en derin noktasıdır.

Kitleyi mobilize etme, sokakta tutabilme, kitlesel öfkeyi tanımlayıp, yaratıp, yönlendirme safhasına geçilir.

İktidar partisi bir politika getirir.

Muhalefet partisi esasen getirilen politikaya karşıdır.

Fakat muhalefet partisinin *"politikayı ideolojik zemine çekebilecek"* hiçbir kültürel hegemonya unsuru kalmamıştır. Bunun sebebi, iktidarın kültürel karşıtlarını adeta linç ederek yok edişidir.

İktidar partisi, getirdiği politikaya itirazı *"Popülizmin en tehlikeli pratiği olan"* ihanetle itham eder.

Şimdi düşünelim.

Muhalefet partisi ne yapmalıdır?

Eğer o politikayı benimserse *"tamamen ödün vermiş, çökmüş ve siyasal seçenek üretme vasfını yitirmiş"* bir noktaya gelecektir.

Reddederse, inanılmaz güçlü bir hegemonya ve popülist bir yaklaşımla *"hain ilan edilecektir."*

Bu durumu somut biçimde örnekleyelim dilerseniz.

DOKUNULMAZLIK KALKARSA HAVA DEĞİŞİR

Cumhurbaşkanı Erdoğan, HDP'nin 'özerklik' provokasyonu için, 'Parti kapatmaya karşıyım, ancak sorumlular bedelini ödemeli. Eğer dokunulmazlık kalkarsa terörle mücadelede hava değişir' dedi.

KOLTUĞU BOŞ KALDI

Fırat'ın batısı için gereğini yaparız

Popülist bir lider olarak Erdoğan'ın, dokunulmazlıklarla ilgili ilk çıkışlarından biri. "Parti kapatmaya karşıyım" diyen Erdoğan, partilerin yaşayan ölülere dönmesini sağlayacak bu düzenlemeyle "terörle mücadeleyi" üst üste konumlandırmıştı.

Hatırlayacağınız gibi TBMM'ye Milletvekillerinin dokunulmazlıklarını kaldıran bir teklif getirilmiş, AKP bu teklif bağlamında TBMM bünyesinde bulunup teröre destek verenlerden hesap soracağını söylemişti.

Anahtar kelimemiz nedir? **"Terör."**

Popülist iktidar halkın tam da bamteline dokunmak suretiyle, söylemini daha da geliştirerek; *"teklife hayır vermenin teröristlere destek anlamına geleceği"* mesajını süblimine etmişti.

Peki ne oldu?

Sadece muhalefet milletvekillerini hedefleyen o anayasaya aykırı teklif, TBMM'de kabul edildi.

Mensubu olmaktan onur duyduğum Cumhuriyet Halk Partisi'nin grubundan verilen 13 civarında oy ile 367 bulundu ve dokunulmazlıklar kalktı.

Ya sonrası?

Malumunuz.

Şimdi bu örneği *"kültürel hegemonya"* ile ilişkilendirelim.

Cumhuriyet Halk Partisi'nden onüç civarında Milletvekili neden bu teklife "evet" oyu vermişti? Nedenleri iki başlıkta ele almak gerekir.

1. Teklife "hayır" vermenin Popülist iktidarca "teröre destek" olarak kodlanması ve muhalefetin kendisini ifade edebileceği bir kültürel hegemonya alanının varolmayışı nedeniyle bu durumun böyle olmadığı gerçeğinin halka anlatılamayacağı kaygısı.

2. Teklifin 367'nin altında kalarak referanduma gitmesi ve sandık kurulması halinde, muhalefetin *"bu kampanya ile mücadele edebilecek"* bir kültürel hegemonya alanının var olmayışından kaynaklı duyulan kaygılar.

İşte bu iki temel gerçeklik ışığında, dokunulmazlık oylaması özelinde şunu söylemem gerekir: "Genel Başkanlığa geldiği günden beri tüm enerjisi seçimlere motive olmakla geçmiş ve esasen kendisinin sebep olmadığı alternatif kültürel alan yaratamama krizi nedeniyle, Cumhuriyet Halk Partisi Genel Başkanının bu kaygıları taşıması son derece doğal, normal ve politiktir.

Dokunulmazlıklar konusundaki "Anayasaya aykırı ama evet diyeceğiz" çıkışı sonrası HDP'li Demirtaş'ın Kılıçdaroğlu'na tepkisini manşete taşıyan bir havuz gazetesinin hazırladığı görsel.

Nitekim, meselenin tümüyle Kemal Kılıçdaroğlu özeline indirgenerek eleştirilmesi, aynı şekilde; bir popülizmdir.

Gerçeklerden bağları kopmuş bir okumayla, gelişmeleri bir "*düşmanlaştırma*" üzerinden tanımlayıp, esas sorunu tahlil etmemek suretiyle popülizme teslim olmaktır.

Nitekim, son derece "haklı" kaygılarla, nesnel ve bizzat gerçek olan bir durumla mücadele adına, "dokunulmazlık oylamasına HAYIR oyu vermiş bir milletvekili olarak," Kılıçdaroğlu'nun yargılandığı tümceler üzerinden sürecin okunmasının da bir tür popülizm olarak görülmesi gerektiği düşüncesinde olduğumu ifade etmem gerekir.

Peki esas sorun nedir?

Neopopülist iktidar gücünün etkin ve kuşatıcı propaganda dinamizmi karşısında şu soruya yanıt vermek gerekir:

Kim, hangi ölçüde, neopopülist iktidarı çürütmeyi hedefleyen *"bir kültürel alanın"* oluşması için çaba sarf etmiştir?

Böyle bir çaba olmuş mudur?

Hatta bu işlevsizleşme ve ruhsuzlaşma hali, toplumu öylesine derinlikli biçimde kuşatmıştır ki, birazdan sıralayacağım spesifik paradoksların görünürleşmesi sorunu ortaya çıkmıştır.

Örneğin, *"medya bir kültürel hegemonya unsurudur."* Hatta en *"güçlü"* kültürel hegemonya aracıdır.

İktidar partisinin hegemonyasına hizmet etmeyen sınırlı sayıda medya kuruluşundan bahsedebiliriz. Bunlardan biri olan Cumhuriyet Gazetesi özelinde konuşmak gerekirse, *"neredeyse batmak üzere olan,"* satın alınmadığı için yaşamakta dahi zorluk çekmeye başlayan bir noktaya gelmesi, bizim için önemli bir sosyolojik tahlile gerekçe olacaktır.

Diğer taraftan; *"darbe yoluyla iktidarı ele geçirme çabası veren Fetullah Cemaatinin"* yayın organı olan ve kapatılan Zaman Gazetesinin 1 milyonu geçen abone sayısına dikkat çekmek isterim.

Şimdi biraz can acıtacak, biraz sersemletecek bir soruyu kendimize soralım.

"Devleti, iktidar aygıtını ele geçirmek suretiyle ele almak isteyen bir yapı olarak FETÖ; bu işin doğasında olan kültürel hegemonyayı gerçekleştirmiştir." Kültürel alanda hegemon ve etkin bir güç olmuştur.

Bütün müntesipleri adeta seferberlik ilan ederek, maddi ve manevi olarak bu alana yatırım yapmışlardır.

Çıkarttıkları bir gazete 1 milyon abone gibi ciddi rakamlarda dağıtılmış, abonelerce; abone olmayanların adeta gözüne sokarcasına okutulmuş ve bu tarikatın Türkiye'de neopopülist iktidarın kültürel hegemonyasına ortak olma gücü gösteren bir yapıya dönüştüğü görülmüştür.

Bu hareketliliğin sebebi nedir? İktidarı ele geçirme arzusu...

Şimdi Cumhuriyet örneğine dönelim; neredeyse 12 milyon seçmeniyle var olan Cumhuriyet Halk Partisi ile özdeşleşmiş bu yayının tirajları 15-20 bin adet civarındadır.

SEN NASIL MEDYASIN

ERDOĞAN'DAN AYDIN DOĞAN'A

Erdoğan, üniversite rektörlerini kabulünde konuştu.

Cumhurbaşkanı Erdoğan, yaptığı yalan haberle kendisine saldıran Doğan Medyaya zehir zemberek sözlerle yüklendi. Erdoğan, Aydın Doğan'a "Önce virüsü salıyor, sonra kaldırıyor. Bu nasıl dürüstlüktür" diye seslendi.

ÜLKENİN ALEYHİNE ÇALIŞIYORLAR

Dünyanın hiçbir yerinde medyanın kendi devletinin aleyhinde **yalanla iftirayla** çalışmaya hakkı yoktur. Bu demokrasi meselesi değildir. Tam tersine bu, kendi ülkesine ve milletine yabancılaşma, ihanet sorunudur.

ÜLKESİZLER TERÖRE DESTEK OLUYOR

Kendi milletine düşmanlık eden medya işine geldiğinde teröre destek veriyor, hükümeti, polisi, askeri suçluyor. Ülkesini yabancılara şikayet eden anlayışı kabul edemeyiz. TDE

Kültürel hegemonyanın en güçlü aracı olan medya, Erdoğan'ın kriterlerine uygun davranmadığında bu yaklaşım ortaya çıkacaktır. Ve bunun arkası "operasyon, baskı ve teslim alıştır." İstisnası hiç görüşmemiştir.

12 Milyon insanın teveccüh gösterdiği siyaset alanının görünürlüğünü sağlayan ender yayın organlarındandır.

Ve neopopülist AKP iktidarının *"biz-onlar"* çatışmasında en büyük darbeyi yaşayanlardan oluşan 12 milyonluk dev bir kitleselliğin görünürlüğünü sağlamaktadır.

Peki neden bir önceki örnekte vurguladığım "*azim*" baş göstermemekte ve milyonlarca abone ve abonelerce iktidarın kutuplaştırdığı kitlelere okutulan bir mecraya dönüştürülememektedir?

Zaman gazetesine hunharca sahip çıkan motivasyonun "*iktidarı ele geçirme*" motivasyonu olduğunu düşünürsek, bu 12 milyonluk dev kitlede bu motivasyonun baş göstermemesinin sebebi, Türkiye'de siyaset dışı gelişen iktidar dinamiklerine bel bağlamışlık ya da mevcut siyasi muhalefetin iktidar olma iddiasına inançsızlık mıdır temel sorun?

DOĞAN MEDYA'YA TERÖR SORUŞTURMASI

Bakırköy Cumhuriyet Başsavcılığı, yayınlarıyla terör örgütü lehine algı operasyonu yürüten Doğan Medya hakkında 'örgüt propagandası yapmak'tan soruşturma başlattı.

İHBAR KABUL EDİLDİ

Güneş Gazetesi'nin 'Al Sana Belge' başlıklı haberini ihbar kabul eden Bakırköy Başsavcıvekili İdris Kurt, Doğan Medya Grubu hakkında resen soruşturma başlattı. Soruşturma sonunda yetkililer hakkında dava açılması bekleniyor.

HABERLER İNCELENİYOR

Gruba bağlı bazı televizyon ve gazetelerde "Siirt'te şehit düşen askerlerin fotoğraflarının sansürsüz yayımlanması" ile "Tunceli'de öldürülen PKK'lıların fotoğraflarının sansürlenmesi"nin soruşturmaya konu edildiği öğrenildi.

"

Hükümetin görünürlüğünün %70'lerde olduğu Doğan Grubu dahil olmak üzere, tüm medya organları tam anlamıyla hükümeti ve Erdoğan'ı tatmin edememiştir. Şunu sormak mümkündür: "AKP'yi %70, CHP'yi %15 civarında gösteren Doğan grubu dahi hedef oluyor ise, bunun nedeni nedir?" Cevabı basit; "Erdoğan'ın derdi görünmek değil, yarattığı hegemonyanın yaygınlaştırılmasıdır." İşte sır budur, yaklaşımın sırrı ve temeli budur.

"

Elbette bu 12 milyon seçmenin bireysel bir çabayla bir politik hareketlilik üretmesi düşünülemez.

Bu bağlamda, seçmeni örgütleyen, politize eden ve "*siyasi an-*

lamda" militanlaştırmak suretiyle, güçlü bir ideolojik mücadele tercihinin muhalefetçe benimsenmemesinden kaynaklı diyebilir miyiz? Ya da kitlenin beklentisi bu mudur?

Bu yazacağım paragraf bir "*hakaret*" değildir. Sosyolojik bir tahlildir. Sol-sosyalist alan hariç, laiklik kaygısıyla CHP'ye oy veren merkez seçmen, Türkiye tarihi boyunca hep iktidarda olmuştur. Gerek darbelerle, gerek merkez sağ iktidarların güvenceleriyle; temel kaygıya yönelik bir genel rahatsızlık olmamıştır.

Bu durum, bu geniş seçmen profilinde "*örgütlü mücadele*" ihtiyacı yaratmamış, yersiz bir ev sahibi psikolojisiyle hareket etmesini sağlamıştır. Bu yurttaş profilinin "*devletle kavga ettiği ilk süreç AKP iktidarıdır.*" Ve bu kavga, bugüne kadar ihtiyaç duyulmamış bir örgütlülük yaratmayarak, eski siyasal kibri sürdürerek verilmektedir. Bu nedenle, ifade ettiğim vahim yalnızlık başgösteriyor demek mümkündür.

Elbette dokunulmazlık özeline döndüğümüzde, söyleyeceğimiz şey; "*AKP'nin kültürel hegemonyası ve Neopopülizmine boyun eğmemek, tüm propoganda gücüne rağmen dokunulmazlıklara HAYIR verilmesi çağrısı yapan çok geniş kitleselliğin,*" karşı kültürel hegemonyayı örgütleme açısından hiçbir çabaya girişemez hale gelişini, Neopopülist kültürel hegemonyanın zaferi olarak görmek gerekir.

Milyonların içine sürüklendiği "*yenilmişlik ve tükenmişlik sendromu teslimiyeti, teslimiyet ise çürümeyi görünür hale getirmekte, bu durum esasen "pire"* olan Popülist iktidarın "*deve*" zannedilerek, kavga etmeksizin maç kazanan bir galibiyet makinasına dönüşmesine yol açmaktadır."

Ve toplamda, bu "*yenilmişlik sendromu,*" yapması gerekeni yaptığında yerle bir olacak bu ideolojisiz iktidar karşısında "*yapmaması gerekenleri*" yapmaktan kaynaklı bir sendromdur.

Siyasal önderlik tarafından "*ideolojik ve politik*" zeminde örgütlenmeyen milyonlarca muhalif, doğal olarak "*neopopülist kültürel hegemonyasının etkileşimine açık hale gelmektedir.*"

Ve bu etkileşim ile birlikte, neopopülist iktidar sadece muhalif siyasetlerin siyasal davranışlarını belirlemekle sınırlı kalmayıp, muhalif siyasetlerin seçmenlerini de, yarattığı kültürel hegemonya üzerinden "baskın ve yaygın bir umutsuzluk" dalgasının esirine dönüştürerek, kültürel hegemonyayla mücadelenin en önemli ayağı olan "örgütlü mücadele etme" zorunluluğunun bütün dinamiklerini de ortadan kaldırmaktadır.

Bu "dışlanmışlık kokan popülist söylemler," aynı zamanda bir beklentiden kaynaklıdır. Millet meşru olgu iken ve %51 iken, geriye kalanlar "millet olmamakla beraber, meşru zeminin dışına çıkması muhtemelen teröristlerdir." Amaçlanan, bu kitlenin tam da tanımlandığı "zeminde hareket etmesidir." Yani meşru hattan ayrılarak, bir mutlak kopuşu sağlamasıdır. Bugüne kadar bu olmamıştır, olması olanaksızdır. Fakat, Popülist liderler şanslarını sonuna kadar denemekten hoşlanırlar.

Bir cadde düşünelim. Yan yana iki lokanta var. Bir lokanta dolup taşarken, diğeri sinek avlıyor. Dolup taşan lokanta, yemeklere haşhaş katarak müşteriyi büyüleyen bir baş ahçının sihriyle dolup taşmaktadır.

Hemen yanda; birbirinden yetenekli ve esasen haşhaş atmaksızın olağanüstü lezzetlerle müşteriyi "*gerçek bir lezzet tattırarak*" büyüleyecek kapasiteye sahip çalışanlardan oluşan, ama "*kolektif ve bir arada, sistemli ve bir amaç yaratarak*" çalışamayan elemanlardan oluşan müşterisiz bir lokanta düşünelim.

Bu müşterisiz ve zarar etmekte olan, diğer lokantaya gidenler için "*seçenek*" görülecek yemekler çıkartamayan lokantanın, sahte bir keyif verici olan "*haşhaş*" taklidine girişmesi işe yaramayacaktır. Çünkü o işi yapan "*asıl,*" sahtesinden çok daha gerçek biçimde zaten çalışmaktadır.

Şu halde, lezzet bir ideolojidir. İyileştirici bir durumdur. Lezzet yaratmak; ideolojik mücadeleye girişmektir. İdeoloji, lezzet; mücadele ise kolektif ve örgütlü davranmaktır.

"

Bu derin kriz, muhalefetin resmedilişini de belirler. Muhalefet lideri, esasen "kazananı belli olan popülizm minderinde güreşirse kaybedecektir. Kaybedişlerin tümü ve liderliğin varlığını sürdürmesi; siyasal muhalefetin çıkar odaklı bir koltuk sevdasına kapıldığı algısını yaratacak, bu algı Popülist liderin hegemonya araçlarında bu şekilde resmedilecektir. İşin daha vahim boyutu ise, bu durum; muhalefetin değişim tartışmalarının temelinin "Erdoğan ile mücadele edebilecek liderlik arayışında" şekillenmesini sağlayacak oluşudur. Yani kültürel hegemonyanın aracı olan medya, muhalefetin tabanından tavanına "siyaseti tasarlayıcı gücü elde etmiştir." Bu zemin sürdürüldükçe sonuç değişmeyecek, kim gelirse gelsin; mevcut Popülist lider ve siyaset kazanmaya devam edecektir.

"

İktidara gelmek bir amaç değildir. İktidar, amaca giden yolu açan bir araçtır. Sadece *"iktidara gelme"* gibi bir amaç etrafında toplanan insanların içinden birilerinin başkan, birilerinin de başkan yardımcısı seçilerek hizalandığı her topluluk örgütlülük addedilemez.

Örgütlülük, senkronize hale geçmiş, bireysel beklentilerden arınmış kitlelerin yarattığı bir politik hareketliliktir. Bu, ancak bir ideoloji ve amaçla mümkündür. Bu ideoloji ve amaç doğrultusunda örgütleyen "önderlik," örgütlediği gelecek tasarımı ve amaç doğrultusunda bir yaşamsal ortaklaşmayı da örgütlemek zorundadır.

Yani, *"ideolojik örgütlenmeler,"* birilerinin mevki edinerek zenginleşeceği, dolayısıyla; zenginleşme arzusuna dayalı olarak bir mevki edinme istidadının yaşandığı örgütlenmeler değildir.

Ve neopopülist iktidarlarla mücadelede, yatay ve ortaklaşan ,

1. Kitle iletişim araçlarına dayalı neopopülist kültürel hegemonyaya karşı, tam da Popülizmin tüm yöntem ve pratiğini reddeden bir bütünlüklü hegemonya, ancak örgütlü bireylerce toplumsal hücrelere nüfus ederek örülebilir. Bu maddenin anahtar kelimesi;

   "YÜZ YÜZE PROPAGANDADIR."

2. Popülistler politikayı ve kaynağı olan ideolojiyi yok ederken, muhalefeti *"ideolojik ve politik örgütlenme ile"* bu hegemonyadan rahatsızlık duyan milyonları kadrolaştırırlar. Bu maddenin anahtar kelimesi;

   "İDEOLOJİK MÜCADELEDİR."

3. Bu kadrolar, Popülizmin yöntemlerinden bağımsız; Popülizmin tükettiği tüm hakları esas almak suretiyle, örgütlü ve kolektif mücadelenin unsuruna dönüşme adına,

çok ciddi bir eğitsel süreçyaşarlar. Bu maddenin anahtar kelimesi;

"BİLİNÇLENME VE ÖRGÜTLÜ BİREY HALİNE DÖNÜŞMEDİR."

4. Akabinde, neopopülist iktidara muhalefet eden ve Popülizmin yöntemlerini reddeden siyaset; tüm varlığıyla, örgütlenmiş milyonlar aracılığıyla güçlü bir propoganda zemini yaratır. Bu maddenin anahtar kelimesi;

   "KARŞI KÜLTÜREL HEGEMONYADIR."

5. Ve karşı kültürel hegemonyanın kalıcı unsurlarının oluşması, Neopopülizmin "biz-onlar" tezini yok edecek bütünlükçü etkileşim ile,kutuplaşmayı yok edecek yeni "ötekisiz" kimliği inşa zeminini oluştururlar. Bu maddenin anahtar kelimesi;

   "SİHRİN BOZULMASI VE ZAFERDİR."

Tarihsel örneklikleri itibariyle, gerek Nazi Almanya'sının gerek Latin Amerika'nın deneyimleri, güçlü neopopülistlerle bu temelde mücadele edildiğini bizlere göstermektedir.

Birkaç söylemsel ortaklaşmayı görsellerle ortaya koyalım ve üzerinde tartışmayı sürdürelim.

Tayyip Erdoğan:
Bizim Rabia'mız
Tek Millet, Tek Bayrak
Tek Vatan, Tek Devlet

Hitler örneğindeki temel mantık, Erdoğan Popülizminde de görülür. "Tek millet, tek bayrak, tek vatan ve tek devlet," akabinde de "tek lider" temelli söylem; popülist liderlerin büyük çoğunluğunca ortaklaşılmış bir söylemdir.

Yine Adolf Hitler'in eylemlerini tanımlarken kullandığı en kilit ifadelerden birisi de "Tanrı bizimle" ifadesi olmuştur. Tanrı, Hitler'e göre; Hitler'in yarattığı "biz" ile birliktedir. Dolayısıyla "ötekilerle" hiçbir alakası olamaz, söz konusu değildir.

Yine bizzat Erdoğan'ın kampanyasında kullanılan bu görsel, tam da Hitler'in kurduğu mantığın Türkçe versiyonu gibidir. Allah, Erdoğan'ın yarattığı "biz " ile beraberdir. Dolayısıyla Erdoğan'a karşı olanların "karşısındadır." Bu söylem, "yenilmez bir söylemdir." Çünkü kimse Tanrı ile savaşamaz. Bu nedenle "Popülistler, bir ahlaksızlık olarak" karşıtlarını Tanrı ile savaştırırlar. Tarihsel örnekler üst üste gelir ve bu konuda adeta örtüşür.

"Popülist liderlerin yarattığı kimliklere atfettiği büyük idealler, popülistlerin iktidarının gıdasıdır." Keza, Nazi Almanya'sında Hitler'in; "sen Almanya'sın, büyük düşün" söylemi, bu durumun yansımasıdır.

Tarih boyunca popülist liderlerin ortaklaştığı söylemlerden biri olan "büyük düşün" ibaresinin Türkiye versiyonu olarak karşımıza çıkan AKP Popülizmi, Hitler Popülizmini adeta araklayacak benzerlikte bir söylemsel bağ kurmuştur. Neredeyse "fotokopi" olan bu söylem, tarih boyunca "popülistlerin en çok kullandığı" söylemlerdendir.

Yine Hitler Popülizminin yarattığı kavramlardan biri olan "Yeni Almanya" kavramı, önceki Almanya'yı "eski Almanya" olarak tanımlıyordu. Hitler'e göre, büyük Alman milleti; elitist ve monşer bir grubun yönettiği devlet tarafından dışlanmıştı. Artık "Yeni Almanya" kurulmuş, millet iktidara gelmişti. Hitler'in iktidarı demek, Alman milletinin iktidarı demekti. O "milletin adamıydı."

Yine AKP Popülizminin en sık kullandığı mottolardan olan "Yeni Türkiye" mottosu, eski elit ve monşerlerin devleti ele geçirerek milleti esarete sürüklediği dönemden, milletin iktidarına geçişini sembolize ediyordu. Gerçekte olmadığı gibi "milletin iktidarı" olarak ifade edilen "neoliberal sermaye iktidarı," mensubu olduğu Popülist hegemonyanın en güçlü örneklerinden aşırdığı kavramlarla iktidarını güçlendirecekti. Denenmişi denemeye gerek yoktu. Bu yöntemin kazandıracağı açıktı!

Halkına adanmış bir ömür! Almanya'yı "duble yollarla tanıştıran, Tanrı'nın izinden giden, millet sevdalısı lider." Yine Hitler'in en güçlü propaganda aygıtlarından biri olan "duble yollar," uygarlığı sembolize ediyordu. Hitler, kazması küreği elinde pozlarla; halka "yaptığı yolları" anlatıyordu. İnanılmaz bir alkış alıyordu! Bu Popülizmin zaferiydi.

Yine bir "tesadüfi" benzerlik olarak "duble yollar," esasen tarihsel açıdan Popülizmin yöntemsel ikizliğinin delilidir. Bir popülistin yapması gereken, kendisinden önceki "kazanmış" popülistlerin yöntemlerini dikkate almaktır. Bu benzeşme mutlak sonuç getirecektir.

Görsellerde aktardığımız benzerlikler, popülistlerin "*yöntemsel ikizliğini*" ortaya koyar. Alman ya da Türk fark etmeksizin, popülistlerin eylemlerinin birbirinin fotokopisi olduğunu gösterir. Netice itibariyle "*Hitler,*" parlamenter ve temsili demokratik düzene karşı olduğu için faşisttir.

Hitler'in asker kökenli olması, sivil kökenli olup aynı yöntemleri kullanan bir Popülist liderin "*faşist*" olmayacağı manasına gelmez. Dışlayıcılık, yaratılan "*yeni biz*" kavramı ve yapılması gereken icraatlarla övünmek, popülistlerin doğasıdır. Kendilerinden önce yapılmamış eksiklikleri doldurarak yarattıkları sempatiyi, büyük bir yıkıcı güce dönüştürürler.

İşin kötüsü, Nazilerin yükselişini "*muhalefetleri*" engelleyememişti. Ve Nazilerin popülizmi onları da yok etmişti. Umuyorum ki, aynı motivasyon üzerinde büyüyen AKP popülizmi de Naziler gibi bir"*kendiliğinden*" yok oluşla değil, muhalefetinin karşı koyuşuyla kaybeder. Aksi taktirde, Nazi Popülizminin Almanya'yı sürüklediği yer ortadadır. Türkiye'nin, Almanya kadar "*bunu taşıyabilecek,*" ekonomik ve toplumsal motivasyona sahip olduğunu söyleyemeyeceğimiz gerçeğine binaen, Nazi popülizmi ile mücadele eden Almanya muhalefetinin düştüğü yanlışlar dehlizinde sürüklenen "*Türkiye muhalefetini*" dönüştürmek, bütün toplumsal güçlerin temel görevi olmak zorundadır.

Yine 16 Nisan referandumu ile ilgili Pinochet örnekliğini ele almak yararlı olacaktır.

Nasıl oldu?

16 Nisan'ın en çok izlenen filmi olan "*NO*" filmini izlemeyeniniz yoktur. Pinochet'in referandumla devrilişini anlatan film aslında bir "*kampanyanın nasıl yapıldığını*" gözler önüne serer.

Film yaygınlaşınca Türkiye'de de "*NO*" filminde olduğu gibi, "*çiçekli, böcekli, olumlayıcı*" kampanya filmleri modası başlamıştır.

Fakat eksik bir şey vardır.

Pinochet; "*çiçekli ve böcekli, olumlayıcı kampanya filmleri sayesinde yenilmemiştir.*"

Karşısındakilerin "*uzunca bir süre,*" popülist iktidarın yarattığı zeminden kopup, ideolojik mücadeleyle, halkı; Pinochet'in kutuplaştırmalarına karşı bilinçlendirdiği, muhaliflerin; Pinochet'in mezesine dönüşmediği bir siyasal birikim ile mücadele etmesi sonucu yenilmiştir Pinochet.

Pinochet, Türkiye örnekliği ile bağdaşır biçimde "*popülist bir siyaset*" uyguluyordu. Kendisi "*gerçek millet adamıydı.*" Karşısındakiler ise hain. Fakat, Pinochet'in muhalifleri; ilk andan itibaren bu polemikten uzak durdular. Pinochet'in sokaktan çektiği siyaseti, sokakta tuttular. Kutuplaşmayı engellediler. Birliği savunduklarını söylediler. Emekten, alınterinden yana siyaset yapıp, sınıf temelli muhalefeti büyüttüler.

Ve son adım olarak; "*birleştirici, bütünleştirici, neşeli, çiçekli ve böcekli*" kampanya filmleriyle, o bütünleştiriciliği korudular. Ve kazandılar.

Ancak Türkiye açısından durum çok farklıdır. Keza 16 Nisan referandumu öncesi, Pinochet'i deviren kampanyaya atfen; çiçekli, böcekli reklam filmleri çekerek sonuç alınacağı düşüncesinin dayandığı temelsiz özgüveni sorgulamaksızın gerçeğe yaklaşmak mümkün olmayacaktır.

Mesele, kampanya filmindeki çiçek böcek ve pozitif mesajlar değildir.

Pinochet karşısında olanların,*"Pinochet Popülizminin"* biz ve onlar kategorizasyonunda hain kodlanmama adına Pinochet'in dayatmalarına boyun eğen bir teslim oluş göstermeyişinden bahsetmeliyiz.

Tam anlamıyla bu kültürel hegemonyaya direnen, bu propagandadan zarar görmeme adına kendi olanakları çerçevesinde *"karşı kültürel alanlarını"* örgütleyen, politik bir muhalefetten bahsetmemiz gerekir.

ÇARESİZ DEĞİLİZ, ÇARE BİZİZ

Türkiye'nin en iyi gazetesi

SABAH

İstanbul'da bugün başlayacak BM Dünya İnsani Zirvesi için çarpıcı değerlendirme

BM Dünya İnsani Zirvesi'ne dair değerlendirmelerini kaleme alan Erdoğan; "çare biziz" der. Makalesinde sistemi eleştirir. Fakat eleştirdiği sistemin en güçlü uygulayıcısıdır. Ama en büyük kazancı şudur. Bütün muhalifleri, tıpkı kendisi gibi; "serbest piyasa ekonomisini" benimsemektedir. Dolayısıyla, uyguladığı sistemin yine en güçlü muhalifi "kendisi" olmalıdır. Nasılsa, bir karşıt politik tavrın gelişme zemini yoktur.

Politize edilmiş milyonların, örgütlenmiş ve kapısını çaldığı herkese bilinç aşılayabilecek safhaya ulaşmış profesyonel örgütlülere dönüşerek gerçekleştirdiği bu politik direnişe ihtiyaç vardır. Bu ancak bir "ideolojik bilinç ile mümkündür. (Bunu çözüm bölümünde açacağım.)

Nihai olarak Neopopülizmin en büyük silahı olan "*biz ve hainler*" tezini yok edercesine "*birlik, kardeşlik ve barış*" mesajlarına halkı ikna etmek suretiyle sonuç alınmasını sağlamak gerekir. Pinochet karşıtları bunu başarmıştır.

Dolayısı ile Pinochet karşıtları, bizimle mukayese edilmeyecek ölçüde ileri bir safhadadır.

Örgütlenmiş birey ve ideolojik siyaset ekseninde, "*direnen*" bir yeni siyaset etme biçimine Türkiye'nin ihtiyaç duyduğu çok somut bir gerçektir.

DİKTATÖR KEMAL

Girdiği 7 seçimi de kaybeden CHP lideri, genel başkanlığını da diğer adayları tehditle engelleyerek kurtarabildi. Rakiplerinin, "diktatör" suçlamalarını ise halkın oylarıyla seçilen Cumhurbaşkanını hakaretle örtmeye çalıştı.

DELEGELERİ TEHDİT ETTİ

TEK SERMAYESİ HAKARET

Popülizmin minderinde kaybetmeyeceğini bilen Popülist lider (Erdoğan) ve kültürel hegemonya aracı olan "medya," artık CHP içi değişim tartışmalarının hattını belirleyecektir. Sürekli kaybeden lider olarak ifade edilen Kılıçdaroğlu, koltuk sevdasına kapılarak muhaliflerini yok etmektedir. Bu algı; CHP içinde "popülist liderle mücadele" popülist bir lider profiline ihtiyaç olduğu fikrini büyütür. Oysa ihtiyaç tam tersidir.

Bir dipnot olarak "rehberlik etmesi açısından" söylemek gerekir ki, popülist liderin panzehiri, politik liderdir ya da kadrodur. Popülizmin antibiyotiği politikadır. Politika, halkı birleştirir. Popülizmin sihrini bozar. Ama Popülistlerin kültürel hegemonyası, popülizmin her tarafın ortak siyasi yöntemi olması için büyük çaba sarf eder.

Keza, neopopülist ve aynı zamanda kültürel hegemonyasını gerçekleştirmiş bir iktidar olan AKP karşısında, bir alternatif popülizm kurgusuyla mücadele etmek, neredeyse olanaksızdır.

Bir popülist hareketin kendi kültürel hegemonyasını tümüyle gerçekleştirmesi halinde, bir karşı popülist hareketin tutunma şansı sıfır olacaktır.

Çünkü karşıdaki popülistin güçlenebilmesi için "biz ve onlar" çatışmasını derinleştirmesi gerekir.

Zaten halihazırda "biz ve onlar" çatışması derinleşmişken, onlar; yani hainler tarafında kodlanmış bir alternatif popülizmin bu kabulle (hainler kabulü) hareket eden halk kitlelerini etkilemek şöyle dursun, iletişim kurabilmesi dahi olanaksızdır. Yani güçlü popülist liderin böldüğü toplum, bir karşıt popülist liderin yaratması gereken "yeni bölünme motivasyonuna asla adapte olamaz." Tek çözüm, "sihri bozup, birleştirecek bir siyaset üretmektir."

Dolayısıyla, Cumhuriyet gazetesi örneğini de tekrar anımsatarak şöyle söylemek gerekir; "Neopopülizmle mücadele eden bir siyasal hareketin tabanı ve örgütlülüğü, bu kadar açık ve aleni bir gerçeği görmüyor ve alternatif popülizm hayaliyle tercih yapıyorsa, bu durumun yaşandığı ülkede; neopopülist iktidarın karşısında, o iktidarın kültürel hegemonyasına karşı mücadele örgütleyebilecek bir örgütlü yapı yok demektir.

O halde ilk iş, mevcut muhalefet siyasetinin bu örgütlü safhaya geçişini sağlamak ve ideolojik hatta çekilmesini öngören bir politikleşme sürecini başlatmak gerekir.

Aksi taktirde; son model bir Ferrari ile yarışmak için 3'ten geriye sayılırken, Ferrari'ye rakip olan ama motoru aracın gazını körükleyerek, aracın hareket edeceğine inanmak düzeyinde basiretsiz bir tablonun içine düşüneceği aşikardır.

Peki bu örgütlülük nasıl sağlanır?

Popülizmin yöntemlerini tahlil etmeksizin yürütülen ve şu ana kadar çözümlediğimiz, bizzat yaşamakta olduğumuz tecrübeleri analiz etmeksizin bir hareketlilik üretmenin olanaklı olduğunu söylemek mümkün olmayacaktır.

Teorisiyle ve güncel pratiğiyle; Popülizmin "*halkın çıkarlarını koruma*" iddiasını gerçekleştirme adına, elitler ve seçkinler; bizim gibi ülkelerde de "*vatanseverler ve hainler*" şeklinde kodladığı ve bu kodlamanın iliklere kadar işlemesini sağlayan kültürel hegemonyasını oluşturduğu pratiklerde, karşı koyuşların mutlak bir popülizm reddine dayanması gerekir. Ve elbette Popülizmin bütün yöntemlerinin reddi bu noktada hayatidir.

Bu reddediş, muhalefetin bütün toplum kesimlerine önderlik ederek, onların da "*farkında olmadan bu kutuplaşmayı büyüten söylem ve eylem üreten*" alışkanlıkları dahil, köklü bir değişimi organize etmesi ve politikaya müdahale eden bir hatta çekilmesini zorunlu kılar.

Basit bir ifadeyle; Popülizmin tüm yöntemlerini reddederek ve bu reddiyeyi halkı ikna edecek politik ve ideolojik verilerle gerekçelendirerek, esasen iktidar aygıtının ve devletin aracısız halka ait olacağı bir gelecek tasarımı etrafında siyaset yapmak gerekir. Elbette muhalefet bunu yaparken "*Popülist lider boş durmayacaktır.*" Tacizlerini sürdürecektir;

İktidara gelseler PKK'yı geri çağırırlar

Basbakan Erdoğan, "Terör biterse tutunacak dalı kalmayan CHP, MHP, TKP ve İP can havliyle birbirine tutundu. İktidara gelseler Kandil'e davetiye gönderir, teröristleri geri buyur ederler" dedi.

2014'te yoğun mesai

2014 kritik sonuçların alınacağı seçim yılı olacak. Mart'ta mahalli seçimlerin, yıl ortasında Cumhurbaşkanlığı seçimlerinin yapılması gerekiyor. Anayasa çalışmaları tamamlanırsa bir halk oylaması da gündeme gelebilecek. Teşkilat olarak bizi çok yoğun bir mesai bekliyor.

TARİH YENİDEN YAZILIYOR

ÇÖZÜM sürecinde şehitlerimizin ruhunu incitecek, hiçbir girişimin içinde değiliz. Müzakere, taviz verme, pazarlık asla söz konusu değil. Türkiye'de tarih yeniden yazılırken ve çok daha aydınlık bir geleceğin kapıları aralanırken, bugünü olduğu gibi istikbali de hep birlikte inşa edeceğiz.

DÜN ÇOBAN BUGÜN KOYUN

CHP, MHP, Türkiye Komünist Partisi, milletin defterini dürdüğü siyasetçiler, İP önderliğinde, yeniden kucaklaştı. Dün lakabı 'çoban' olanlar, şimdi İşçi Partisi'nin koyunu oldular. İktidara gelseler Kandil'e davetiye gönderir, teröristleri mağaralarına geri buyur ederler. » 18

3. HAVALİMANI İHALESİ 3 MAYIS'TA

TAKSİM'DE TOPÇU KIŞLASI'NIN İÇİNE AVM VE REZİDANS YAPILACAK

AYRINTILAR 6'DA

Manşette yapılan şey tam olarak şudur: "CHP, MHP, HDP,TKP ve İP gibi siyasi partiler, iktidara gelmeleri halinde terörü hortlatmakla itham edilmektedir." AKP'nin "çözüm sürecinde yürüttüğü bu kampanya," esasen karşısındaki siyaseti tanımlamak suretiyle var olma temelinde sürdürülen popülist siyaset biçimin en bariz yansımasıdır. İktidarda olan AKP, o gün bu lafları ettiği halde, bugün terör yine hortlamıştır. Ama şimdilerde de meseleyi "dış mihraklarla" ilintili aktararak kurtulma çabası baş göstermiştir. Yöntem hep aynıdır. Değişmeyen, yaşayan bir yöntem.

Popülistlerle mücadele, onların tüm tezlerini çökertmeyi zorunlu kılar. Eğer bu tezleri çökertme adına popülizme müracat ederseniz; kaybedersiniz. Ama bir ideolojik temelden çökertirseniz; kazanırsınız. Ve zafer; ortaya koyulacak, bütünleştirici bir "*yeni gelecek tasarımı*" ile mümkündür. Çünkü Popülist liderler, gelecek tasarımları yaratırlar. (2023, 2053..vs.)

Aslına bakarsanız, teorisi itibariyle sol; bu gelecek tasarımına sahiptir.

Bu bağlamda, Neopopülizmin tesir ettiği kitlelerle doğru iletişimin nasıl temellendirileceği hususunda fazlaca birikim söz konusudur.

Peki neden buna rağmen bir politik hareketlilik sağlayamamıştır?

Cevabı basittir.

70'ler Sonrası tüm dünyada yükselen sağ Popülizmin hegemonyasına karşı, yine Popülizmin yöntemlerini esas alan bir stratejiyi benimseyen sol hareketler, aynı mağazada orijinal ürünle aynı fiyata satılan sahte ürün pozisyonuna düşmüştür.

Oysaki, bugün Neopopülizmin geniş halk yığınlarında başlangıçta heyecanı büyüten, akabinde endişeyi derinleştiren açmazlarına çözüm geliştirebilecek orijinal ürün olmayı tercih etmek yerine, kültürel hegemonyanın propaganda gücüne yenilmiş bir sahte ürüne dönüşme krizi küresel ölçekte solu esir almış görülmektedir.

Bu bağlamda, öncelikle yöntemsel bir karar verilerek; geniş kitleleri bu karara ikna edecek yeni siyasal lisanı örmek, içerikli ve farklılığını belirgin biçimde ortaya koyan, çatışmasız, birleştirici ve bütünlükçü bir hatta dönüşmek gerekir.

Akabinde, tekerleği yeniden keşfetmeye gerek kalmayacaktır.

Popülizmle mücadeleye programlanmış organlarınızla, sizinle birlikte hareket eden örgütlülüğü "*yeni siyaset biçiminize*" entegre edecek çalışmaları üretir, her birisi adeta bir televizyon işlevi görecek; Popülizmin somut kriz ve açmazları karşısında, neredeyse Popülizmin bütün tezlerini imha eden milyonlarla, mahalle duvarlarını yıkarak büyük bir zaferi elde edecek dinamizmi geliştirmek mümkün olacaktır.

Eğer bu yönde köklü ve radikal bir yönelim gelişmez ise, her nerede olursa olsun; "*neopopülist iktidar ile muhalefetinin arasındaki ilişki,*" iktidarın önermelerini reddettiğinde ihanetle damgalanacak olmanın verdiği kaygı nedeniyle, zamanla iktidarla aynılaşmaya dönüşecek ve aynılaşan muhalefetlerin de katkısıyla, iktidarın tamamen devleti ele geçirip fiili bir diktatörlüğe geçmesinin önü açılacaktır.

Türkiye'de bu bahsettiğim aynılaşma, güncel siyasette de kendisini göstermektedir.

Özellikle AKP iktidarına uzun sürece muhalefet eden bir alternatif sağ popülist hareket olan MHP, zamanla, bir politik referanssızlık ve siyasetsizleşme sayesinde teslim olmayı seçmek durumunda kalmıştır.

Öyle ki, siyasi kimliğinin içini boşaltarak; AKP'ye karşı çıkan kendi tabanına dahi, "*millilik, milli duruş*" telkinli popülist çıkışlarla, tamamen iktidara entegrasyon sürecine girmiştir.

Bu noktada tüm bu kitap boyunca "*millet, millilik*" kavramlarına dair eleştirilerin bu kavramdan duyulan rahatsızlık olduğunu düşündürmek istemem.

Benim eleştirdiğim, Popülizmin "*mutlak ötekiyle dolaylanmış millet*" kimliğidir.

Oysa ben, ötekisiz bir "*millet*" kavramını benimsemekle beraber, farklılıkları tekleştirmeksizin; çoğulcu ve ortaklaşmacı bir anlam yükleyerek kullanıyorum.

Önceki paragrafta bahsettiğim siyasetsizleşme durumu ve muhalefetin iktidara entegre olma hali; diktatörlük aşamasına gelen sistemin, mutlak diktatörlüğe evrilme aşamasına geçtiğini göstermektedir.

"*Milli değerler*" olarak tanımlanan değerlerin, sürekli olarak yeniden tanımlanması ve bir zümrenin iktidarı için "*güncellenmesi,*" bu değerlerin birer silaha dönüşmesine yol açar.

Halkın kültürel, inançsal değerleri; yaşandığı gerçekliğin içinde birer somut değer iken, "*halkın çıkarlarını*" koruma iddiasıyla iktidara gelen popülistlerin elinde, iktidarın ihtiyaçlarına göre şekil alan bir kap şekline dönüşür.

Kap, iktidarın ihtiyaçlarına göre şekil alır ve değerler ihya ediliyor söylemi üzerinden değersizleşme ve kimliksizleşme süreci başlar.

Eğer bir halk, tarihsel ve kültürel değerlerini popülistlerin şekillendirdiği bir kapa dönüştürmüşse; bu durum değişmediği sürece o toplumda tek değer; iktidarda olanların çıkarları olacaktır.

İktidarda olanların çıkarları, iktidarın dayandığı sınıfın çıkarlarıyla örtüşür. Bir süre sonra, tarih boyunca olageldiği gibi; tüm toplumsal değerler, belirli zümrelerin çıkarları doğrultusunda içeriksizleşmiş dogmalara dönüşür.

Akabinde gelişen sosyolojik krizlere güncel Ortadoğu'ya atıfla örnekler vermek mümkündür.

Ortadoğu diktatörlüklerinin inançları kat'i yorumlarla içtihada kapalı, kısa devre savunma mekanizmalarına dönüştürmeleri ve her iktidarın dolayısıyla *"kendi din yorumunu"* dikta ederek var olmaya çabalaması, derin ve benzersiz bir krizi ortaya çıkartmıştır.

IŞİD ve benzeri hareketlerin ortaya çıkış sosyolojisi budur.

Elbette bu durumdan yararlanmak üzere böylesi yapılara destek vererek bölgesel istikrarsızlığı büyütmek isteyen hegemon devletler de söz konusudur.

Ama bütün mesele *"dış mihrakların"* Ortadoğu'yu karıştırma çabası şeklinde yorumlanmamalı, bu krizin nasıl ortaya çıktığı, hangi motivasyondan beslendiği tartışılmalıdır.

Lakin, doğu toplumları olarak özeleştiriye kapalılığımız; kendi kusurlarımızdan doğan ve sömürgecilerin de kullanmasına elverişli sorunlarımızla yüzleşirken, sorunu ortaya çıkartan nedenden ziyade, sonuca odaklanarak *"dış mihrak"* odaklı bir okuma üzerinden motive olmamız sağlanmaktadır.

Keza popülizm için bu tutum bulunmaz bir nimettir.

Yıllarca ABD karşıtlığı üzerinden varlığını koruyan Saddam'dan, İsrail karşıtlığı üzerinden iktidarda kalan Ahmedinecat'a, neredeyse tüm Ortadoğu liderleri; otoriter rejimlerini *"dış mihraklardan"* halkı koruma adına inşa edilmiş bir güvenlik çeperi şeklinde kodlamışlardır.

Türkiye'de de durum buna benzerdir.

Kültürel hegemonyaya en net delil; *"çözüm sürecinde Öcalan ile masaya oturduğunda bu duruma halkı ikna edebilen neopopülist iktidarın, yine çözüm süreci masasını devirdikten sonra, bu yeni duruma yönelebilecek rahatsızlıkları bertaraf edebilme güç ve olanağına sahip olmasıdır."*

“

HDP BİZİ KANDIRDI
ARTIK UYANIN
Kürtçe albümleriyle bölge gençlerinin gönlünde taht kuran Çiyager, HDP ve PKK'daki sapkınlıkları Star'a anlattı: Birkaç ay öncesine kadar HDP'liydim. Artık uyanma zamanı geldi.

Kültürel hegemonya, siyasetin aldığı müspet sonuçlarla ölçülür. Çözüm sürecinde "aynı tavrı takınırken kahraman addedilen HDP ile, çözüm sonrası tavrını sürdüren HDP arasındaki ayrım üzerinden," böylesi radikal davranış değişikliklerine halkın ikna edilebilmesi bir "KÜLTÜREL HEGEMONYA" oluştuğunu gösterir. Bu yeni "kültürel hegemonya" sayesinde halk, herşeye ikna edilebilecektir.

”

Ya da düşününüz; "*eğer bir muhalefet milletvekili çıkıp, İslam'ı güncellemek gerekir deseydi*" muhtemelen yer yerinden oynardı diyebiliriz.

Lakin bunu Erdoğan söylediğinde, yaprağın dahi kıpırdamaması gibi bir durumla karşı karşıya kalırız.

Çünkü "*sinema, tiyatro, medya, yazınsal alan, edebiyat ve sayabileceğimiz tüm kültürel alanlarda*" sürekli ve artarak devam eden bir hegemonya inşa edilmiştir.

Her eve girilmiştir. Tüm medya işgal edilmiştir. Tek merkezden atılan manşetlerle halk, ikna edilebilecektir. Ve karşıda "*ışık tutabilecek*" bir güç yoktur.

Ve bu hegemonya; neopopülist iktidara bu genişlikte manevra alanını yaratacak doneler ile doludur.

Bir tarafta iktidara sınırsız manevra alanı açan bir entelektüel profilinden bahsederken, diğer tarafta iktidara muhalif olduğunu söyleyip; muhalefetin manevra yapamaz hale gelmesini sağlayacak dogmatiklikte eleştiriler üreten entelektüel profilini yanyana koyduğumuzda; iktidarca elde edilmiş büyük bir zaferin, kazanılmış bir galibiyetin bizzat kendisini görmek mümkündür.

Bu noktaya kadar kültürel hegemonyaya karşı kültürel direniş konusunda muhalif siyasetin tutum eksikliğinden de bahsetmek gerekir.

Yine somut örnekler üzerinden ve Türkiye gerçeğine uygun düşmesi açısından örnekler vereceksek, meseleyi yönetsel alanlara yoğunlaştırarak tahlil etmeye çalışacağım.

AKP'nin X belediyesinde gerçekleştirilen "*fetih ve cihad*" başlıklı panel bir kültürel hegemonya kurma faaliyetidir.

Buna karşın, muhalefete mensup Y belediyesinde o panelde konuşan konuşmacıyı getirip benzer bir panel düzenleyerek AKP kitlesiyle iletişim kurma düşüncesi ise, mutlak yenilmişliktir.

Çünkü bu panel; toplamda hegemonyanın hedefinde olan siyaset merkezinin eliyle yapıldığında bir sempati yaratmamakta, tam aksine; neopopülist kültürel hegemonyaya katkı sunulmaktadır.

Ya da, "*alternatif veya karşı kültürel hegemonya unsuru görülebilecek*" bir sanatsal etkinlik yerine, yine Popülizmin temel emaresi olan popüler kültüre yenilmişlik bağlamında düzenlenen devasa konserler, iktidarın hegemonyasına güç katmak dışında hiçbir nitelik taşımayacaktır.

Bu düzeyde basit örneklerle izah etmeye çalıştığım hadise; bizzat yaşanmakta olan gerçekliğimizi somut bir biçimde resmetme gayesi ile vurgulanmaktadır.

Dolayısıyla, neopopülist iktidarla mücadelenin en önemli ayağı; "*alternatif kültürel alanlar yaratmaktır.*" Bunun yolu, muhaliflerin siyasi ya da bireysel; popülizmi tamamen reddederek, mevcut olanaklarını ekonomik kullanmak kaydıyla; yeni bir birleştirici siyaset biçimini kanıksatacak dinamik alanları örgütlemesidir.

ERDOĞAN'DAN PKK'YA: YA TESLİM OL YA TERK ET

ÇÖZÜM DEDİK ANLAMADILAR

İŞ DÜNYASININ GÖZÜ SANDIKTA

EVET çıkarsa yatırım artacak

Yerli ve yabancı yatırımcı 'evet' kararı ile Türkiye'nin ciddi çıkış yapacağına inanıyor

Ve nihai olarak Popülist lider, halkın "sükunet ve kavga etmeme" arzusuna yönelir. Kültürel hegemonyasını bu temel üzerine kurar. "Çözüm dedik anlamadılar" gibi ifadelerle, çözüm sürecini eleştirir. Hemen yanında "evet çıkarsa yatırım artacak" başlıkları vardır. Bu kurgu, "halkın; kavga istemeyen motivasyonuna yönelmektedir. Ve bu yönelim, mutlaka kazandıracaktır. Bir karşı çıkış gerçekleşmez ise.

Şimdi gelin tartışmamızın ideolojik temellerini ele alalım. Ve nasıl bir ideolojik mücadele yürütülmeli sorusuna yanıt arayalım.

Yeni Bir Söz Söylemek

Geldiğimiz bu bölüme kadar çok sayıda itirazın yükseldiğini hissediyorum. Esasen tarihin ve toplumun temel çelişkilerini görmezden gelen, temelsiz bir yaklaşım içinde olduğumu söyleyenler olduğunu işitir gibiyim.

Bu bölümde yaklaşımımızın tarihsel ve ekonomi-politik temellerini ortaya koyacağız.

Halk nedir? Vatan nedir?

Kutsallarımızın her birisinin bir tarihsel izdüşümü vardır.

En temelde, tarihin bilimsel olarak ele alınması akabinde; her ne kadar Bernstein tarafından gerçekçi eleştirilere tabi tutulmuşsa da, çok ciddi bir tarihsel diyalektik gerçekliği söz konusudur.

Tarihin, toplum ve geldiğimiz süreç açısından; bir yönetsel metod olarak Popülizmin bu denli güçlü bir hegemonyaya dönüşmesinin köklü biçimde irdelenmesi gereken nedenleri vardır.

Biraz ezber bozmak suretiyle, esasen; birçok çevreye rahatsızlık verecek görüşlerimi aktarmaya çalışacağım.

Eğer bir yeni ideolojik hat inşa edeceksek, söylememiz gerekir ki; Avrupa aydınlanması, Rönesans ve reform hareketlerinin şekillendirdiği *"hümanizm,"* en temelde 5000 yıl boyunca tahtadan putlar önünde kişiliksizleştirilmiş insanlığın, bu duruma itiraz adına; kendisini aslında olmadığı bir yerde tanımlaması sorununun sonucu olarak doğmuştur.

İnsanın doğaya hakim olması iddiasına dayanan hümanizm; halkımız arasında insan sevmek olarak bilinir.

Bu yanlış bilinçaltına dayanan görüşler açısından hümanizme yönelik gerçekçi eleştiriler *"gericilik ve sekterlikle"* itham edilir.

Hümanizm, esasen Sheakespeare'nin Aime Timon'da *"yırtıcı hayvanla"* özdeşleştirilmiş rönesansın özgür bireyinin felsefi altyapısını oluşturur.

Birey, individüal (bireyci); şahsiyetçi ve toplamda aynı ortak gaye etrafında örgütlenmiş bireylerin toplumsallaşma anlayışını yaratır.

Bu ortak gaye, insanın doğaya hakim olma arayışını büyütür.

Dolayısıyla, bu yaklaşım üzerinde gelişen tartışmalar ışığında yürüyen ideolojiler savaşı, hangi tarafta olursanız olun; doğa üzerindeki mutlak hegemonyayı benimsemek koşuluyla taraf olmanızı sağlar.

Modern kapitalizm kendisini Darwin'in doğal seleksiyonuyla tanımlarken, Marxizm üzerine şekillenen yeni tartışmalar da, kapitalist modernite olarak ete kemiğe bürünen modernleşme tezleriyle kapsamlı bir kopuşu esas almaksızın yürümektedir.

Yani, kapitalizmin yaslandığı "*bireycilik*" ile, Marksizmin yaslandığı "*bireycilik,*" her iki ideolojiyi bu odak noktasında birleştirir. Bireycilik, nüfus ettiği her alanı yok eder.

Bu bağlamda, git gide kısırlaşan ve "*üretim araçlarının mülkiyeti*" eksenine kilitlenen bu ideolojik zıtlık, Popülizm uygarlığının yeni teknolojik gelişmeleri karşısında hezimete uğramakta ve utanç duyulası objeler olarak kodlanır hale gelmektedir.

"Ne ideolojisi?

İdeoloji mi kaldı?

Onlar eski şeyler algısı, tam da bu "*utanç duyma*" sendromunun tecellisidir.

İfade ettiğim sıkışmışlık ve küresel ölçekte yaşanan siyasetsizleşme durumu, aslında Popülizm uygarlığının ideolojilere sessizce had bildirip, tamamını çöplüğe atmasından kaynaklıdır.

Şimdi bu bölümde cevap vereceğimiz soru şu olacaktır; "*Popülizmle mücadelede ideolojinin öneminden bahsettik, peki bu ideoloji nedir?*"Hangi ideoloji, bu kadar farklı insanı "*birleştirebilecektir?*"

Yani, daha basit bir tabirle, Popülizmin her şekilde itibarsızlaştırdığı, tükettiği ve halk vicdanında 'utanılası' olgulara dönüştürdüğü ölüleri (ideolojileri) dirilterek, onlara sahip çıkma eksenli bir seçenek mi yaratacağız?

Yoksa, çağın dinamiklerine ve Popülizmin mevcut gücünü dikkate alarak, hasar tespiti ve kitlesel iletişimin kriterlerine göre rasyonalize edilmiş yeni ve kuşatıcı bir ideoloji mi yaratacağız?

Bu tercih okuyucularındır. Ben, her iki durumdan da kısaca bahsedeceğim.

Öncelikle Popülizmin kitleleri *"artık ideoloji mideoloji kalmadı"* söylemine ikna etmesi ve bu söyleme dayalı gelişen tartışmalar, içine düştüğümüz karanlık cehaletin yansımasıdır.

İdeoloji, özetle altyapı ve üstyapıdır. Altyapı, ekonomi-politik iken; üstyapı altyapıca şekillenen tüm diğer toplumsal fenomenlerdir.

İdeolojinin ne olduğunu kısaca anlatmaya çalışayım.

İdeoloji bir *"ideali"* benimsetir. Ve dünü, bugünü tanımlayarak yarınları tasarlar.

Bilimsel olarak, *"herkesin bir ideolojisi vardır."* Hatta, kendisine *"apolitik diyen"* lümpen kafaların dahi.

Şematik olarak;

İdeoloji = Altyapı + Üstyapı şeklinde bir denklemden bahsederiz.

Marksizme göre, bir ideolojinin tanımlanması açısından temel kriter şudur: *"altyapı, üstyapıyı belirler. Altyapı, ekonomidir. Kültür, sanat, din, yaşayış ve tüm toplumsal fenomenler ise üstyapıdır. Altyapı, tüm üst yapıyı belirler. Dolayısıyla; bir toplum hangi ekonomik ilişkiyi esas alıyorsa, değerleri ona göre şekillenir."*

Kapitalizme göre bu tanım aynı olmakla beraber, sadece *"altyapı tanımı değişir."* Kapitalizmi esas alan İslamcılara göre bu tanım aynen geçerlidir. Ama tek çelişki şudur:

"Kapitalizmi esas alan İslamcılar (neredeyse tüm İslamcılar), altyapı ve üstyapı tanımına katılırlar. Altyapının üst yapıyı şekillendirdiği fikrine de katılırlar. Ama Marksizm ile bir tek konuda ayrışırlar.

Kapitalizmi esas alan İslamcılara göre, toplumsal yaşayışı yöneten altyapı *"ekonomi değil, kültürdür."* Ve tümüyle dinselleşen kültür, toplumsal eğilimlerin tümünü idare edebilir.

Bu tez, yaşayan dünyada çökmüştür.

Çünkü AKP ile birlikte *"kültürel hegemonya oluşmuştur."*

İslamcılık bir kültür olarak baskın bir iktidara dönüşmüştür.

Buna rağmen "*İslamcılığın tanımı gereği, üstyapı olarak tanımlanan ekonomik ilişkiler değişmemiştir.*"

Halen "*neoliberal, kapitalist*" ilişki sürmektedir.

Bu duruma göre, ya İslam kapitalisttir, ya da kültür bir "*belirleyici altyapı değildir.*"

Bize göre İslam kapitalist değildir. Dolayısıyla "*kültür, belirleyici bir altyapı değildir.*" Benimsensin ya da benimsenmesin, Marksizm'in "*altyapı-üstyapı tahlili, yaşayan, gerçek bir tahlildir.*"

Şimdi bu teorik bilgiyi somutlaştırarak devam edeyim:

"Bir kişi çıkıp, benim 'ideolojim yok' diyorsa, o doğru söylemiyor demektir."

Her yaşayan insanın, hatta hayvanların bile "*bir ideolojisi*" vardır. İdeolojisi olmayan tek bir canlı dahi olamaz.

İdeoloji; amaç demektir. Amaçsız yaşayan bir tek canlı dahi yoktur.

Şimdi tarif ettiğimi bilimsel yaklaşımı somut biçimde örnekleyerek, ideolojinin yaşadığını ispat edelim.

"Bir kişi düşünün. Ünlü bir türkücüdür. Çok güzel türküler söyler. Türkülerinde; kadın-erkek aşkı vardır. Bu söylemleri neticesinde, kendisinde ciddi biçimde sermaye toplar. Ve söylemini sürdürür. Söyleminde (türkülerinde) bir çelişkiye atıf yapar; 'kadın ile erkeğin yaşadığı iletişim krizinden doğan aşk acıları, temel söylemidir." Şimdi tahlil edelim. Bu kişinin ideolojisi nedir;

"İdelojiler, yaşanana temel çatışma ve çelişkileri açıklar. Kadın-erkek çelişkisinde doğan aşk acılarının sebebi nedir? Aşk/sahiplenme acısı." Dolayısıyla, bu acıyı esas alan o türkücü açısından "*sahiplenme, mülkiyet, mülk edinme*" benimsenmiştir. Yani o türkücünün ekonomik altyapısı "*mülkiyetçi, kapitalist, sahiplenmeci olduğundan kültürel üstyapısı buradan beslenir.*" Dolayısıyla "*kültürel üstyapısı, mülkiyetçi, sahiplenmeci*" bir yöne evrilir, türküleri bu temayı işler.

Yani *"benim ideolojim yok"* diyen o türkücü, aslında bir *"kapitalisttir."*

Bilim, tarih, ekonomi; bunu ortaya koyar.

Yine bir örnek verelim.

Bugüne kadar, yaşadığımız bütün bir insanlık tarihi boyunca, *"İki temel yaklaşım çatıştığına göre, bu çatışanlar ekseninde tarihi okuruz."*

Peki bu çatışanlar nelerdir?

- Mülkün, tarlanın, kadının, erkeğin, sanatın, bilimin, felsefenin ve dinin" *yaşayan ve nefes alan sahipleri olabileceğini söyleyen;"* kapitalizm.
- Mülkün, tarlanın, kadının, erkeğin, sanatın, bilimin, felsefenin ve dinin" *yaşayan ve nefes alan sahipleri olamayacağını, bunların yaşayanların ORTAK değeri olduğunu söyleyen sosyalizm."*

Burada, eğer bir kişi; *"bana göre, kirada oturduğum evin sahibi haklıdır, adam çalışmış çabalamış kazanmış, ben kira vermek zorundayım"* diyorsa *"kapitalisttir."*

Kapitalist olmak için *"kapitale, yani sermayeye sahip olması gerekmez."* Sermayenin/kapitalin meşruiyetini savunması gerekir.

Ancak, *"hiçbir canlı ihtiyaçlarını gidermek için başka bir canlıya muhtaç değildir. Tek muhtaç olduğumuz, bizleri yaratan ve eşit biçimde nefes aldıran Allah'tır"* diyor, birilerinin, diğerleri üstünde hakimiyet kurmasını reddediyorsa; sosyalisttir.

Yani her yaşayan varlığın bir ideolojisi vardır. Benim ideolojim yok diyen herkes; *"ya bilinçsizdir, ya cehalete düçar olmuştur."*

İdeoloji gibi yaşayan bir durumu reddetmek, gerçeği reddetmektir.

Ve bu şartlanmışlığı ikna etmek kolay değildir. O nedenle birkaç örnek daha vermek şarttır.

Yine bir insan modelini esas alalım. *"Profilimiz bankacıdır."*

Zor şartlarda okumuş bir gençtir. Adı; *"Leyla."*

Okulunu *"kredilerle tamamlamıştır."* Ve bankacı olmuştur. Aldığı 3500 TL maaşın, 1500 TL'sini kredilere ödemektedir.

Bankacıdır. Kredi veren, faize hükmeden bir pozisyondadır.

Tek amacı, çalıştığı sürece edindiği maaş üzerinden *"kredi ile bir ev almaktır."*

Kredi ile bir ev alacak, akabinde evlenecek olan Leyla, her gün işe *"büyük bir heyecanla"* gitmektedir. Bu durumu *"kendisine ve işine saygı"* olarak ifade eder.

Amirleriyle iyi ilişki kurarak, kalıcı olmaya çalışan ve siyasetle ilişkisi *"haber bültenleri"* olan Leyla'nın *"ideolojisi nedir?"*

Rekabet ve sahiplenme esasıyla, kendi varsıllığını güçlendirmeye çalışan Leyla; bir kapitalisttir.

Kapitalist; *"zengin, ya da mülk sahibi"* kişi değildir. Bu kriterleri meşru gören kişidir. Dolayısıyla Leyla, bir kapitalist olarak, hayatını sürdürmektedir.

Cumartesi akşamları, ertesi günün Pazar olmasından kaynaklı *"rakı-balık masaları kurmayı sevmektedir."* Ve iktidarda *"popülist"* ve aynı zamanda *"kapitalist"* bir iktidar vardır.

Leyla'nın benimsediği *"kapitalist üretim ilişkilerini,"* muhafazakar temelde benimseyen bu iktidar ile Leyla arasında bir çelişki oluşmuştur.

İçtiği *"rakı"* bir rahatsızlık addedilmiş, Leyla, bu durumdan rahatsız olmuştur.

O halde Leyla'nın tepkisi; *"üstyapısal bir tepkidir."*

Üstyapı ne idi?

Ekonomik ilişkiler altyapı iken; tüm toplumsal fenomenler *"üstyapı"* idi. Kültür de bir üstyapı idi.

Leyla, iktidara *"üstyapısal bir olgu olarak,"* kültürel alanda itiraz ile sınırlanarak, ideolojik bir tepki koyamaz.

Ve iktidar ile "*altyapıda uzlaşmasından kaynaklı*" olarak, Leyla; iktidarca bir sorun olarak görülmez.

Çünkü temel çelişkide, yani "*altyapıda*" iktidarla hemfikirdir.

Dolayısıyla, yaşadığı her ekonomik buhran; doğaldır.

Krizler, giderlere yetişemez durumları ve sistemin ona sunduğu "*borçlanma*" tedbirleri, tümüyle sıradan ve doğaldır.

Ayrıştığı temel nokta "*üstyapısaldır.*"

Ve Leyla; "*bu çelişkiyi görmediği sürece, sıkı bir neoliberaldir.*"

Ve ne derse desin, bir ideolojisi vardır.

Tüm yaşam bu kategoride ele alınabilir.

Eğer altyapı, yani "*ekonomi-politiğiniz*" eşitlikçi ise, bir zümrenin çıkarlarını gözetmiyorsa; tüm toplumsal değerler buna göre şekillenir.

Din, kültür, sanat, devlet..vs.

Tüm bu bileşenler; üzerinde beklentisizleşilmiş dolayısıyla özgürleşmiş alanlar olurlar.

Ama eğer altyapınız "*bir zümrenin, sınıfın çıkarlarını korumaya dayalı ise,*" tüm üstyapı bu zümrenin çıkarlarını koruma güdüsüyle şekillenecektir.

İşte bir altyapı tahayyülü ve onun belirlediği yaşamsal dinamiklere sahipseniz, bir ideolojiniz var demektir.

Benim ideolojim yok diyen herkes farkında olmadan yalan söyler.

Örneğin; "*bir fabrikanın tüm haklarının çalışanlara ait olmasını tahayyül ediyorsanız, sosyalistsiniz. Dindarlığınız bu gerçekle çatışmaz. Dindarlığınızın bu gerçekle çatıştığı yönündeki her söylem, "fabrika sahibinin kesesinden türemiş bir söylemdir.*"

Aynı fabrikanın bir tek kişiye ait olabileceğini savunuyorsanız, kapitalistsiniz."

Ve yine o fabrikanın, "*mülkün Allah'a ait olduğu gerçeğine binaen; halka ait olduğunu söylemek, sosyalizmdir.*"

Bu durum sizi dinsiz yapmaz. Aksine, din; toplamda, bu esasla var olmuştur.

Bütün tarihimizin ideolojik çatışması esasen sadece bu örneklikte ele alınabilecek noktadadır.

Fabrika işçisine; çalıştığı fabrikanın sahibi olması gerektiği söylendiğinde, bu durumun onun hakkı olmadığı hissiyle durumu yadırgaması; yabancılaşma iken, bu duruma karşı koyarak tutum belirlemesi; Stockholm sendromudur.

Ahmet bir fabrika işçisidir.

Dindar bir insandır. Namazlarını ihmal etmez. Aldığı maaş yetmemektedir ve zorluk çekmektedir.

- Şimdi Ahmet örnekliği özelinde sürdürelim;
- Popülist iktidarın kültürel hegemonyası, Ahmet'in "*imtihanda olduğunu, zenginlerin zenginlikle, yoksulların yoksullukla imtihan edildiğini*" söyleyen Hocaları konuşturur Ahmet'in tek sosyal alanı olan Televizyonda.
- Ahmet, yaşadıklarının "*imtihan*" olduğu fikrine dayanarak tevekkül eder.
- Ertesi gün işyerine giden Ahmet, bir grup sendikacının sohbetine kulak misafiri olur, sendikacılar kapitalizmden bahsetmektedir. 'Alınteri, emek, eşitlik.' Ahmet dikkat kesilir!
- Sendikacılardan biri 'dinin halkı uyuttuğunu söyler," işte Ahmet'in 'bilinç kazanma süreci tam da burada sona ermiştir.'
- İktidarın kültürel hegemonyasının tesiriyle biçimlenen Ahmet, o saniye itibariyle 'sendikacılarla' tüm ilişkiye son verir.
- Ve akşam televizyonu açtığında Popülist lider konuşuyordu; "*bunlar komünist, bunlar dinsiz, bunlar Allah'sız...*"

- Ahmet hak vermiştir. Tanık olmuştur. Artık bu tür tartışmalardan uzak kalmalıdır.

Ahmet'in bu süreci, yaşanan gerçekliğin ta kendisidir.

Kahvede arkadaşlarıyla sohbet eden Ahmet, bu konu açıldığında; "*benim ideolojim falan yok kardeşim*" şeklinde bir cümle kurar. Ahmet'e göre ideoloji, "*komünist olmaktır.*"

Aslında durum Ahmet'in söylediği gibi değildir. Ahmet; "*ideolojisi olan ve bu ideolojisi kapitalizm olan*" bir bireydir. Üstelik mensubu olduğu ideoloji, tümüyle onun sırtından geçinen bir sermaye baronları rejimidir. Ve Ahmet, kültürel hegemonyanın tesiriyle, bu sistemi yaşamayı sürdürecektir.

Ta ki; bir alternatif "*kültürel hegemonya*" oluşup, Ahmet'in benimsediği tüm değerlerin aslında "*alınteri sömürüsüne karşı olduğunu,*" Ahmet'in sömürüldüğünü, Allah'ın; bunu murat etmediğini, temel sorunun; paylaşım ve ortaklaşma sorunu olduğunu ortaya koymasına kadar. Bu olduğunda, sihir bozulacak; Ahmet, yabancılaşmasını aşabilecektir.

İşte bu "yeni bir söz" olarak, ortaya koyulası bir siyasal lisanı zorunlu kılmaktadır.

İdeolojiler yaşayan gerçekliklerdir. Hiçbiri yok olmamıştır. Çünkü insanlar arasındaki ekonomik ilişki devam etmektedir. İdeolojiler, bu ilişki sürdükçe yaşayacaktır. İdeolojilerin ölümü olarak sunulan sanrı, komünizmin ölümüdür esasen. Kapitalizm, komünizmi öldürdükten sonra, komünizmin ortaya çıkmasını sağlayan zemini de yok etmeye çalışmıştır.

Şöyle ki, güzel meyve veren bir tarla; etrafı çitsiz biçimde köyde herkesin yararlanmasına açıktır.

O tarladan yeşeren nebat, en lezzetlisidir.

Ama aynı zamanda "*etrafını çitle çevirdiği*" tarlasından çıkardığı nebatı satmaya çalışan bir tüccar vardır köyde.

O tarlanın istifadeye açık olması, o tüccarın tarlayı yakmasını sağlamıştır.

Fakat, toprağın kökünü kazıması imkansızdır. O toprak muhakkak yine nebat verecektir.

Ve tüccar sihirli sözcüğü söyler; "*o toprak bozuldu, artık o nebatı veremez, dolayısıyla gelin ihtiyacınızı benimle görün.*"

Meselenin özeti budur.

Tüm fabrikaların *"halk adına"* devletleştirilerek özel mülkiyetin yok edilmesi komünizm.

Nihayetinde, yetkinler adı altında; o devleti yönetenlerin *"halk adına"* karar vermesi de diktatörlüktür.

Keza, siyasi tarih boyunca bu açmazı şirinleştirmenin aracı olarak bu türden diktatörlüklere *"proleterya diktatörlüğü"* denmiştir.

Dolayısıyla, geçmişin bütün kamucu *"tartışmalarına"* son vermek gerekir.

Bu iddiamızı orta yere bırakırken, elbette temellerini de anlatmamız elzemdir.

Yeni bir söz ile, tarihin temel gerçeği olan *"üretim çelişkisini"* esas alacak, fakat bunun kurumsallığını yenileyeceğiz. Yani, tüm şabloncu; şartlanmış ideolojik tartışmaları reddeden, değerlerle bütünleşik bir yeni siyaset biçimi üzerinden, ortaklaşmacı ve paylaşımcı mülkiyet düzenini inşa edeceğiz.

Yaşadığımız çağ, popülizm çağıdır. Ama kapitalizmin temel ihtiyaçlarının kurumsallaşması açısından da önemli gelişmelerin yaşandığı bir çağdır.

"Mülkiyet ilişkileri özelinde," bir bilgisayarın üretim aracına dönüştüğü çağımızda, kapitalizme karşı nasıl bir tavır sergilenebilir?

Sosyalizm eğer, üretim araçlarını ortaklaştırmak ise ve yaşadığımız pratik açısından *"üretim araçları, fabrikalar ve tarlalar"* ile sınırlanmışsa ve yaşadığımız çağ, bir bilgisayarı dahi üretim aracı haline dönüştürmüşse, ne tür bir sol dil kurmak gerekir?

Herkesin sahip olabildiği *"laptop"* bilgisayarların, üretim aracına dönüştüğü zamanımız, hangi sol lisanı dayatmaktadır?

İşte bu noktada tartışmamızı *"kitabın"* ileri bölümlerinde okuyacağınız bir zemine çekeceğim.

Nasıl ki, insanlık; bir dönem (anaerkil dönem), henüz tarla ve tarımla uğraşmadığı evrelerde, avcı-toplayıcı bir aşama yaşamıştır. Bu dönemi baz alarak tezimizi ortaya koyalım;

"Bugün de üretimin aracı, o günün keski ve mızrağı gibi; herkesin erişebileceği bir aygıt olan bilgisayardan ibaret hale gelmiştir."

Biraz daha açarsak;

- İnsanlık ilkel kabileler halinde yaşıyordu. Özel mülkiyet yoktu. Avlanıp, avladıklarını toplayarak yaşam sürdürüyorlardı.
- Bu yaşayış modellemesinde *"üretim aracı,"* avlanma araç ve gerekçeleriydi.
- Bu araçlara, yani üretim araçlarına, herkes erişebiliyordu. Bu nedenle bir sınıf ya da statünün hegemonyası yoktu.
- Sonra tarım toplumuna geçildi.
- Artık üretim araçları *"tarlalardı."* Ve tarlaların sahipleri vardı. Herkes erişemezdi. Dolayısı ile sınıflar oluştu.
- İşçi sınıfı, fabrikalarda çalışan emeğin sahipleriydi. Alınterleri ve ürettikleri değerin gerçek sahibi addedilmediğinden, fabrikaların sahipleriyle mücadele ettiler.
- Ve teknoloji çağıyla birlikte; üretim araçları *"tekrar"* herkesin eline geçti. *"Bilgisayar..."*

Bu durum, bilginin yeni sınıfsallıkta *"belirleyici"* olduğunu gösterir.

O halde, *"bilginin ve bilgeliğin"* iktidarını savunmak, bu yeni *"sol"* siyasi iklimin kilit anahtarıdır.

İktidarlar, bilgi üzerindeki tekelleri kaldırdığı sürece; hangi üretim ilişkisi esas alırsa alsın kaybedecektir. Yeni küresel iletişim bu zemini yaratmıştır.

O halde *"bilgiye erişim"* kısıtlanmalıdır.

O halde, Türkiye'de *"bilgiyle insanlar arasındaki bağı kesen bu iktidar anlayışının sebebi budur."*

Şu halde belki de tüm ezberleri bozacak bir tanıma girişeceğiz. Ve ezber bozma adına büyük önyargıları sarsacağız.

Ve bu okuma üzerinden, *"tarlalarla fabrikalar arasına sıkışan"* sol hareketliliği büyütebileceğiz.

Bu yönüyle, bilginin paylaşılması; yeni üretim ortaklaşmasının temelidir. Teknoloji, anti-kapitalisttir.Bilgi toplumu, eşitlikçidir. Bunun motivasyonunu ilerleyen bölümlerde detaylıca ortaya koyacağım.

Bu tanımların dışında, pre kapitalist, fakat devletin müdahalesini de içeren modeller bağlamında, devletin "*milli ve yerli bir sermaye yaratma*" idealine yaslandığı rejimlere de siyasi terminolojide burjuva demokrasisi denir.

Türkiye Cumhuriyeti bir burjuva demokrasisi olarak doğmuş, geldiğimiz aşamada "*faşist diktatörlük*" evresine geçmiştir.

Faşist kelimesini küfür addedenler açısından rahatsızlık verici algılansa da, meselenin özü itibariyle tartışmamızı sürdürelim.

Faşizm, esası itibariyle; Popülizmin doğasında var olan "*kimlik yaratma*" amacı bağlamında, bir yaratılmış kimliğin mutlak hegemonyasıdır.

Hatta, Alman Nasyonal Sosyalizmi; üretim araçlarında ari ırk olan Alman kimliğinin mutlak egemenliğini savunur. Yani Alman ortaklaşması üzerinden, mensuplarına eşitlik vaadeder.

Bu haliyle Türkiye'de, neopopülist iktidarca yaratılan "*yeni millet kimliği,*" gerek üretim araçlarının gerekse mutlak manada yasama, yürütme ve yargı gibi temsili demokrasi araçlarının mutlak belirleyicisi haline gelmiştir.

Bu tektipçi sınıflandırma, tekilliğin önünü açmış ve Popülizmin kaçınılmaz amacı olan diktatörlük süreci başlamıştır.

Kısaca özetlediğimiz bu tahliller ışığında daha anlaşılır bir biçimde söylemek gerekirse, az önceki ifadelerimde çelişki gibi görünen bir meseleyi irdelemem gerekir.

Popülizm ideolojisizleştiriyor dediniz, ama aynı zamanda ideoloji tanımınız gereği herkesin ideolojisi olduğunu ortaya koydunuz, bu bir çelişki değil mi?

Bu soruya bir "*dipnot*" ekleyerek yanıt vermeye çalışalım.

Geçmişte; sermaye ile emek arasında süren çelişki temel çelişki iken, bugün bu çelişki "bilge ile bilge olmayan" arasında şekillenmektedir. O halde; bilen ve bilgisini ticarileştiren kapitalist ile, bilmediği için kas gücüyle yaşayan işçi arasında süren bu kavga kendisini sürdürmektedir.

Sadece politik ideolojik açıdan bu durum okunamamakta, eski okumalar üzerinde sürdürülen kutuplaşma büyütülmektedir.

Bilgi mutlak güçtür. Bilgi sahibi; sermayedar.

Bilgiye erişimi kısıtlanan ise proleter.

Bilginin iktidarına katkı sunup, kendisi muktedir olamayan ise *"işçi sınıfı."*

Bilgi işçisi, erişebileceği bu kavramın (bilginin) nimetlerinden bihaberdir.

Bu yeni ideolojik çelişki, *"apolitik"* gibi kavramlarla sağlanır.

Ve politika nesneleşir (özne olmaktan çıkar).

Popülizm, ideolojinin/politikanın nesneleşmesini sağlar.

Özne; Popülizmin yarattığı kimliklerdir.

Ve elbette güç kaynağı *"ötekilerdir."*

Ötekiler, bazen sınıfsal koşullara göre tanımlanırken, bazen ihtiyaca dönük ve konjonktürel gerekçelerle biçimlendirilir.

Toplamda aslolan; Popülist iktidarın bekasıdır.

Daha sade biçimde anlatmaya çalışayım.

Popülizmle mücadele mutlak manada ideolojikleşmeyi zorunlu kılıyorsa ve popülizm halktan yana olma iddiası güderek halkı örgütlüyorsa, halkın üretime ortak olmasını öngören bir ideoloji halkı nasıl ikna edebilir?

İşte bu noktada benim mücadele yöntemleri arasında ele alacağım bir başlık olarak *"Zihniyet Devrimi"* başlığı üzerine ciddi manada kafa yormak gerekecek.

Halka yakın olmanın, halk için halk adına *"elitler, seçkinler ve hainlerle"* mücadele etmenin dayandığı motivasyonu boşa çıkartmanın yolu, halkın bizzat esas olan temel çelişkiyi idrak edebileceği zemini yaratmaktan geçmektedir.

İşte tam bu noktada, her ne kadar 70'lerden sonra gücünü yitirsede; bir süreç ve nihai amaca yönelik safha olarak değerlendirilebilecek, güncel bir sosyal demokrasi tarifi yapmak gerekecektir.

Sosyal Demokrasi, İsmail Cem'in ifadesiyle; "*Demokratik Sosyalizm,*" 70'ler sonrası statikleşen bir dünya görüşüne evrilmiş olsa da, çıkışı itibariyle değerlendirdiğimizde güncellenmeye açık ve makul pozisyonunu korumaktadır.

Güncellenmesi gereken nedir?

Yaşadığımız süreç; "*emeğin, üretimi sağladığı temelden, bilginin üretimi sağladığı temele dönüşmüştür.*"

Dolayısıyla emek ile bilgi eşitlenmiş, bilginin ortaklığı ve kamusallığı yeni "*ortaklaşma*" ekonomi önermemizin temelini oluşturmuştur.

Her ideolojinin bir mutlak bir gelecek tasarımı vardır.

Hatta ideolojisizleştirmeyi amaçlayan Popülistlerin de.

Erdoğan'ın ilk günden itibaren 2023'ten bahsetmesi, kitlelere güçlü bir motivasyon sağlamıştır.

İnsanlık, dava addettiği mücadeleleri bir nihai amaç uğruna yaparlar.

Popülistler bu amacın kutsallaşmasını sağlarken, ideolojiler farklı motivasyonlarda bu amaçları telkin ederler.

Sosyal Demokrasi, pratiği itibariyle; Almanya örnekliği özelinde tartışacaksak, devletin sosyal politikalarla bütünleşmesini sağlamış, her ne kadar nihai bir teorik tartışma ihtiva etse de, "*biz işimizi hallettik, buraya kadar*" havasında pozisyon almıştır.

Bu durum; sosyal demokratların sağladığı sosyal ayrıcalıkların korunması için Alman SPD'nin parlamentoda ya da hükümet ortağı olarak pozisyon alması ihtiyacını yaratarak Alman halkının SPD'yi her seçimde Parlamentoya sokmasını sağlamıştır.

Türkiye'de de esası itibariyle Cumhuriyet Halk Partisi devleti kurmuş, organize etmiş ve sağ Popülizmin iktidara gelişiyle; "*Cumhuriyeti koruma, devleti koruma*" eksenli bir söylemle, kendisini mutlak bir emniyet supabı olarak kodlamak suretiyle "*defansif*" pozisyonda kalmıştır.

Çünkü gerek sosyal demokrasinin Avrupa pratiğindeki statikleşme durumu, gerekse CHP'nin kurucu felsefesinin *"çağdaş uygarlık düzeyi"* gibi çok genel bir mottoyla gelecek tasarlaması, sağ Popülizmin iktidara gelişiyle beraber *"kaygılı bir siyasete"* dönüşecek, sürekli defansif bir pozisyonda kalma durumunu yaratmıştır.

Bu sürece bir istisna olarak Bülent Ecevit'in *"düzen değiştirme"* temelli kampanyası ve CHP'nin iktidara gelişini şerh olarak düşmek gerekir.

Ecevit öncesine kadar defansif bir oyun kuran CHP, bir anda atak oyunuyla; gelecek tasarım ve modellemeleri ortaya koyan, en azından bunu söylemsel düzeyde gerçekleştiren bir safhaya geçmiştir.

Ve görüldüğü üzere bu değişim sonuç getirmiştir.

Ecevit'in bu yeni söyleminin dayandığı "beyaz güvercin," ekseni, barışın ve üretimin ortaklaşdığı bir Türkiye fotoğrafı resmektedir.

Şu halde; her ne kadar popülizm emareleri ihtiva ediyorsa da, Ecevit dönemindeki ideolojik-politik siyaset ve örgütlenme deneyiminin sonuç getirdiği ortadadır.

Halk aynı halktır.

Aynı insanlardır.

Neopopülist iktidarın bugün CHP'ye yönelik ötekileştirici söylemlerinin benzerleri, Menderes Popülizmi tarafından da dile getiriliyordu ve Bülent Ecevit pratiği, tam da anlattığımız gibi "*güçlü örgüt*" prensibiyle Cumhuriyet Halk Partisini %40'ları aşan oylarla tanıştırmıştı.

Ecevit; "*emeği ortaklaştırmayı önermişti.*" O günün koşullarında bu söz "*kazandı.*"

Bugün ise işler biraz değişti. Bilgi, emeği solladı. Mutlak güç oldu. Ve sermaye; fabrikalardan ziyade, bilgiyi kontrol etme stratejisini benimsedi.

Ama "*sol,*" halen "*tarlalarla fabrikalar arasından konuşuyordu.*" Ve günceli yakalayamamış durum, neopopülist hegemonyayı yarattı, büyüttü.

Her ne kadar koşullar, konjonktürel zemin ve dünyanın geldiği nokta değişmişken, benzer sloganlar ile sonuç alınamayacaksa dahi, benzer bir yöntemle netice alınabileceği aşikardır.

Bir yanlış anlamanın oluşmaması adına kalın puntolarla şunu söylemem gerekir; "bizim bilgiyi esas alarak tanımladığımı bu yeni çelişki, emeğin üretime ortaklığına dayanır. Yani emekçi kitlelerin emeğini reddeden bir yaklaşımımız yoktur. Bilgi, emeğin örgütleneceği yeni kimliktir. Ve nihai amacı, sınıfsız bir toplumu inşa etmektir.

Lakin bu sefer işler biraz daha karışık görülmekte.

12 Eylül öncesinin ideolojik kamplaşmalarının gölgesinde yeşeren popülizmle mücadele ile, ideolojisizleşen siyasetin dominosu haline gelen Neopopülizmle mücadele aynı ideolojik derinleşme katsayısı ile mümkün olamayacaktır.

Çok daha kapsamlı, dünü ortaya koyan; bugüne cevap veren ve yarını tasarlayan, eşitlikçi, ortaklaşmacı bir sol ideolojik zeminde; Popülizmin köpürttüğü korkuları besleyen aşırılıklardan arınmış, değerlerle kavga etmeyen, ötekisiz bir siyaset türünü sahaya sürerek, milyonları "*güçlendirilmiş bir örgütlülükle*" iktidarın kültürel hegemonyasına karşı mahalle duvarlarını yıkacak bir hizada konumlandırma zaruretine işaret etmek gerekir.

İşte bu noktada bir revizyonizm olarak Sosyal Demokraside revizyonu ele alarak, statikleşen, durağanlaşan pratiğini daha devrimci bir nitelikte yeniden tanımlamak şarttır.

Yani, yurttaşımız; "*kendisine tiksindirtilen şablon ve kavram fetişizmine tabi tutulmadan, ortak yaşamın temelinin üretim olduğunu, tüm değerlerin özgürce yaşayacağı bir geleceğin var olabileceğini, buna giden yolda önce sosyal devletin kurulacağını, akabinde sınıfsız, sınırsız ve sömürüsüz bir nihai geleceğin aşama aşama, adım adım tasarlanacağını*" işitmeli ve elbette bu gelecek tasarımı realize edilerek, projelendirilerek, kapı kapı anlatılmalıdır.

Polarize/ayrışmış ve yaşamını iktidarın kendisine işaret ettiği "*öteki*" ile mücadeleye adamış bir yurttaş profilinin, iş bu anlayış üzere yürüdüğü yoldan ayrılmasını ne sağlayabilir?

Hele ki, bu zemini örgütleyen iktidar tarafından 24 saat tüm medya organları üzerinden aynı şeyler pompalanıyorken, sadece "*iktidar kullandığında prim yaptıran*" kavramlara sığınarak o yurttaşa ulaşmaya çalışmak yerine, zaten ekranlarda ve hülasa mecralarda gördüğüyle denk düşmeyen hayatın gerçeği içinde ona dokunan, ikna eden havariler yaratmak gerektiğini söylüyorum sadece.

Evet, belki de doğru kavram havari kavramı.

Popülizmin "*ötekisi*" olan komşusuna ilkin negatif bakan yurttaş, 2., 3. ve 4. görüşmeden sonra normalleşecek, büyük ölçüde arınacaktır.

İşte bu kişilik yapılanması artık "*kazanılmış*" kişiliktir.

Popülizmin mutlak yenilgisine kadar yapılacak olan, kazanılmış kişiliğin örgütlü kişiliğe dönüşmesini ve yeni kazanılmış kişilikleri örgütlemesini sağlamak olacaktır.

İşte bu ancak ve ancak bir politik ideolojik siyaset anlayışıyla mümkündür.

Kitle partisi olma adı altında, alternatif bir popülist yöntem üzerinden kitleyle etkileşeceği sanrısına dayanan siyaset etme biçimleriyle böyle bir örgütselliğin yapılandırılması olanaksızdır.

Yani aslında denklemi tersine çeviriyoruz bu önermemizde.

Popülizmin halkın çıkarları adına halkı dönüştürme gücüne karşı, halkın popülizmle mücadele adına bizzat aşağıdan, tabandan bir dip dalgasıyla, nesnel ve gelecek tasarımı belirgin, net, kararlı bir ideolojik hat ile; popülizmce dönüştürülen kitleleri dönüştürmesi.

Şimdi bana diyeceksiniz ki; bir siyasi partinin milletvekili olarak, milyonu geçen üyesiyle anılan partinizin üyeleri tam da dediğiniz gibi ev ev esnaf esnaf gezip söylediğiniz gibi çalışmıyor mu?

Verilen bu kadar kıymetli ve kutsal emeğe en ufak bir söz söylememekle birlikte; Popülizmin siyaseti ideolojisizleştirerek yarattığı iklimden nasibini alan muhalefet partilerinin tabanlarının da, esasen popülizm muzdaribi bir diyalog ürettiğini gözlemlemek mümkündür.

Popülist iktidarların yarattığı kutuplaşmayı yıkmanın yolu "*müzakeredir.*" Temelli ve popülist tezleri çürüten bir müzakere.

Son derece iyi bir niyetle, samimi ve halisane düşüncelerle seçim zamanlarıyla sınırlı kalmak suretiyle, çaldığı kapıyı açan yurttaşa Erdoğan'ın ne kadar kötü biri olduğunu anlatarak onu ikna etmeye çalışan bir tutum "*ideolojisiz ve siyasetsiz*" bir tutumdur.

Bu tutumun sorumlusu, o eylemi gerçekleştiren değildir. O eylemi gerçekleştirenin bu nitelikte kalmasını sağlayan parti ve harekettir sorgulanması gereken.

Çünkü, zaten Popülizmin mutlak bir kişi kültüne dayanması ve tartışmanın sürekli o kişi üzerinden yürüyor olması, Erdoğanfobik söylemlerle sürdürülen bir siyaset tarzı; popülizme hayat ve canlılık veren, olağanüstü tehlikeli, kutuplaşan ve polarize olan; popülist iktidardan yana tutum belirleyen kitleleri,bulunduğu yerde sabitleyen bir yaklaşımdır.

Çünkü kültürel hegemonya gereği, zaten kapıyı açan yurttaşın zihninde hemen ilk saniye içerisinde; "*karşıdakinin düşman, hain olduğu*" fikri belirmiştir.

Ve kendisine "*bu durumun böyle olduğuna kendisini ikna eden ve bu ikna sürecinde inanılmaz olanaklar kullanan*" lider aleyhinde sözler söylenmiştir.

Diktatör bozuntusu polemiği, Erdoğan'ı siyasal sorumluluk açısından birinci sorumlu kılan bir ifadedir. Bu söylem, Popülist liderin vereceği cevapla birlikte "kişi odaklı" siyaset alanı yaratır. Böylece muhalefet tabanının yüreği ferahlar ve öfkesi dile gelmiş olur. Ancak, bir süre sonra; yarattığı "kişi odaklı karşıtlık" nedeniyle, sözü söyleyenle söylenenin kıyaslanmasını sağlar. Ve muhalefetin ideolojik hattan koparak "kişi odaklı" bir harekete dönüşmesini sağlar. Bu popülizmdir. Ve o minderde kalınması halinde mutlak galip olacak olan Erdoğan'dır.

O lider eksikleri olan biri olabilir.

"Fakat, o liderden önce ülkede duble yolların olmadığı, hastanelerin rezalet içinde olduğu, Başbakanların ABD Başkanlarına ezildiği, Türkiye'nin tokatlanan bir hasta adam muamelesi gördüğü ama o liderin çıkışıyla Türkiye'nin inanılmaz biçimde Dünya'ya kafa tuttuğu, bu yüzden de dış mihrakların içeride ajanlar kullanarak o lideri devirmeye çabaladığı" fikri,yok edilmesi gereken ilüzyonik bir fikirken, o lider aleyhtarı ifadeler eşliğinde ısrarcı bir biçimde bu fikir daha da açığa çıkartılır ve bu ziyaret sonrası hane halkı neopopülist iktidarla olan ilişkileri çok daha güçlenmiş bir biçimde hayatına devam eder...

Şu tahlilimi kitabın bu bölümüne kadar vurguladığım temelde itiraz edebilecek kimsenin olacağını sanmıyorum.

Şimdi bazı okurlarım diyecekler ki; "Sn. Erdem, 12 Eylül solun üzerinden geçmiş, solu yok etmiş iken, yeniden sol bir siyasal hat kurarak popülizmi ortadan kaldırmak ne kadar mümkündür?

Bu soruya şöyle yanıt vermek gerekir 12 Eylül solu değil, solun o güne kadar kullandığı yöntemleri ezmiştir.

Metodolojik olarak, popülizme evrilen yöntemler bağlamında, o metot ve stratejik yanlışları bertaraf etmiştir. Çünkü; hali hazırda, yükselen bir dalga olarak gelişen Neopopülizme karşı, siyasal popülizm ya da köylü-kırsal popülizmi ile mücadele edilemeyeceği gerçekliğini bizzat yaşatarak göstermiş ve bu yöntemlerin tarihin çöplüğüne atılmasını sağlamıştır. Elbette bu süreçte büyük emek ve mücadeleyle bedel ödemiş yüzbinlerin bu kutsi eylemliliğini saklı tutarak, salt yöntemsel açıdan bunu söylemek yerinde olacaktır.

12 Eylül sonrası Türkiye solunun temel sorunu; 12 Eylül öncesine dair yöntem ve lisan pratiğiyle varlığını sürdürme çabasından kaynaklı, genel bir toplumsal dışlanmışlığın yarattığı umutsuzluk sendromu olarak değerlendirilebilir.

Oysaki, Neopopülizmin ilacı, güncel ve geniş kitleleri harekete geçirecek bir sol ideolojik hareketliliktir.

Halihazırda bu tezimi temellendirme adına şunu da belirtmek isterim; "*Neopopülist iktidar tam da bu okumaya dayanarak, sol ideolojik dinamiklerin toplumsal vicdandan dışlanmış yöntemlerini diri tutarak halkın seçeneksizleştirilmesini esas alır.*"

Medyada, o yöntemleri esas alan yüzleri görünürleştirirken, yine bahsettiğim yöntemlere dayalı direniş ve mücadele biçimlenmelerinin önünü açarak görünürleşmesini sağlar.

Ve her yeni hareketlilik, Neopopülizmin kültürel hegemonyasının tesir ettiği milyonlarda aynı bilinçaltını tetikler.

Cumhuriyet mitinglerinden tutun, tüm bu yaşanan süreçler; iktidara karşı çıkan kitlelerde heyecan yaratırken, çok ilginç biçimde; iktidara destek veren kitlelerde ciddi kaygılar yaratmıştır. Bu kaygılar, bir süre sonra; kendiliğinden örgütleyicileşen bireylerin oluşmasını sağlamış, kaygılara dayalı olarak sürekli olarak eskinin kötülüğüne atıflar içeren propagandalar yapan yurttaş profilleri görülmeye başlamıştır.

Bu da Neopopülizmin gizemidir.

Fakat, her ne olursa olsun; popülizm devasa kitleleri dönüştürüyorken; yeni gelişen sosyolojik dinamikleri kavramaktansa, tam da bir kitlesel kaygılanışı örgütleyecek düzeyde romantik tavır alan Türkiye solu, esasen önünde bir fırsat daha olduğunu bilmelidir.

Cumhuriyet Halk Partisi, bu kitlesel kaygılanıştan esinlenerek önce merkeze, akabinde muhafazakar popülizme öykünen bir siyasal hatta çekilmemelidir. Sosyal Demokrasiyi güncelleyerek, popülizme panzehir niteliği taşıyabilecek bir yeni ve kapsayıcı sol siyaset biçimini inşa etmelidir.

Kitabın bu bölümüne kadar vurguladığım temelde, kültürel hegemonyasını gerçekleştirmiş neopopülizme karşı, bu popülist iktidarın kavramlarını kullanan ve kendi alternatif bütünleştirici kimliğini yaratamayan bir siyaset biçimi tercih edilmemelidir.

Siyasi kadroların meselelere bakış açısı, tarihsel ve politik maslahatları bağlamında gelişir.

İdeolojik hadiseler olarak görülmesi gereken bu tür süreçler, toplamda bu tercihler ışığında bazen büyük kırılma ve çözülmelere de yol açabilirler.

Tüm bu tartışmayı, bu başlığın altında incelediğim *"hümanizm"* ile ilintilendirdiğimde maksat daha görünür olacaktır. Hümanizme dair felsefi eleştirilerimizin akabinde, hümanizm kaynaklı bir politik hat olan sosyal demokrasiyi baz alarak ideolojik çözüm aramak bir çelişki olarak görülebilir. İşte tam da bu noktada köklü bir revizyondan bahsedeceğim.

Hümanizmin yarattığı individüalizm (bireycilik) ekseninde modernleşen insan, bütün yönleriyle Popülizme adaptasyon açısından son derece uygun bir formasyona sahip olmaktadır.

Bu durum; "kamucu, kolektif bir felsefi arkaplandan ziyade, bireyselci/hümanist bir arka plan üzerinden şekillenen değerler farklılaşması ve aslında ihtiyaçlar algoritmasını bütünüyle bireyselleştirme tehlikesi barındırmakta, Popülist iktidarların bireysel ihtiyaç parametrelerine ve hafızasızlaştırılan bireyin şahsına münhasır değerler sistemine temas etmesi kolaylaşmaktadır.

Oysaki Doğu toplumlarının en belirgin özelliği olan kamuculuk ve kolektifleşmecilik; gerek değerlerin korunaklı bir çepere sahip olmasını, gerekse bireysel haklardan ziyade toplumsal sorumlulukların öncelenmesini sağlar.

Bu durum da Popülizmin çok daha zor nüfus etmesini sağlamaktadır.

Nihai olarak Popülizmle mücadele açısından ideolojinin kendisine dönüşen kamuculuğun varlığı, iktidar değişikliklerinin mümkün olmasının önünü açmaktadır. Yani Türkiye açısından Popülizmin geleceği, Batı Avrupa ile mukayese edilmesi halinde çok daha kısa ve çöküşe yakındır diyebiliriz.Çünkü Popülizmin panzehiri "*kamuculuktur.*" Ve doğu toplumları "*kamucudur.*"

Çünkü, Türkiye'de yaygın yaşayış ve kültürel birikim açısından halk; doğunun tarihsel kamucu dinamiklerini içselleştirerek, temelde ideolojik etkileşime ve kamucu mücadeleye açık hale gelmişken, Batı Avrupa sahasında ise bireyselciliğin tesiriyle kalıcı bir siyasetsizleşme sendromunun çok daha kritik bir siyasal krize evrilme istidatı içerdiğini söylemek son derece mümkündür.

Dolayısıyla, sosyal demokrasi ya da nasıl adlandıracaksak; hangi olgu ile revize edilecek sorusunun temel cevabı; "*doğu kamuculuğu ve Anadolu kimliği*" diyebiliriz.

Çünkü Popülist iktidarın küçük küçük parçalara ayırdığı halkın esasen bütün farklılıkları, tarih boyunca defalarca büyük bir kemalat ile tölare edilmiş, defaatle uzlaşılmış ve müşterek yaşam idealine üstelik kamucu gelenek korunarak devam edilmiştir.

Aslına bakarsanız, eğer bir dış mihraktan bahsedeceksek; "*o mihrakların birinci hedefi tam olarak budur.*"

Çünkü bu ruh kökü, hem İslam adına, hem Budizm adına, hem de Şamanizm adına; bunların hiçbiriyle savaşmaksızın aynı şeyi söyleyebilmiştir. Söylenen söz; "*eşitliktir.*"

Elbette bir idealizm çağrısı yapmayacağım.

Ama şunu söylemek isterim; "bütün bir batı tarihi boyunca, dini referanslar ile kamucu ve eşitlikçi bir mücadele örneğine pek tanık olamayız. Bir pasifist olarak Rahibe Teresa örnekliği dışında, gerçekleştirilememiş bir kişilik yapısına duyulan özlemden ibaret kalan bir Spartaküs özelinde sözler söylemek mümkündür. Stoacılardan, Protestanizme varıncaya kadar; kamucu ve eşitlikçi bir mücadelenin dinsel referansları baz alarak türediği bir örnekliği görmek neredeyse olanaksızdır.

Fakat bu soruyu Doğu toplumları özelinde sormamız halinde; Bedrettin'den Hallac'ı Mansur'a, Karmatiler'den, Ebuzer'el Gıffari'ye, Hz.Hüseyin'den, Hacı Bektaş'a, İmam'ı Azam'dan, Ahmed İbni Hanbel'e varacak olağanüstü ciddi bir mücadele tarihiyle yüzleşiriz. Toplamda bu mücadele örnekliklerinin büyük bir kısmında; Marx'ın 19. Yüzyılın sonlarında formülize ettiği yeni üretim ve mülkiyet ilişkilerini asırlar önce, henüz Marx söz konusu değilken görmek mümkündür.

Hamdan bin Karmat öncülüğündeki Karmatiler hareketinde *"at ve kılıç"* dışında mülkiyet edinmek yasaktır. Üretimden edinilen artı değer *"refik/yoldaş"* denilenlerce paylaşılır. Anadolu tarihinde yer alan çıkışları saymama ve örneklememe gerek dahi yoktur.

Neden buna değiniyorum peki?

Batı tarihinde böyle bir politik hareketliliğin olmamasının temel nedeni, hümanizmin ve rönesansın yeni insan profilinin kamuculuğa kapalı olmasıdır. Düşünün ki, batılı bir ideoloji olan Marxizm de devrimini ancak doğuda yapabilmiştir.

Çünkü doğu toplumları gerek kültürel birikimleri, gerekse yaşam biçimleri açısından kamucudur.

Ve kamucu ideolojilerin inşasında her safhada pozitif katkı sunma eğilimine sahiptir.

Peki böylesi bir gerçeklik varken niçin Türkiye'de sol bir iktidar zemini yaratamadı?

Benim görüşüm; insani karakteristiği birbiri ile mutlak uyuşmazlık arz eden Batı ve Doğu toplumlarında farklı tezahür eden *"değerler sistemine"* yönelik bakışın tek tipleştiği bir *"sol yöntem"* bu kırılmayı beslemiştir.

Yani, toplamda bireyciliğin yeşerttiği ihtiyaçlara dönük olan katolisizm ile köleliğe karşı çıkışın bayrağı olan İslam aynı kefeye konuldu.

Saint Paul ile Ebuzer, Luka ile Ali, Marcos ile Ömer aynı sandukanın içine sıkıştırıldı.

Ve tarihsel meteryalizmin rasyonel gerçekleri; adeta bir sınıf bilinci kazanma sopasına dönüştürülerek, değerler ile kavgalı, dolayısı ile bu kavgadan beslenerek değer ticareti yapabilecek Popülistlerin elini güçlendiren bir okuma; sol adına icra edildi.

12 Eylül öncesi yöntemlerden bahsederken işin merkezine bunu koymak gerektiğini söylemeliyim. Dolayısıyla, bir yenilenmeden bahsedilmesi halinde; kamucu değerlerce sarmalanmış, halkın içinde, evinden, ekmek pişirdiği tandırından seslenen bir yeni sol politik hareketlilik örülmeli ve Popülizmin karşısına; toplumun tüm farklılıklarını kucaklamış, iddialı, somut biçimde geleceği tasarlama vizyonunu ortaya koyabilen, kendinden emin biçimde çıkmalı ve galibi belli olan bu maç mutlaka oynanmalıdır.

O maçın mutlak galibi *"politika"* olacaktır. Benim inandığım yeni söz budur.

Ve yeni söz, yeni eylem biçimini, Popülizmle mücadele gerçeğine binaen; yeni örgütlenme anlayışını kurabilecek tutarlılıkta şekillenmelidir.

Esasen, solun ekonomi-politiğiyle, Anadolunun kamucu dinamiklerinin örtüşmesine hatta fotokopi niteliğinde olması gerçeğine binaen, tandırın, minberin, seccadenin, postnişinin, türkülerin ve barışın içinden konuşan, içsel bir yeni siyasal söylem ve kişilik yapılanmasının tesisini işaret eder bir niyetle söylüyorum tüm bunları.

Bu yeni siyaset biçiminin popülizmce adeta tarumar edilmiş Türkiye siyasetine nefes vermesi dahi, çökmekten başka sonu olmaması nedeniyle kriz ve çalkantılar çağına giren ve huzursuzluk yayan neoliberal, piyasacı ve değerleri tüketerek değersizleştireceği toplumun nefretinde boğulacak olan Popülizmin sonunu getirebilecek ana mücadele hattı bu olacaktır.

Halkın tarihi ve kültüründe karşılığı olan her kamucu çıkış, hızla kendi kültürel hegemonyasını örgütleyebilme avantajıyla nefes verir siyasete.

Çünkü halihazırda *"popülistlerce örtülen"* kamucu gelenek ve dinamikleri sahiplenmesi nedeniyle, toplumsal vicdanda hızlıca bir pozisyon bulur.

Ve elbette; evvelce belirttiğim güçlü örgütlenmenin vitrine çıkarak; popülistlerce yaratılan kaygı ve içi boş korkuları giderici bir güven telkin etmesi, geçmişin hatalarıyla yüzleşen; özeleştiri mekaniği çalışan bir tutumla samimiyet zerk ederek yola düşmesi, olağanüstü kısa bir vadede güçlü bir değişimi gerçekleştirme potansiyeline sahiptir.

Popülistler *"hep böyle"* yenilmiştir. Ve ancak *"böyle"* yenileceklerdir.

Bidon Kafalılar ve Göbeğini Kaşıyan Adam

◎◎◎

Başlıkta yer alan ifadeler yabancı olduğumuz ifadeler değil. Hali hazırda, bir önceki bölümün içeriğinde anlatmaya çalıştığım; "*aydınlanmacı bireyselci*" Batı Avrupa deneyim ve tecrübelerine dayan bir modernleşme arayışının, Doğu'lu bir toplum olan Türkiye halkının tarihsel ve kültürel birikimine yönelik bir şartlanmışlık ve önkabul ile yaklaşmasından kaynaklı ifadeler olarak tanımlamak gerekir bu söylemleri.

Biraz örneklendirerek açmak isterim.

Başa sarılan sarık; esası itibariyle bir kamucu eylemselliğe geçiş halidir.

Derviş addedilen kişilik yapılanmasının bütün dünyevi arzuları terk ederek, sınıf intiharı gerçekleşmesi akabinde; kefen bezini başına sararak mülk edinmeyerek ve var olanı paylaşarak hayatını sürdüreceğini ilan etmesidir.

Sarık; tamamen ekonomi-politik ve devrimci bir eylemsellik haline geçiştir. Kefen dışında mülk edinmeme prensibiyle, zühd; yani yaşamsal ihtiyaçlarla sınırlı bir modellemeyi benimseme ilan ve propagandasıdır.

Elbette, tarihsel bir sorun olarak iktidar ve ilkel Popülizmin önceki bölümlerde ifade ettiğimiz gibi "değerlerin anlam ve içeriğine yönelik müdahil tavrı," böylesine tehditkar bir eylemselliği içeriksizleştirmiş etmiş, sarık; bir statü ve hegemonya aracına dönüşmüştür.

Kritik soru şudur; "*sarığı bir varlıksal değer addeden kitlelerle iletişim açısından doğru metot ne olmalıdır?*"

Yozlaştırılarak anlam kaybına uğratılan bu objeyi tümüyle reddederek iletişimsizliğe mahpus olmak mı?

Yoksa, bu ve bunun gibi yüzlerce kamucu sembolün özünün anlaşılmasını sağlayacak kapsayıcılıkta seslenmek mi?

Hangi yöntemin ve pratiğin etkili olacağına karar vermek pek güç olmasa gerek.

Tarihsel meteryalizm açısından toplumsal, kültürel ve siyasi fenomenler; maddi olguların üretim tarzına göre biçimlenmiştir. Altyapı-üstyapı tartışmamızı hatırlayalım.

Bu yönüyle tarihsel meteryalizm, tarihsel olay ve süreçlere ilişkin açıklamalarında nedensel önceliği ekonomik altyapıya verir.

Keza, tarihin olağan akışı içerisinde fevkalade tutarlı bir bilimsel yöntem olarak değerlendirmemiz gerekir.

Fakat; tarihsel meteryalizm açısından toplumsal fenomenlerin bir bütün olarak yapısal bütünlük arz ettiği ve dolayısıyla kültürün, din, sanat ya da siyasi fenomenlerin kendi başına değerlendirilemeyeceği ortaya koyulur.

Bu çerçevenin akabinde bir olgu olarak şunu ifade etmek isterim, ekonomik altyapının üstyapı yani toplumsal fenomenleri şekillendirici, belirleyici gücünü hiçbir kriter ya da koşulla filtrelemeksizin kabul etmenin ekonomizmi yarattığı aşikardır.

Burada bir filtre olarak "*tarih*" çok önemlidir.

Bir inanç, din ya da düşünce; bugün yaşandığı şekliyle sınırlı değerlendirilemez. O yaşayışın mutlak bir tarihsel derinliği vardır. İşte gerçek bir devrimci; o tarihsel derinleşmeyi yapar, o yaşayışın "*kamucu, ortaklaşmacı*" köklerini tespit eder. Ve artık o yaşayış, din ya da düşünce; devrimci mücadelenin temel referanslarından biri haline gelir. Bu izahımın iyi değerlendirilmesi şarttır.

Ve tartışmayı esasen tarihsel meteryalizmin derinliğine de indirgemeksizin, belirli önkabul ve şartlanmışlıklar bağlamında ele almanın sonucu olarak yaşadığımız travmatik krizlerden örnekler getirmek isterim.

Askeri darbelerin popülist karakteri itibariyle, esasen çözümlenebilecek bir sorun iken; adeta bir bölgesel istikrarsızlaştırma krizine dönüşen Kürt sorununu doğuran inkar politikaları, "*biz ve onlar*" Popülizminin ürünüdür.

Yine, 28 Şubat ve 28 Şubat'ı yaratan mental çürümüşlüğün, Popülist bir yöntemle "*vatanseverler ve şeriatçı gericiler*" kutuplaşmasına yaslandığı yakın tarihi hatırlatmak isterim.

AKP Neopopülizminin besin kaynağı olan 28 Şubat popülizmi, "*aydın, siyasetçi, sanatçı*" ayakları olan, kültürel hegemonyasını tesis etmiş bir popülist hareketlilikti.

Fakat, iktidarlaşan popülist siyasetin farklı bir popülist hareketlilikle yıkılamayacağı tezimize binaen, 28 Şubat'ın AKP'yi nasıl bir karşı neopopülist dalga olarak yarattığını izah etmeye çalışalım.

28 Şubat popülizmi, Popülizmin doğası gereği bir "*elitler ve monşerler*" eleştirisi içermiyordu.

Daha çok "*dindarlığa ve dindarlığı örgütlülüğüne yönelik*" karşıtlığa dayanmaktaydı.

Dolayısıyla, halkın kendi yanında pozisyon almasına olanak verecek bir muhtevası yoktu.

Hali hazırda, AKP'nin 15 yıldır sürdürdüğü söylemi esas alarak, halkı "*dindarlar ve laikler*" şeklinde polarize edip, AKP için ideal siyasal zemini adeta altın tepside sunmuştu.

28 Şubat'ın en büyük zararı, Cumhuriyet Halk Partisine olmuştur. Çünkü, 28 Şubat; kültürel hegemonyasını, "*Kemalizmle*" ilişkilendirdiği bir siyasal çerçeve üzere kurmuş, adeta toplumsal vicdanda kurucu irade ve siyasete yönelik tepkinin örgütlülüğünü büyütecek bir krize yol açmıştır.

Ve hemen akabinde, halkı bu elit, monşer, "*dine karşı*" anlayıştan kurtaracak bir politik mehdi figürü olarak AKP, iktidara gelmiştir.

Ve AKP Neopopülizmi, 28 Şubat'ı iliklerine kadar ifşa ederek,- toplumsal vicdanın öfkesini dindirmiş, muhafazakar kitlelerin konsolidasyonu açısından çok kritik bir fırsatı gole çevirmiştir. Yani muhafazakar sağ popülizm golünün asisti; 28 Şubat'çılarca yapılmıştır.

Şu halde, bir popülist hareketliliğin yaratacağı "*biz ve onlar*" tanımı, bazen tam da karşısındaki popülist hareketliliği iktidara taşıyabilir. Bu durum popülistlerin halkı ne kadar tanıdığı ile doğru orantılıdır. Bazen kutuplaştıran, etrafına azınlığı topladığını anlayamaz. Ve yarattığı "*karşıt çoğunluk,*" popülist bir muhafazakar iktidara gelişe yol açabilir.

Bu noktada, AKP iktidarıyla birlikte, 28 Şubat'ta "*mollalar İran'a sloganı*" atanların yenilgisi, oluşmuş olan kutuplaşmanın derinleşmesine yol açmıştır.

Bu durum kaybedenler açısından bir özeleştiriden ziyade, intikam ve geri kazanmayla güdülenmiş bir ideolojisizleşme süreci yaratmıştır.

Bu süreç, mutlak önkabullerden ibaret söylemlerle; halka ait olan ve Popülist iktidarca yozlaştırılan değerlerin tümüyle reddine dayanan önermeler içeren bir karşıtlığı örgütledi.

Bu durum beklenenden çok daha kısa bir süre içinde Türkiye büyük kitlesel blokların birbiriyle iletişimini kopardığı devasa bir toplumsal kopuş sürecine girmiştir.

Bu süreçte, iletişim koptuğundan; mahalleler arasındaki duvarlar kalınlaşmış; mahalleler birbirlerinde gelişen dönüşümleri takip edemez, ölçümleyemez hale gelmiştir.

Bu durum; büyük parçayı kontrol eden popülist iktidarın işine gelmiş, duvarı kalınlaştırdıkça, mahalleler arası etkileşimi sıfırladıkça, hegemon olduğu mahallede gerçekleşmesini arzuladığı mental dönüşümü çok daha rahat ve hızlı hayata geçirebilme olanağına erişmiştir.

Bu Türkiye'nin kurulduğu günden beri bu boyutta gerçekleşebilmiş tek kopuştur.

Keza, 68 hareketliliği içerisinde dahi, İslamcıların sol ile münasebeti sürmekte, solcular Garaudy'ler, Sıbai'ler okurken, İslamcılar Hikmet Kıvılcımlı okuyabilmekte idi.

Ve halihazırda bu etkileşimin gücünden duyulan rahatsızlık nedeniyle "*komünizmle mücadele dernekleri kurulmuştu.*"

Buna rağmen böylesi bir kopuş örülememiş, etkileşim süregelmişti.

28 Şubat ve AKP iktidarıyla bıçak gibi yarılan toplumun bir kesimi öteki kesimine düşmanca bakıyor, bir yanda 28 Şubat'ın intikamıyla yanıp tutuşan rövanşizm, diğer tarafta kendisini mutlak sahibi gördüğü devleti kaptırmayı kabullenememiş bir seçkin

kibri arasındaki çatışma; "*bidon kafalılar ve göbeğini kaşıyan adam*" betimlemelerini doğuracak düzeysizliğe erişmişti.

Esasen bir FETÖ kumpası olan Ergenekon ve Balyoz davalarında, Genelkurmay Başkanının tutuklayacak kadar pervasızca davrandıran özgüven, bu çatışmanın askeri darbeler tarihini içerdiğini gördüğünden böyle rahat davranabiliyordu. Yarılan toplum, elitler ve monşerlerle mücadeleye girişmişti. Ve ordu bu kategorideydi.

Siyaset kurumu da, yeni durumu kavrayamadı.

Çarşaf giyen bir kadına rozet takarak etkileşim kurma hesabı, esasen "*bugüne kadar inkar ettim*" algısını besliyor ve samimiyetsiz addediliyordu.

Siyaset bu son derece tehlikeli popülist dalga karşısında; bir ideolojik hatta çekilip, dalgayı kırmak yerine; benzerleşmeyi tercih ederken, aydın görünümlü bazı kişi ve kurumların 28 Şubat'a ait söylem ve eylemleri sürdürmek suretiyle pozisyon alması, dalganın ve öfkenin büyümesini ve nihayetinde bir infial halinin oluşmasını sağlamıştı.

Nitekim gelinen noktada; "*28 Şubat'ta, başörtülü kız görünce rahatsız oluyorum diyen akademisyenlerden; başı açık kız görünce rahatsız oluyorum diyen akademisyenlere varan bir aynılaşmış zulüm dönemi içerisindeyiz.*"

Vahim olan ise, 15 yıllık iktidara rağmen; 28 Şubat'ın bir benzeri şekilde konuşarak aynı işi yapan söylemlerin, muhafazakar mahallede tepki görmemesidir.

Bu durum; rövanşizmin sona ermediğini gösterir.

15 Yıldır aynı düzeyde süren bu hissiyatın kökeni nedir peki? İktidar olunmuştur ama öfke dinmemiştir. 15 Yılı devirdiği halde ve neredeyse tüm devleti ele geçirdiği halde öfkesi dinmeyen bu kitlenin öfkesinin kaynağı nedir?

Elbette iktidarın sürekli bu karşıtlığı beslemesi temel faktördür.

Ama burada daha önemlisi, siyasal muhalefet etme biçimlerinin sık sık 28 Şubat'a ait bilinçaltını tetiklemesinden kaynaklı olarak öfkenin dinç ve dinamikliğini koruması da diyebiliriz.

Elbette Popülizmi tahlil etmeksizin yürütülecek bir siyasal mücadele, kendi tabanının ihtiyaçlarını giderme kaygısıyla; 28 Şubat bilinçaltını sürekli dinç tutacak krizlere savrulabilir.

Ortaya; ortadan ikiye ayrılmış ve kat'i suretle artık aynı dili konuşamayan iki bloktan oluşan bir toplum çıkar.

Bu ortamda seçimler; kampanyalarla kazanılacak süreçler olarak görülemez.

Öncelikli olarak yaşanan bu derin krizin çözümlenmesine dayalı bir normalleşme ve akabinde siyasal ortaklaşma ile aşılabilecek, ciddi bir kriz olarak değerlendirilmesi gereken bir süreçtir.

Lakin burada temel avantaj; Popülizmin bir ideolojik temelde kitleleri manipüle etmeyişinden kaynaklı olarak, büyünün bozulup sis perdesinin dağıtılabilmesi halinde çok hızlı bir normalleşmenin gerçekleşebileceği hakikatidir.

Dolayısıyla, neopopülist AKP iktidarının kültürel hegemonyasını tanımlarken; ısrarla 28 Şubat'a ait argümanlara dayanarak telkinde bulunan çevrelerin de bu hegemonyaya katkı sunduğunu, hatta popülistlerce tetiklenmesi gereken korkulara dayanak olması açısından en büyük katkıyı sunduğunu söylemek gerekir.

Bölümün başında irdelediğimiz hususlara dönersek, bu yönleriyle "*yeni bir siyasal tutum*" olarak, korkularca çevrelenmiş kaygı ve endişelerin tümüyle giderilebileceği hattı sağlıklı kurma ihtiyacına değinmek isterim.

Tam bu noktada Ebuzer el Gıffari örneğine atıf yaparak, İslam tarihinin bu önemli isminin; "*geceleyin aç sabahladığı halde, kılıcını çekip sokağa fırlamayanın aklına şaşarım*" sözünü birlikte ele alalım. Ebuzer, ilk Müslümanlardandır. İslam dininin "*ihtiyaç fazlası mal tutmayı yasakladığı*" görüşünü savunmuştur. Yaşamının sonuna kadar güç, otorite ve iktidarla mücadele etmiş, servetin sosyalizasyonuna atfen çok sayıda söz söylemiştir.

İslam Peygamberi Hz.Muhammet'in en yakın dostlarındandır.

İslam'ın bir ekonomik önerme ihtiva ettiği vurgusuna dayanarak, somut bir mücadele örgütlemiştir. Mücadelesinde, yoksulları arkasına alarak; İslam adına zenginleşenlere karşı çıkmıştır.

Kendisi ile ilgili olarak Ali Şeriati tarafından çevrilen Ebuzer adlı eserin okunmasını öneririm.

Şimdi kritik soru şu; "Ebuzer'i şartlanmışlıklara dayalı önkabullerle şeytanlaştırdığımız sarığı üzerinden tanımlayıp; gerici, bağnaz ve tehlikeli mi addedeceğiz?

Yoksa, yaşadığı toplumun ekonomik ilişkilerine ve üretim biçimine itiraz ederek, kamucu ve eşitlikçi bir önerme sunması hasebi ile "*devrimci, ilerici mi göreceğiz?*"

Tarihsel meteryalizmin ve bilimin ışığında baktığınızda Ebuzer bir devrimci, Popülizmin ve şartlanmışlıkların gölgesinden baktığınızda ise; korkulası bir şeriatçıdır.

Ebuzer'in "*devrimci bir kişilik*" yapılanması olduğunu idrak ile hüküm koyan bir anlayışın, Popülistlerce "*manasından kopartılarak bir pasif sufi gibi anlatılan Ebuzer'i*" fevkalade önemseyen geniş kitlelerle etkileşim ve iletişim açısından fevkalade önemli bir "*ortaklaşma*" hattı oluşturacağı bir hakikat değil midir?

Ebuzer üzerine yürütülecek bir mülahazada, Popülislerce içi boşaltılsa da, tarihin ve kaynakların aleniliğine dayanmak suretiyle, Ebuzer özelinde bir "*kamucu uzlaşıyı*" örmek ve bu uzlaşı temelinde; kamuculuğu/ortaklaşmacılığı büyütmek gibi tarihi kritik bir mutabakatı sağlamak mümkün değil midir?

Her konuda ayrışan kitlelerin, üzerinde mutabık olmaya başladığı olguların çoğalması; Popülizmin yıkılışının başlangıcıdır.

Dolayısıyla, önceki bölümlerde izah ettiğim bilgiler ışığında şunu ifade etmek gerekir: "*Türkiye'nin değişmesinin tek yolu, Türkiye'yi değiştirmek isteyenlerin değişmesidir.*"

Bu değişim, ilkelerden ya da seküler devlet modellemelerinden vazgeçmek, geri adım atmak değildir.

Toplumsal ve tarihsel mutabakatı asırlarca tesis etmiş müştereklerin güncellenerek, bir ortak politik bütünleşmeyi sağlayacak temelleri oluşturabilmesidir.

Esası itibariyle, eşit ve özgür bir geleceği tasarlarken, hayatın içinde müspet karşılığı olmayan kaygılar pompalayan bir iktidarla mücadele, ezber bozmak; hakikatin rengi ve kimliğine bakmasızın kabul etmek, gerilen yürekleri ferahlatacak derece yüksek bir ses ile; kurucu ve inşa edici özeleştiri mekaniğini işletmek hayatidir.

"*Devleti ben kurdum, devlet benim*" kibrinden arınmak suretiyle;

ötekisiz BİZi yaratabilme adına en üst düzey gayret, elbette herkesin istisnasız suçlu olduğu bu ortamın akillerine düşmektedir.

Ve değişimi rövanş alma adına talep edenler ile, rövanşizmi tamamen yok edecek bir bütünleşmeyi amaçlayarak talep edenler arasındaki kalın çizgileri belirginleştirmek gerekir.

Zora zor, zulme zulüm, şiddete şiddet değil; şiddete karşı barış, zora karşı hoşgörü ve kutuplaşmaya karşı beraberlik.

Tek yolumuz, formülümüz budur. Ve yüz yüze, cemal cemale; "*güçlendirilmiş örgütselliği*" inşa ederek, geleceğe dair söz söyleyerek; ötekisiz bir tasarımı belirginleştiren bir yeni siyaset etme biçimi dışında bir çözüm ve seçenek söz konusu değildir.

Aynı dili konuşamamanın etkisiyle, Popülist iktidarın "*hainleştirerek*" ötekilediği muhaliflere öfke kusan kitlelerle; aynı, öfkeli ve o kitlelerin ötekilendiği ibarelere dayalı bir etkileşim, blok hesaplarıyla gidilen seçimleri doğurur. Suşi'yi hiç yemediği halde "*anlatılanlardan kaynaklı*" olarak yiyemeyen bir insana zorla Suşi yedirmek gereksizdir. Amaç karnın doymasıysa, iyi bir ızgara balık iş görecektir. O arada Suşi üzerine keyifli sohbetler de gerçekleştirilmesi mümkündür.

Bu oluşmadığında ne olur?

İktidar partisi; "*benim cepte 45 var*" der. Muhalefet partileri; "*bende 25, bende 10, bende...*"

Topla, çıkart, ekle, böl ve kazan?

Bu matematiğin üzerine halkın ve geleceğin kazanması beklenebilir mi?

Elbette hayır...

Unutmayalım, ne birimiz hainiz, ne birimiz bidon kafalı.

Ne de göbeğini kaşıyan adam...

Biz, ötekisiz biziz. Ötekisiz, ama farklı. Ve birbirinin farklılığında kendisini görebilecek erdem, hoşgörü ve sevdaya sahip yüreklerimiz.

İnanıyorum ki, başaracağız...

AKP Popülizminin Temeli; "Tarihselcilik"

Recep Tayyip Erdoğan'ın kürsüye çıkıp "*CHP Dersim ile yüzleşsin*" dediğini işittiğimde çehremde bir gülümsemenin tecelli ettiğini söylemişti en yakınımdaki arkadaşım.

Keza Erdoğan, gerek siyaset yaşamının tamamında ortaya koyduğu mezhepsel tutuculuğu, gerekse politik eğilimi nedeniyle; Dersim ve çevresindeki yaşayış ile düşünüş şeklini onaylamayan biri olarak bir yüzleşmeye çağrı yapmaktaydı.

Esasen burada yapılan şey, Dersim'de yaşananlar üzerine bir yaklaşım geliştirmekten ziyade, Cumhuriyet Halk Partisi ile ilişkilendirilen sürecin tartışılma zeminini kullanarak bir "*elitler ve monşerler*" hedeflemesi kurabilmekti.

Keza, ihtiyaç duyduğu şey; "*Beyaz Türk, elit ve monşerlerden oluşan*" bir siyasal akıl yaratarak onunla kavga etmekti. Keza Popülizmin besin kaynağının bu olduğunu geçmiş bölümlerde çok net biçimde ortaya koyduk.

Peki bunu neden yaptı?

Kimliğindeki memleket hanesinde "*Tunceli*" yazan vatandaşların memur olamadığı bir ülkeyi yöneten Erdoğan, neden böyle bir hamle yaptı?

Biraz geriye gittiğimizde, belki birçok kişi tarafından popülizmce fırsat görüleceğini düşündürtecek bir örneği hatırlatmak isterim.

Bir Cumhuriyet Halk Partisi kurultayı yapılmıştır, kürsüde Muharrem İnce ve Kılıçdaroğlu'ndan son derece kitleyi cezbedici konuşmalar sergilenmiş ve bir an; belki de Erdoğan'da çok derin bir kaygı yaratan o kelime Kılıçdaroğlu'nun ağzından çıkmıştır. Nedir o söz?

"Ben Dersimli Kemal'im, devrimci Kemal'im..."

Popülizm adına köylünün, halkın yanında olan Erdoğan'ın karşısına, bir köylü, köy çocuğu çıkıvermiştir.

Alevi kimliğine rağmen, bu durum son derece tehlikeli ve kabul edilemez bir durumdur.

Çünkü köylülüğün ve kır motivasyonunun kimlikler üstü bir üst kimliğe dönüştüğü Anadolu hinterlandında bu durum bir dip dalgasına neden olabilecek riskler taşımaktadır.

Düğmeye basılır, Dersim'li Kemal ile Dersim arasında bir çelişki yaratılmaya çalışılır.

Böylece artık Dersim'li Kemal, Dersim'liliği kimlikten ibaret bir kent elitine dönüşecek, elitokrasinin mirasını, kültür ve geçmişini inkar edercesine sahiplenmiş bir siyasi monşer olarak kodlanacaktır.

Yaratılmış olan motivasyon tam olarak budur...

Elbette Dersim olaylarına dair bir tarihsel açıklama yapmayacağım bu çalışmada.

Yaşanan acıların, ızdırap ve hüznün; bugün aktarıldığı sorumluluk dairesini aşan, çok daha geniş bir mutabakatla icra edildiği gerçeğini bilen biri olarak, buna dönük bir tartışma açmayı kitabın amaçları açısından ana gündemin dışına çıkma olarak değerlendiriyorum.

Verdiğim örnek bağlamında, yine sihirli ifadeler içeren birkaç örnekle devam edelim.

Yine gündem yoğundur ve Erdoğan her zaman olduğu gibi kürsüden konuşmaktadır. Milletin adamı, millete aşkla bağlı o yiğit vatan evladı milletine seslenmekte, onları ne kadar sevdiğini anlatmaktadır. Bir anca ilginç bir ifade kullanır; *"İslam'ı güncellemek gerektiğini"* söyler.

Hemen ertesinde, neopopülist iktidarın medya hegemonyasını oluşturan gazetelerce konu ele alınır. Ve kısa bir süre sonra Erdoğan; kastının bu olmadığını ifade eder.

Neopopülist iktidarın totemi haline gelen, her kelimesi, her konuşması promterlerle gerçekleştirilen bir lider; neden böyle bir söz etmiş ve geri adım atmıştır.

İşte tam olarak iktidar; kültürel hegemonyasının gücünü test etmekte ve ölçümlemektedir. En radikal eylem ve söylemlerin dahi ne ölçüde tepki göreceği ve popülizmce iktidara eklemlenmiş kitlelerin davranış, düşünüş şekilleri ne ölçüde dönüştürülebilmektedir.

Keza, sürekli olarak kendisi dışındakilerin tümünün İslam'a düşman olduğu söylemine dayanarak yaratılan tekilliğe sığınmak suretiyle, halkın; "*güncelliyorsa da iyi birşeydir*" şeklinde düşünmesini sağlayabilmenin girizgahlarıdır bunlar.

Bu durum; "*kabullenilmiş otoriterizmin*" temellerini örgütleme faaliyetleridir.

Son derece sistemli, akılcı ve bilimsel çalışılmış, tesadüf olmayan ve sosyal bilimcilerce temellendirilmiş ifadeler olarak görmek gerekir.

Esasen AKP iktidarı boyunca yapılmış olan temel şey de bu olmuştur. Başta İslam'ı kavrama biçimi olmak üzere, tüm değerler sistemi"*güncellenmiş,*" Popülizmin iktidarına yol açan aygıtlara, nesnelere dönüştürülmüştür.

Öyle ki, İngiliz sömürgeciliğinin bölgede hegemonya kurduğu dönemlerde, sömürgeciliğe ve iktidar tekelciliğine karşı en büyük mücadeleyi örgütlemiş olan İslamcılık hareketi, bir anda iktidar aygıtını tekelleştirmek suretiyle bütün o tarihsel referanslarına yabancılaşmış, hafızasını sıfırlayarak adeta çürüme evresine geçmiştir.

Cemaleddin Afgani'nin, Abduh'un, Seyyid Kutup, İkbal ve Filibeli'nin başını çektiği, sömürgeciliğe karşı mücadele esası temelinde örgütlenmiş olan İslamcılık, sömürgeciliğin işgal ve operasyon aygıtı haline getirilmiştir.

Hatta, ABD işgallerine karşı direnişi örgütleyen politik referansları nedeniyle; "*ılımlılaştırılması*" dahi projelendirilmiş ve Pensilvanya merkezli ılımlı İslam, tam da bu doğal direngenliği kırma çabasıyla çok güçlü bir kültürel hegemonya merkezine dönüştürülmüştür.

AKP ile birlikte, İslamcılığın ontolojik olarak eleştirdiği iktidar aygıtının tekelleştirilmesi bir anda meşrulaştırılmıştır. Nasıl derseniz şöyle izah etmem doğru olacaktır:

"AKP, ilk ve en büyük mücadelesini İslamcılığa karşı vermiş, Popülizmi bir yöntem olarak öncelikle bu sahada test etmiştir.

İslamcılığı bütün tarihsel yöntemlerinden soyutlayarak, iktidarı; sistemin içine girmek suretiyle ele geçirip dönüştürme" teziyle ikna etmeyi başarmıştır.

Bu güçlü propagandaya karşı çıkışı sürdürenler ise tasfiye edilerek alan temizliği yapılmıştır.

Dolayısıyla, İslamcılık artık sistemle, parayla, zenginlikle, lüks ve şatafatla tanışmıştır.

Kapitalizme abdest aldırılmış, yeni elitler ve muhafazakar monşerler yaratma süreci inşa edilerek "*iç evrim*" tamamlanmıştır.

Bir yandan kendi elitlerini yaratırken, öte yandan Popülizmin siyasal yöntemlerinden geri adım atmaksızın, yer sofralarına oturan, saçını ve sakalını değiştirmeyen, dolayısı ile halkta bir sınıf atlama intibasını yaratmayan bir siyasal örgütlenmeile, kadroların en azından şekilsel ve içerik olarak "*elitlerle mücadele motivasyonunu*" sürdüren AKP, mücadelesini bugünlere bu şekilde taşımıştır.

Ve elbette adım adım dönüştürülen toplumun geniş kesimleri; daimi olarak aynı fikirle muhatap edilerek, "*İslam'ın tek kurtuluşunun AKP olduğu, CHP ve benzerlerinin İslam düşmanı olduğu*" düşüncesine yoğunlaştırılmıştır.

Halk kıraathanelerde, AKP kadrolarınca dağıtılan "CHP'nin din düşmanlığı" içerikli metinleri tartışırken, AKP öncesinde Türkiye'de din yaşanmıyormuşçasına yürütülen bu kampanya son derece sağlam bir temele oturmuştur.

İşte tam bu noktada, Popülist iktidarın "*doğal bir argümanı*" olan bu argüman karşısında muhalefet ne yapmıştır? Aslında durumun öyle olmadığını, esasen son derece dindar olduğunu ispat etmeye çalışan eylem ve çıkışlarla bu yapay ve esasen her polemiğin Popülist iktidarı beslediği gündem polemiğine girişerek, AKP'nin yarattığı algı alevine benzin dökme hatalarını zincirleme olarak icra etme yanlışına düşmüştür.

Bu durum, önceki bölümlerde irdelediğim; "*ideolojik hatta*" çekilmeyişten ve alternatif bir Popülist yöntemle netice alınacağı inancının bir sonucudur.

Kur'an'da geçen bir kıssa bu meseleyi anlamamız adına fevkalade önemli bir içerik ihtiva eder.

Birçok okurum tartışmanın bu bölümünde *"Kur'an referanslı"* bir çıkarsama yapmam üzerine, tartışmayı bilimsel alandan dinsel alana taşıdığımı düşünebilir. Zaten bozmaya çalıştığım ezber, tarihsel müştereklerin yeni bir lisanı inşa edeceği inancıma dayanır. Bu yönüyle *"tarihselcilik Popülizmini"* derinleştirme adına ilgili içeriğe geçelim.

Kur'an'ı Kerim'de Firavun anlatılırken çok ilginç bir ikileme yapılır; ***"İla fir'avne ve meleihi"***

Bu ikileme, Firavun ve "kodamanları/domuz gibi yiyen zenginleri" manasına gelir. Burada geçen "mel'e ifadesi Anadolu'da kullanılan manadan farklı olarak, domuz gibi yiyen, doymak bilmeyenler manasındadır. Yani bu zümreFiravun'un aldığı gücü temsil eder. Firavun bu zümre olmaksızın anılamaz. Ne kadar ilginç değil mi? Ve ne kadar günümüze uygun! Ve esasen Firavun Kur'an'daki anlatımlara göre ve kitabımızın girişinde yer alan Popülizm tanımına göre tam bir ilkel popülisttir.

Şimdi bütün dikkatinizi buraya verin;

(TÂHÂ suresi 24. ayet) *"Firavun'a git; çünkü o, azdı."* Ayetin orjinalini okunuşundan verelim; *"İzheb ila fir'avne innehu tağa."*

Tağa, azmak manasına gelir. Haddini aşmak, azmak. Kur'an'da ilk kullanıldığı yerde *"sebebi ile birlikte verilir."* Yani azma nasıl olur sorusu ilk surede ***(Alak Suresi)*** yanıtlanır.

Alak 6 - Kella! İnnel'insane leyatğa

(Hayır öyle değil, insan muhakkak azar)

Alak 7 - En reahüsağn

(Servet ve zenginliği onu başkalarına ihtiyaç duymaz hissettirdiğinde)

Demek ki bu ayette kullanılan "azma vurgusu" ile imkanları elinde toplamak arasında büyük bir ilişki var. İşte Firavun'un azgınlığı da "çevresinde ki mel'e takımından, yani doymaz usanmaz domuz takımından kaynaklanıyor."

Ve Kur'an'ın peygamberlik müessesesi bir kez daha açığa çıkıyor. Bu gibi adamlara git! Bunlar azdılar! Onlarla mücadele et!

Onlarla savaş! İşte bunu bugün kim yaparsa, Peygamberce bir iş yapmış olacaktır. Lakin unutmayalım ki bu işi yapan Peygamberimiz de "*Taif'te kölelerce taşlandılar.*" İşte bu da Firavun Popülizminin kitlesel gücüdür...

(MÜ'MİNÛN suresi 46. ayet) Firavun'a ve kodamanlarına. Ancak kibre saptılar, çünkü kendilerini büyük gören bir topluluktu onlar.

Firavun ve kodamanları, kibre sapmış, kendilerini büyük gören bir topluluktur. İcabında halka "*ananı da al git*" diyebilecek, "*yapılacak diyorsam yapılacak*" gibi emirler yağdırabilecek düzeyde densiz, kibirli, gururlu ve sapıtmış bir zihindir.

Şimdi dikkat!

(KASAS suresi 4. ayet) Gerçek şu: Firavun o yerde egemenlik kurmuş ve ora halkını gruplara ayırmıştı. Onlardan bir topluluğu horlayıp eziyordu: Bu topluluğun erkek çocuklarını boğazlıyor, kadınlarına hayasızca davranıyor/kadınların rahimlerini yokluyor/kadınlarını hayata salıyordu. O gerçekten fesadı yayanlardandı.

Demek ki Firavun, mal-mülk düşkünü kodamanları etrafına topluyor. Orada egemenlik kuruyor, emir kipi ile tamamlanan cümleler kuruyor ve halkı gruplara/sınıflara ayırıyormuş.

Popülizmin tanımını tekrar hatırlayalım; "*biz ve öteki yaratmak.*" Yani Kur'an; Popülistleri Firavun'la ilişkilendiriyor. Yani esası itibariyle, Popülizmin Firavn'i bir yöntem olduğunu vurguluyor.

(YÛNUS suresi 79. ayet) Firavun seslendi: "Tüm bilgin büyücüleri huzuruma getirin!"

Malum kıssa; firavun'un büyücüleri ile Hz.Musa arasında ki düelloyu kapsar. O düelloda Firavun büyücüleri hünerlerini sergilerler. Ve Hz. Musa, onların bütün hünerlerini etkisiz bırakacak bir hüner sergiler. Kur'an dilinde sembolik anlatım yoluyla aktarılan bu bölümde iki kutup vardır;

Firavun büyücüleri ve Hz.Musa. Halkı afyonlayan Firavun büyücüleri bugün Popülizmin enstrümanlarına karşılık gelir.. Musa vuruşu ise, "*hakikat ve isyandır.*" Çünkü Kur'an'da asa kelimesinin diğer karşılığı "*isyandır.*"

Hz.Musa Firavun'a giderek; İsrailoğlullarını serbest bırakmasını söyler. Yani Firavun'un rejimini yıkmak gibi bir öncelik yerine, ucuz iş gücü olan, Firavun'un kodamanlarının zenginliğini arttıran "*işçileri*" serbest bırakmasını ister. Firavun, Musa gibi bir tehlikeyi gördüğü halde, buna yanaşmaz.

Ve düello başlar;

Firavun toplumunun kodamanları şöyle konuştular:

> *"Bu adam gerçekten çok bilgili bir büyücü."*
>
> *"Sizi toprağınızdan çıkarmak istiyor. Ne buyurursunuz?"*

Yetkililer:

> *"Onu ve kardeşini alıkoy, bütün şehirlere de görevliler yolla, usta sihirbazların hepsini senin huzuruna getirsinler."* dediler.

Büyücüler Firavun'a gelip dediler ki:

> *"Eğer galip gelen biz olursak bize iyi bir ödül var mı?"*
> **(A'RAF suresi 109-113. ayetler)**

Firavun toplumunun kodamanları, o toplumu biçimlendirenlerdir.

Onların söylediği söz; spekülasyon gücünü temsil eder. Bugün için karşılığı "*popülizmdir.*" Yalan spekülasyon üreterek halkı Hz. Musa karşısında konumlandırırlar.

Şu ifadeye dikkat buyurunuz;

"Sizi vatanınızdan etmeye çabalıyor bunlar!" Bunlar, malınıza göz dikmiş. Yani "vatan haini" olarak tanımlanan Hz. Musa, halkın vatanına ihanetle özdeşleştirilmekte ve Firavun popülizmi bunu tüm gücüyle anlatmaktadır. Bu ifadelerde en ufak eklemem ve çıkartmam yoktur. İlgili ayetler fevkalade açık ve nettir.

Ve "*alıkoyma*" yani "*tecrit*" süreci başlar. Hz.Musa ve Harun tecritteyken, Firavun'un emri ile; onların tezlerini çürütecek "*sihirciler*" toplanır. Onlara karşı bir kadro üretilir.

> ***(A'RAF suresi 114. ayet) "Evet, dedi, ayrıca siz benim en yakınlarımdan olacaksınız."***

Hz.Musa ve Harun'un ortaya koyduğu tezleri halk nazarında

yok edecek olanlara Firavun bu vaadi sunar. Benim yakınlarımdan, gözdelerimden olacaksınız.

Yani merkezde Firavun'un BEN'i vardır. Firavun'a yakın olmak (yandaşlık) için sihirbazlar başlar saldırılara...

Büyücüler:

> *"Mûsâ! Önce sen mi hünerini ortaya koyacaksın yoksa biz mi koyalım?" deyince Mûsâ: "Siz ortaya koyun!"dedi. Vakta ki atacaklarını ortaya koydular, halkın gözlerini büyülediler, onları dehşete düşürdüler, hasılı müthiş bir sihir sergilediler.* ***(A'RAF Suresi 115-116)***

İşte sihirli ifade budur; *"halkın gözlerini büyülemek suretiyle hünerlerini ortaya koyan"* bu sihirbazlar, halkı Hz.Musa aleyhtarlığına ikna etmeyi başarırlar.

Teknik ayette büyücülerin tuttuğu asanın yılana dönüşmesi gibi bir bahis geçmez. Hünerlerini sergileyip, halkı afyonladılar gibi bir anlam vardır. Halk, büyücülerin yani yandaş gücün ortaya koydukları ile dehşete kapılır. Onlara inanır, felaket bir etki oluşur...

Şimdi dikkatlerinizi veriniz.

Sıra Hz.Musa'ya gelir;

Biz de Musa'ya şöyle vahyettik: *"Hadi at asanı!"*Bir de ne görsünler, asa, onların ortaya getirdikleri şeyleri yalayıp yutuyor. ***(A'RAF suresi 117)***

Daha önce de belirtmiştim. Bu ayette geçen asa (ayın harfi ile başlar) isyan manasına gelir. Ayrıca, bilgi-ilim ve isyan kavramlarının bileşkesidir. Hz.Musa ortaya bilgisini, ilmini, tavrını koyar. Büyücülerin oyunları bozulur. Bütün planları boşa çıkar. Rezil rüsva olurlar. Perişan bir duruma düşerler! Ve Hz.Musa'ya secde ederler! Çünkü onlar güce itaat ederler. Bilginin gücüne itaat ettikleri an, Firavun yine gerçek yüzünü gösterir;

Firavun dedi ki:

> *"Demek siz, benden izin almadan ona iman ettiniz hâ! Şüphe yok ki bu, yerli olan kıbtî ahaliyi yurtlarından sürmek için, sizin şehirde beraberce planladığınız gizli bir oyundur.Ama yakında bile-*

ceksiniz başınıza gelecekleri! Evet, ellerinizi ve ayaklarınızı, değişik taraflardan olarak keseceğim, sonra da hepinizi toptan asacağım!" **(A'RAF suresi 123-124)**

Şimdi tekrar dikkatlerinizi bir noktaya çekeceğim. Bakın; halk Hz.Musa'ya ikna olduğunda Firavun ne der?

"Şüphe yok ki bu, yerli olan kıbti ahaliyi yurtlarından sürmek için, sizin şehirde beraber planladığınız gizli bir oyundur."

Yerli, yurt düşmanlığı, milli... ***Size tanıdık geliyor mu?*** Tek kelime bile eklemeden olduğu gibi aktardığım bu metin, 1400 Yıl önce vahyedilen Kur'an'dandır. Şu ana kadar tanımladığımız Popülizm ile bu kadar örtüşen ve günümüz izdüşümlerini gözlemlediğimiz bu davranış tipolojisini daha iyi anlatmak ne mümkündür.

Firavun (Popülist iktidar), Karun (yandaş sermaye) ve Bel'am (Dinsel, Kültürel Hegemonya)'a ihtiyaç duyar. Bu üçlemeyi nesnel bir olay etrafında tanımlamak gerekirse, Firavun evde yangını çıkartan, Bel'am; evi yanan adama "söndürmeyi terkedip namaz kılmayı telkin eden," Karun'da bu ortamda, yangından malı kaçıran tipe işaret eder.

Görev dağılımları aynen bu şekildedir. Karun'un kazanımları, bu üçleme arasında pay edilir. Firavun yakarak, Bel'am (ruhban) yanmasını sağlayarak sürece katkı sunar. Bel'am, mütedeyyindir. İşi gücü" yanan evin söndürülmesi için oluşacak bir gayreti ortadan kaldırmaktır." Bunun için türlü türlü iş üretir. En büyük zulmü, kutsalı kullanarak yapar. Bu nedenle "Allah ile aldatma haysiyetsizliğini temsil eder."

Ahiret Güzin ablalığı ya da cilalı bir sömürgecilik elbisesi giymiş olabilir. Bu yapısaldır.

Kur'an'a baktığımızda, bu üçlünün mutlaka bir araya geleceği anlatılır. Sömürünün üç temel koludur bu. Firavun (siyasi güç), Karun (iktisadi güç), Bel'am (ruhbanizm) bir araya geldiğinde, ortaya bugün için "abdestli kapitalizm çıkar."

Düne kadar Ya Rabb deyip bugün birden Ya Rant demeye başlayanlar türer. Dün kıssadan hisse alırken, bugün borsadan hisse alanlar meydanları doldurur. Ve sömürülerine rağmen büyücülerin popülist yöntemleriyle halk tarafından itibar görmeleri sağlanır.

İşte bu itibarı yaratan ana damar ruhban yani kültürel hegemonyadır. Yani Bel'am. Bel'am, İdris maskeli iblisliğin, melek suretli şeytanlığın organize halidir ki, yeryüzünün en tehlikeli durumudur. Çünkü siyahı beyaz, beyazı siyah gösterip bunun makbul olmasını sağlayan bir şer koludur.

Bu açıdan baktığımızda günümüzde de faaliyette olan bir tehlike olarak bu teslis; güç, servet ve iktidarı "*tek elde toplama* " *ekseninde faaliyet yürütür. Evi yanarken söndürmeyi bırakıp dua etmeye başlayanların çoğalması ve üstelik; evi yanan adama dua etmesini telkin edenin "hain olduğunun"* görülmemesi durumu belirginleştirir.

Allah'a iman etmenin lafzi bir boyutta kalması, hükmi olanın "*kapitalizm ile amel etmeye dönüşmesi*" durumun egemenleştiğini gözler önüne sermektedir.

Özetleyecek olursak; her Popülist hareket bir Firavun'dur. Karşısında ise ancak Musa olarak sonuç alınabilir. Musa; "bilgeliktir." Yani "ideolojik mücadeledir." Ve yaptığı şey; sihirbazın sihrini bozup, halkı içine düştüğü kutuplaşma cenderesinden çıkartmak olmuştur. Yangına benzin dökmemiş, Firavun ile aynı yöntemleri kullanmamıştır. Tam bir karşı çıkıştır. Bugün de yapılması gereken tam olarak budur.

Firavun örneğinin ışığında birkaç şey daha söylemek gerekirse; "*ortalıkta bizzat yukarıda yer alan ayetler bağlamında*" yürütülen hiçbir anlatım meselenin bu yönüne atıf içermemektedir.

Bu gizlenen, örtülen anlamı ortaya koymak "*güncelleme*" değil, öze döndürmedir.

Güncelleme, bu somut yaklaşımı görünmez kılarak, bir takım yapay manalara üretmektir.

Dolayısıyla, Popülist liderin besin kaynaklarını doğru anlamak gerekir. Ve "*yeni söz*" bu oyunu bozup, sihri yok edecektir. Uğraşılması gereken, popülist liderin yarattığı manşetlere boğulmak değil, halkın gerçekle yüzleşeceği "*gerçek hattı*" kurmaktır. Türkiye bu "*yeni söze*" yakındır ve Popülist parti mutlaka yenilecektir.

Sokağın Siyasetsizleştirilmesi

Belki de yaklaşımımızı en iyi izah edebileceğimiz bölüm olarak "*sokağın siyasetsizleştirilmesi,*" bölümü üzerinde çok ciddi durulması gereken bir bölümdür.

Esasen siyaset dediğimiz süreç, tarih boyunca; emek ile sermaye arasındaki mücadele temelinde şekillendi. Teori, ideoloji, politika, tabir caiz ise bütün politik hareketlilikler bu mücadeleden türedi.

Marxist devlet kuramlarının 2002 sonrasını tahlil etmekte zorlanması, 12 Eylül sonrası siyasetin "*neoliberal popülizm*" temelinde şekillenmesinden kaynaklıdır diyebiliriz.

AKP iktidarı iktidara geldikten sonra iki olguyu kontrol edecek icraatlara girişti. Öncelikle parayı ve akabinde emeği kontrol altına aldı. Parayı; "*hazine ile merkez bankası arasındaki avans hesabı kaldırarak,*" emeği de; "*taşeronlaştırma, güvencesizleştirme, sürdürülebilir işsizlik ve sosyal içerilme olarak ifade edebileceğimiz sosyal yardımlarla*" kontrol etti.

Çalışanlar, borçlanma üzerinden sisteme dahil edilirken, bu sert neoliberal politikalara karşı hoşnutsuzluğu engelleyecek sosyal paylaşımlar ciddi boyutlara ulaştı. Zaten, bu nedenle bu kadar katı bir neoliberal disiplinle hareket etmesine rağmen iktidarda kalabilen bir hareket olarak, bir çok çevreyi yadırgatan bir partiden bahsetmekteyiz.

Çünkü AKP, salt manada neoliberal politikalara dayalı bir süreç yaratmadı. Bir neoliberal popülizm ile, bir takım denge mekanizmaları kurarak, geniş bir kitlesel hoşnutsuzluğun oluşmasını engelledi.

Bu durum siyasetin karakterini de değiştirmeyi başardı. Emekçi kitlelerin atomize edildiği bu yeni ortamda, emeğin siyasete müdahale edebileceği bütün alanlar doğal olarak yok edildi.

Ve buna paralel olarak, yukarıda da ifade ettiğim gibi, siyaset; emek ile sermaye arasındaki bir mücadele olmaktan, hakim sınıflar arasındaki bir mücadeleye evrildi.

Bu hızlı gelişme, siyasetin diline de yansıdı. Ve elit-monşer karşıtı Popülizm kurumsallaşma aşamasına geçti.

Sınıfsal zemini ortadan kalkan siyaset, bir mutlak "*devlet içi güç savaşı*" noktasına evrildi. Gezi gibi kitlesel direnişlerin kısa sürede sona ermesinde de bu değişimin rolünden bahsetmek gerekir.

Siyaset tümüyle sokaktan arındırılıp devletin içine sıkıştırıldığında, devlet içindeki mücadelenin siyasete yön verdiği hadiselere tanık olmaya başladığımız günleri yaşadık.

Emek gücünün bu sessiz tasfiyesiyle birlikte, emek odaklı siyasetin tutunabileceği hiçbir politik gerçeklik kalmadı. İşçiler adına eylem yapanların "*işçisiz*" eylemleri, Popülistlerce kolaylıkla "*kötü niyetli, bozguncu*" girişimler olarak kodlandı.

Bu süreçte yalnızlaşan emek ve demokrasi güçleri; içine itildikleri yalnızlaşmaya paralel olarak artık yeni siyaset için fevkalade güçlü bir araç addedilecekti. Popülist iktidarın gıdası olan ayrışmanın somut yüzüne dönüştürülecek ve sürekli dövüleceklerdi.

Tam da bu önemli, kriz mahiyetindeki değişim yaşanırken; "*yapabileceklerini ancak iktidara geldiğinde gerçekleştireceği*" söylemi ile kendisini sınırlayıp, böylesi bir krizin gelişmesini engellemeyen bir siyasal muhalefetin bu tutumunu da ele almak gerekir.

Emek siyasetinin gövdesi olan geniş işçi hareketi tasfiye edilirken ve sokak siyasetsizleştirilip siyaset devlet içi hakimler mücadelesine dönüştürülürken, temsili demokrasinin merkez üssü olan Parlamentoda tartışan ve politik müdahaleler gerçekleştirmeyen bir muhalefet profili ile süreç hızlıca başarılı sonuç aldı.

Kısa bir süre sonra, bu yeni siyaset alanının tam da ifade ettiğim gibi şekillendiğini gösteren "*Ergenekon ve Balyoz*" davaları süreci başladı. AKP-FETÖ ittifakının, devlet içine çektiği siyaset, mücadelesini öncelikle TSK içinde başlatmış, savaş başlamıştı.

Aslında şimdi söyleyeceğim şey biraz yadırganabilir.

Sokaktan devlet içine çekilen siyasetin doğal bir hesaplaşması olan bu davalar sürecinde, neredeyse tüm toplumsal muhalefet kavganın "*haklı olarak*" tarafı haline geldi. Ve artık yeni pist ya da minder mutlak bir meşruiyet sağlamıştı. Çünkü bu büyük kavga sayesinde, sokaktan devlet içine sürüklenen siyaseti yeniden sokağa çekecek bir "*ideolojik hattaçekilme*" zemini ortadan kalktı.

Dolayısıyla, önce AKP-FETÖ ortaklığı üzerinden Ergenekon ve Balyoz davalarında TSK ile, akabinde de 15 Temmuz Darbe girişiminde bulunan FETÖ ile AKP'nin kavgasıyla neredeyse bütün toplumsal gündem "*hakimler arası mücadele*" ekseninde şekillenen bu yeni siyaseti kanıksatacak emarelerle doldu.

Operasyonlar, tartışmalar ve yaşadığımız bütün bu süreç; tüm rutinliği ve doğallığıyla kendisini dayattı. Neredeyse hepimiz bu durumu kanıksadık.

Aslında kitabın önceki bölümlerinde anlattığım; muhalefetin "*ideolojik hatta çekilmesi*" meselesine atfen bir konuya değineceğim.

Bu kavgada "*taraf olamayacak*" kadar devletten soyutlanmış bir muhalefetin, ısrarla kavganın zeminini değiştirecek politik müdahalelerde bulunmaksızın iktidar olabilmesi mümkün müdür?

Hakim güçler siyaseti sokaktan alıp devletin içine çekerek; emek ile hakimlerin mücadelesini tasfiye etmişken, devletin içinde bir hakimiyet emaresi taşımayan muhalefetin tam da evvelce ifade ettiğim gibi "sokağa çekilmesi" gerekirdi. Ki bunun için geç kalındığını söylememiz imkansızdır.

Bu noktada sokağa çekilme düşüncesini "*eylem yapmak, miting yapmak*" olarak anlamak ve daraltmak yanlış olacaktır. Siyasetin; üretim ve emek alanlarına taşınarak, oralardan örgütlenerek gelmesini esas almaktan bahsetmekteyim. Keza, Ecevit'i iktidara taşıyan formül tam da buydu.

Yani neopopülist iktidarın tüm argümanlarını boşa düşürecek ve zayıflatacak bir aşağıdan yukarıya politik hareketlilik.

Sokaktan siyasetin çekilmesi, adaptasyonu zor bir süreçtir. Bu süreçte Popülist lider, tabanının siyasal taleplerinin sadece kendisi tarafından gerçekleştirilebileceği imajı yaratır. Millet şunu bilmelidir; "siyasal olması gereken kendileri değil, liderleridir."

Şu çok ciddi bir paradokstur. AKP hem siyaseti sokaktan devlet içine çekiyor iken, hem de sokağı yönetebilmesi, kitlesel yönelimleri belirleyici bir güce dönüşmesi nasıl mümkün olmuştur?

Tam bu noktada çok sık kullandığımız bir ifadeyi telaffuz etmek gerekecek; "*meydanı boş bulmak.*"

Dolayısıyla, artık sokakta kazanması kolaylaşan ve devleti bir bütün olarak ele geçmiş, güçlü bir iktidar perspektifi tam da bu boşluktan yararlanarak bu denli gelişebilmiştir

Princeton Üniversitesi öğretim üyesi Jan-Werner Müller: Eğer seçkincilik karşıtlığını iktidarın en geniş dağılımı olarak anlarsak, popülistler seçkinlere karşı bile değildir. Popülistler, kendileri temsil ettiği sürece temsile, kendileri halkı yönlendirenler olduğu sürece de seçkinlere karşı değildirler.

"Popülistler 'milletin' tek sesli olduğunu ve siyasetçilere iktidara gelince tam olarak ne yapmaları gerektiğini söyleyen bağlayıcı bir vekâletname verdiklerini düşünür. Bu yüzden tartışmalara ya da mecliste uzayıp giden müzakerelere gerek yoktur. Popülistler her zaman gerçek milletin sözcüleri olduklarını söylerler.

Müller'e göre popülistlerin bu iddialarının en tepesine "*milletin adamı*" olan, "*bizim doğru bir şekilde düşündüklerimizi, doğru bir şekilde anlayan ve hatta bazen bu doğru şeyi bizden biraz önce bile düşünebilen*" bir lider yerleştirilir. Popülist lider kültü, aracıları kaldırıp, halk ile lider arasındaki ilişkilerin, karmaşık parti örgütlerinin dolayımından kurtarılmasını gerektirir:

Aktif bir siyasetçi olarak şunu çok kez işitmişimdir; "*CHP çok sesli bir parti, bakın AKP'ye tek sesli, işte bu yüzden iktidar olamıyorsunuz.*"

Bu acı verici, tam da popülistlerin siyasetsizleştirme aracı olarak kurumları, partileri bütün dolayımlarından soyutlama çabasının bir sonucu olan tek sesliliğe sığınarak popülist iktidarı yenme temennisi, toplamda yaşadığımız süreci ne kadar içselleştirdiğimizi ve hem siyasal, hem mental motivasyonumuzla iktidara fazlasıyla benzeştiğimizi ortaya koyar.

Farklılaşma, çok seslilik, tartışma ve müzakere. Ortadan kaldırılan şey tam olarak bu iken ve bütün bunlar "*bizzat*" politikanın doğası iken, iktidara karşı çıkışı yine iktidarın yöntemleri ile gerçekleştirme eğiliminin arkasındaki derin benzeşme, güçlendikçe güçlenen, büyüdükçe büyüyen bu neopopülist iktidarın gıdasına dönüşmüştür.

Siyasetin sokaktan çekilmesi bir önemli sorunu daha yaratmıştır. Bunu bir örnekle temellendirmeye çalışacağım.

Selefi ve Vahhabi bir terör örgütü olan IŞİD, tüm sembollerle savaş vermektedir. Örneğin, IŞİD açısından bir türbe, yok edilesi bir puttur. Ele geçirdikleri kentlerde heykelleri, anıtları, türbe ve objeleri yok eder, bombalar, yıkarlar. Esası itibariyle, insanlar türbelere gidip, Allah'a dua etmek ile beraber, bu mekanlar bir tarihsel bilincin diri kalmasını sağlayan önemli mekanlardır.

Elbette itikadi boyutunun dışından konuşmakla; "*IŞİD'in bu yöntem üzerinden, halkların tarihsel bilinçaltını sıfırlamaya yönelik bir tutum geliştirdiğini söylemek yanlış olmaz.*" Bugün mukaddes bir alan olarak ifade edilen Hz.Hüseyin türbesi, eğer IŞİD'in eline geçmiş olsaydı; kuvvetle muhtemelen, insanlık ve vicdanla bağdaşmayacak şekillerde saldırıya uğrayacaktı.

Peki Hz.Hüseyin türbesi, ziyaretçiler açısından ne ifade eder? Kitabi olmayan, yani okuyarak değil; yaşayarak, dinleyerek kendisini sürdüren halklar açısından o mekan, direnişin ve zulme karşı koyuşun merkezidir. Dolayısıyla IŞİD'in hedeflediği tam da budur. Alanı boşaltarak, inancın tümüyle devlet içine çekilmesi ve böylece hakim sınıflar eliyle güncellenip yeniden tasarlanabilecek bir olguya dönüşmesi.

İşte siyasetin alandan çekilmesi de, benzer bir nitelikte; yüzlerce yıldır süren kadim mücadeleleri bilinçaltında tetikleyen tüm tartışmaların da çekilmesidir. Sokağın ve halkın siyasetsizleştirilerek, müdahale edilemez, ancak yetkin ve hakim sınıf ve zümrelerce tasarlanabilecek bir kuruma evrilen siyasetin çürümesine yol açmıştır.

BÜYÜK TEMİZLİK

Asker, yargı, polis ve kamu kurumlarının içine çöreklenen tüm FETÖ'cü hainler 3 aşamada devletten tasfiye edilecek

DARBECİNİN SONU

BU İŞ DAHA BİTMEDİ GEVŞEMEYİN

TÜRKİYE'NİN EN BÜYÜK DAVASI OLACAK

KAÇIŞ YOK, TEK TEK YAKALANIYORLAR

Siyasetinin "devletin içine" çekilmesinin bir sonucu olarak, devlet içi hakimler arasındaki güç savaşının sonucu olarak "15 Temmuz kanlı FETÖ darbe girişimi" ortaya çıkmıştır. Ve artık siyaset uzunca bir süre "temizlikle" uğraşacaktır. Siyaset çekildiği yere çakılıp kalmıştır.

Bu bağlamda Avrupa Birliği Eski Dış İşleri Komiseri Chris Patten'in "*Project Syndicate*" de yayınlanan makalesine göz atmak fevkalade yararlı olacaktır:

"Size bir şey itiraf edeyim: Geceleri yatağıma uzandığımda ana akım siyasetin özlemiyle yanıp tutuşmuyorum. Onun yerine Fransa'nın güneybatısındaki evimde bir hafta geçirip kırlarda dolaşıyorum. Sonbahar güneşinin sıcaklığını sırtımda, ağaçların yaprakları sararmaya başlamış, yerli çiftçiler bağ bozumuna hazırlanıyor. İnsan bunları nasıl sevmez?

Siyaset dünyasında ise sevilmeyecek o kadar çok şey var ki... Solda da sağda da iyi bir yıl geçiren ana akım lider sayısı çok az. Aslına bakarsanız, dikkate değer bir başarı görebilmek için epey bir uğraşmanız lazım.

Kamuoyu araştırmaları, Le Pen ile Sarkozy veya Juppé arasında ikinci tur bir çekişme olacağını gösteriyor. Bu da sol, Le Pen'i alt edebilmek için geleneksel sağ kanattan bir adayı tercih etmek zorunda kalacak demek.

Avrupa'nın popülizm çıkmazı

Fransa'da önümüzdeki ilkbaharda seçime hazırlanan Cumhurbaşkanı François Hollande, hasarlı ürünlere benziyor. Fransız ekonomisi yüksek bir üretkenlik potansiyeli ve iyi eğitimli iş gücü avantajına sahip, ama sendikacılar ve Hollande'ın Sosyalist Partisi'nin diğer üyeleri, güçlü büyümeyi yeniden sağlayacak tedbirlerin yolunu tıkıyor. Diğer taraftan eski Cumhurbaşkanı Nicolas Sarkozy ve eski Başbakan Alain Juppé, Hollande'a meydan okumak ve aşırı sağcı Ulusal Cephe'nin lideri Marine Le Pen'in önünü kesmek için merkez sağ muhalefetin kontrolünü ele geçirmeye çalışıyor.

Kamuoyu araştırmaları, Le Pen ile Sarkozy veya Juppé arasında ikinci tur bir çekişme olacağını gösteriyor. Bu da sol, Le Pen'i alt edebilmek için geleneksel sağ kanattan bir adayı tercih etmek zorunda kalacak demek. Le Pen'in kazanma ihtimali düşük, ama çoğu kimse, Haziran ayında Birleşik Krallık'ın Avrupa Birliği'nden ayrılması ile ilgili olarak yapılan oylama ve ABD'de Donald Trump'ın Cumhuriyetçi Parti başkan adaylığı kampanyası hakkında da böyle diyordu.

Avrupa'nın en önemli siyasetçisi Almanya Başbakanı Angela Merkel, mültecilere kucak açma konusundaki ilkeli politikası yüzünden seçmen-

lerin öfkesini çekmiş durumda. Muhalefetteki Sol Parti, seçmen gücü anlamında pek muteber sayılmaz, ama aşırı sağcı Almanya İçin Alternatif Partisi, göçmen karşıtı duyguları kullanıp yerel seçimlerde Merkel'in memleketi Mecklenburg-Batı Pomeranya dahil hükümet partilerine (yani Merkel›in partisi Hristiyan Demokratlar ve merkez sol Sosyal Demokratlara) yönelik desteği yavaş yavaş törpülüyor.

İtalya›da Başbakan Matteo Renzi, can çekişen ülke ekonomisini canlandırmaya çalışırken hırçınlaşıyor. Eski Başbakan Silvio Berlusconi liderliğindeki, sabit temelleri olmayan merkez sağ muhalefet siyasetin kalabalığında kaybolmuş durumda ve artık başlıca rakipleri, popülist Beş Yıldız Hareketi ile ülkedeki siyaset müessesesine kibirden fazla bir şey sunmayan bölgesel politikacılar.

İspanya›da muhalefetteki İspanyol Sosyalist İşçi Partisi›nden destek göremeyen, öte yandan ayrılıkçı Katalanların devam eden bağımsızlık talebiyle karşı karşıya kalan merkez sağcı Halk Partili Başbakan Mariano Rajoy, hükümet kurma mücadelesi içinde.

Yaşlı ve dışlanmış, ağırlıklı olarak İngiltere'de yaşayan çalışan orta sınıf seçmenin Brexit'e evet oyu çıkardığı Birleşik Krallık'ta yeni Başbakan Theresa May ise partisini bir arada tutmaya çalışıyor. Bazı kabine üyeleri Avrupa'dan tam bir kopuş isterken, kimileri de daha makul, orta yolcu bir yaklaşım göstererek İngiliz mal ve hizmetlerinin en büyük pazarı olan Avrupa ile ticaretin sürdürülmesi için bastırıyor.

Bu örneklerin de gösterdiği gibi, popülizm Avrupa genelinde – hatta İsveç ve Hollanda gibi beklenmedik yerlerde bile – yeniden diriliyor. Avrupa kıtası artık Trump'ın kendisini gayet evindeymiş gibi hissedebileceği bir yer haline gelmişken, kendisinin temsil ettiği, Batı'yı birleştirmeyi amaçlayan düzen karşıtı galeyana tepki göstermek şart oldu.

Popülistlerle doğrudan mücadele etmek, şişirme argümanlarını madde madde çürütmek şart. Ana akım siyasetçiler popülistlerden kaçar veya taktiklerini, argümanlarını taklit etmeye çalışırsa Batı demokrasilerinin dayanağını oluşturan toplum sözleşmesinin temelini daha da sarsmış olur.

Şüphesiz, 2008 küresel finans krizinden bu yana yavaşlayan ekonomik büyüme, seçmenin orta yolcu geleneksel partilere yönelik hevesini kırdı. Sol ve sağ kesimden iktidar partileri, genellikle uluslararası işbirli-

ği, serbest ticaret, kamu harcamaları ve vergi kesintileri gibi konularda anlaştı. Bugünün Cumhuriyetçi koruyucu azizi Ronald Reagan büyük kamu harcamaları yaparken, Demokrat Bill Clinton refah yardımlarında kesintiye gitmiş ve bütçeyi dengelemişti.

Popülizmin "öteki" arayışı

Ancak günümüzün popülistleri ana akım fikir birliği kapsamının dışında basit – hatta aşırı basit – yanıtlar talep ediyor. Geçimlerinin ve ekonomik imkanlarının zarar görmesinden dolayı küreselleşmeyi suçluyorlar ve yaşadıkları belirsizlik ve kötüye gidişten sorumlu tutabilecekleri bir düşman – bir "öteki" – arıyorlar.

Popülist dünya görüşü, gri rengi kabul etmiyor. Bu düşüncede orta yol diye bir şey yok. Aksine, fikir birliği ve uyum arayışı, ihanetle eş değer sayılıyor. Popülist siyasetçiler, kuru gürültü ve demagoji yaparak, zamanı batıl inanç ve bilgisizliğin görünüşte herkes için daha iyi olduğu, ampirik bilginin önemsenmediği bir döneme döndürüyor.

Popülistlerin altın çağı elbette bir masal dünyası. Peki ama bunca seçmenin kurmacayı gerçeklere tercih ettiği realitesi ile ne yapacağız? Muhakkak ki, yapmamız gereken demokrasiden vazgeçmemek ya da Batı'da Trump gibi Rusya Devlet Başkanı Vladimir Putin'in yarı despot vizyonuna hayranlık duyup özenenlerden taraf olmamak.

Popülistlerle doğrudan mücadele edilmeli. Şişirme argümanları madde madde çürütülmeli; hakaretlerine sakin, akılcı tartışmalarla yanıt verilmeli. Ekonomik ötekileştirmenin sebeplerinin ele alınması, yani yoksul kesimlere daha iyi kamu hizmetleri sunulması ve eğitim, teknoloji ve yüksek nitelikli işlere yatırım yapılması da en az bu kadar önemli.

Popülistlerden kaçar veya taktiklerini ve argümanlarını taklit etmeye çalışırsak, Batı demokrasilerinin dayanağını oluşturan toplum sözleşmesinin temelini daha da sarsmış oluruz. Ana akım siyasetçilerin önünde zorlu bir yol var. Rehavete kapılmak ya da uzun süreli bir geri çekilme içine girmek yerine savaşçı bir ruh benimseyip davalarına güvendiklerinin işaretini vermeleri gerekiyor. Bu, kazanılması gereken bir savaş."

Özetleyecek olursak, sokağın siyasallaşması ve *"popülistlerin tezlerinin"* madde madde çürütülmesi, yarattıkları kutuplaşmanın sahte olduğunun kitlelere doğrudan temas kurarak kanıksatılması.

İşte çözüm bu.

Bu çözümün nasıl ve ne şekilde gerçekleşebileceğini ileri bölümlerde tartışacağız.

Neopopülizmin Besin Kaynakları

Bu bölümde, Neopopülizmin temel besin kaynaklarından bahsedeceğiz. Bir tür kavramlar sözlüğü yaratacak, Türkiye gerçekliği açısından Neopopülizmin güç kazanmasını sağlayan kavramları ve bu kavramların yarattığı temel çağrışımları sergileyeceğiz.

Popülistlerin yarattığı "*biz ve öteki*" ayrımı, tam anlamıyla karşılık bulması açısından "*öteki*" diye tanımlananların katkısına muhtaçtır. Genellikle, "*öteki*" tanımına girenlerin tarihsel şartlanmışlıklarından yola çıkarak resmedilen "*elitler ve seçkinler*" literatürü, mutlak anlamda çatışmaya çekilerek görünür hale getirilmelidir.

Türkiye açısından bu durumu biraz resmedelim.

1. GERİCİLER, GERİCİLİK, GERİCİ...

Bu kavram, tarihin ilerlemeci prensiplerine direnerek; geriye götürmeyi amaçlaştıran yaklaşımları hedefler. Türkiye'de kullanımı daha çok "*dindarlığı hedefleyen*" bir biçimdedir. Öyle ki, "*gerici*" kavramını kullananların bir kısmının şekilsel şartlanmışlığı, kullananın "*gericiliğini*" ortaya koyuyor iken, kavram neredeyse baş örten, sakal bırakan herkes için kullanılır bir formasyona evriltilmiştir.

İktidar cephesinde bu durum, kavramın bir bütünüyle "*dini yaşamı yok etmeyi hedefleyenlerin*" sloganı addedilmiştir.

Zamanla "*gerici,*" Popülist iktidarın takipçilerine atfedilerek "*ilerici/biz, gerici/ötekiler*" algısını besler hale gelmiştir.

AKP iktidarının eğitimde reform adı altında yaptığı son derece sorunlu değişiklikler; "*eğitimde gericileşme, gerici eğitim*" olarak işaretlenir.

Bu kavramın olağanüstü radikal bir yarılmayla ayrışan toplumlarda "*gerici*" kodlanan kitlelerde karşılığı şudur; "*eğitimde gericileşme iyi bir şey, keza bize atfedilen ve bizden olan bir şey.*"

Nasıl ki iktidarın "*hain*" diyerek tanımladığı kitleler bir süre sonra bu kavramı içselleştiriyor ve "*hain ifadesi bir madalyadır*" modunda bir nişaneleştirme noktasına evrilerek, hükümetin "*hain*" dediği herkesin aslında "*iyi olduğu*" fikriyle hareket ediyorsa, aynı durum diğer mahallelerde de yaşanmaktadır.

Akşam oturduğunuzda bir hükümet televizyonunu izlerken, eğer hiç tanımadığınız biri hükümet tarafından "*hain*" ilan edilmişse ne düşünürsünüz? Cevabı basit; "*yahu bu adamlar hain diyorsa, kesin iyi şeyler yapmıştır, bizdendir...*"

İşte bu durumu esas alarak "*gerici*" kavramının diğer mahallelerde karşılığını düşünelim; "*AKP iktidarı eğitimi gericileştirdi*" ifadesine yönelen refleks; "*demek ki iyi birşeyler yapmış*" şeklindedir.

2. ÇAPULCU

Gezi eylemleri sırasında Erdoğan çok önemli bir çıkış yaptı. Direnen herkesi kapsayacak şekilde "*çapulcu*" ifadesini kullandı. Hemen akabinde direnişçiler; "*evet biz çapulcuyuz*" dedi.

Sosyal medyada "*çapulcu*" ibareleri eklendi kullanıcı adlarına.

Ve peki "*çapulcu*" kimdi?

Din düşmanı, bayrak düşmanı, vatan düşmanı, Soros'çu, Amerikan ajanı, hain, Kabataş'ta başörtülü kadınlara saldıran, içip sağı solu dağıtan, ayyaş, müptezel, Türkiye'nin büyümesine karşı olan.

MİLYON ÖĞRENCİ İÇİN SESSİZLİK

DİKKAT bugün SBS VAR

Bizim zamanımızda 5 KAT ZENGİN OLANLAR KİRLİ OYUNUN İÇİNDE

Kuzey Afrika seyahati dönüşü kendisini karşılayan yüzbinlere seslenen Başbakan, Gezi Parkı eylemlerinin perde arkasına dikkat çekti:

www.takvim.com.tr FİYATI: 40 KURUŞ

Takvim

HALKIN GAZETESİ 8 HAZİRAN 2013 CUMARTESİ KKTC FİYATI: 1 TL

NE SAĞCIYIM NE SOLCU ÇAPULCUYUM ÇAPULCU

ÇAPULCULAR!

Gezi Parkı eylemleri, sapıklara yaradı! Taksim ve Kadıköy'de gösteriden dönen 2 kadın tecavüze uğradı. Polis, MOBESE'lerden zanlı avına başladı

ÇİRKİN YÜZLER GEZİ'DE

"Kültürel hegemonya araçları harekete geçmişti. Kürsüde telaffuz edilen "ötekinin yeni çerçevesi olan ÇAPULCU" kavramının içi doldurulacaktı. Tecavüz, saldırı ve her türlü iğrençlikle "çapulcu kelimesi" tanımlanmaya başladı.

Tam da bir "*sosyal bilimsel*" olay olarak, zamana yaygınlaştırılan bu "*tanımlama süreci,*" ince ince ve neredeyse "diğer mahallelerin tümünde kulağı üflenmemiş tek bir kişi kalmayıncaya kadar devam etti.

Çapulcu kimliğinin altının pratikte dolması için "*istihbaratçılardan oluşan*" tipler molotoflarla sokaklara salındı.

Sırasıyla; "*önce kimlik yaratıldı, sonra kimliğin altı dolduruldu, bu kimliğe nefreti örgütleyecek görüntüler yaratıldı ve bu kimlik mahalle duvarlarının dışında bir nefret odağı olarak gerçekleştirildi.*"

Bu sayede direnişin nedenlerinin tartışılacağı alan tamamen yok edildi. Direnişçilerin sözlerini *"halka ulaştırma"* olanağı kalmadı.

Hatta diğer mahallelerde bu direnişin masum olduğunu söyleyen aydınlar dahi; "ne yani sen çapulcularla yan yana mı geliyorsun" şeklinde bir mahalli baskıya tabi tutuldular.

Tartışmaların hiçbir yerinde; Gezi Parkı'ndaki ağaçların sökülmesine dair bir tartışma yürümemekle birlikte mesele çok daha vahim bir noktaya evrildi.

"Bunlar kaos yaratarak askerin darbe yapmasını sağlamaya çalışıyor..."

Türkiye karanlık tünele sokulmak istendi!

Egemen Bağış "Batı, Türkiye üzerine kampanya yürüttü. Ancak kirli oyunlarını bozduk" dedi

AB Bakanı ve Başmüzakereci Egemen Bağış, Skyturk360'ta Genel Yayın Yönetmeni Cengiz Özdemir'in konuğu oldu. Gezi olaylarının devamında AB Büyükelçileri toplantısının detaylarını anlatan Bağış "Türkiye iyi yoldadır" dedi.

AVRUPA medyasının Türkiye üzerine kampanya yürüttüğünü vurgulayan Bağış "1999 yılına dayanan planın uygulamak istediler. Laik müslüman kavgasını hayal ettiler. Ancak, milletin iradesi o karanlık tüneli paramparça etti" dedi.

Bir taraftan "popülist siyaseti" kurumsallaştıranlar vardı.

Hükümet adına özür diledi

Başbakan Vekili Arınç, Köşk'e çıktıktan sonra yaptığı açıklamada çevre duyarlılığı ile eylem yapanlara uygulanan şiddetten dolayı özür diledi

AŞIRI ŞİDDET GÖSTERİSİ

BİZ PAPUÇ BIRAKMAYIZ

Taksim Platformu üyeleri ile görüşecek

Diğer taraftan da "bu popülist dalgayı" kırmaya yönelik çıkışlar.

Elbette *"popülizm"* kazanacak, dalga kıran olma çabasına giren herkesin başı ezilecekti. Ve Bülent Arınç'ın siyasi hayatı işte bu nedenle sona erdi.

Sihirli sözcük kullanılmıştı. "*Darbe...*" Millete düşmanlık edenlerin, tarih boyunca "*milletin adamlarını yok etmesine vesile olan*" darbeler...

Gezi direnişinden uzun zaman sonra, demokrat kimliğiyle tanınan ve ismini paylaşmayacağım ve o günlerde AKP milletvekili olarak görev yapan bir arkadaşımla sohbet ederken bana şu sözleri söylemişti:

"*Olaylar başlayınca çok büyük endişe duydum. Popülist bir temelde kullanılmasından ziyade, Erdoğan'ın parka gitmesini söylemek için Genel Merkeze koştum. Bana göre Erdoğan o parka gitmeliydi. Ve oradakilere, 'siz istemiyorsanız burası elbette park kalır' demeliydi. İşte bunu aktarmaya çalıştım. Ama etrafındaki dev danışman ordusu tarafından bloke edildim. Bana, saçmaladığımı ve bunun tarihi bir fırsat olduğu, böyle bir fırsatı kaçırmanın ahmaklık olacağını söylediler. Tüylerim ürperdi...*"

Evet. Olaylar Erdoğan için Allah'ın bir lütfüydu. Çünkü sokağa inen milyonlar "*örgütsüzdü.*" Yani bir "*ideolojik hatta dayanmıyor,*" kolayca çözülebilecek bireyselliklerle hareket ediyorlardı. Bulunmaz bir Hint kumaşıydı bu. Şimdi; öteden beri topluma anlattığı "*içimizde hainler var*" söylemini, "*bakın ben söylemedim mi*" diyebileceği zemin oluşmuştu. Ve çoğunluk Erdoğan ile birlikteydi. Danışmanlar, sosyal bilimciler masaya oturdu, kavram haritası ve söylem stratejisi belirlendi.

Emniyet'e talimat verildi; "*ezin...*"

Bu sayede sokaktaki öfke büyüyecekti. Ama asla "*devrimsel*" bir güce dönüşemeyecekti. Çünkü örgütsüz, stratejisiz olmakla birlikte bir ideolojik amaçsallığa sahip değildi."

Dolayısıyla, tahliller yapıldı. Polis sertleştikçe kitlesellik artıyordu. Kitlelerin toplam bir amaç olarak "*değişimi*" değil "*direnmeyi*" hedeflediği bir süreç yeşeriyordu. Direnmek; "*polisin attığı gaza rağmen ısrar etmekti.*"

Nice çocuklar düştü toprağa. Ve nicelerini yitirdik...

VATAN
CUMARTESİ 1 HAZİRAN 2013
POLİSİN TAKSİM GEZİ PARKI EYLEMCİLERİNİ DAĞITMAK İÇİN KULLANDIĞI ORANTISIZ GÜÇ BÜYÜK TEPKİ ÇEKTİ

BU NE ŞİDDET!

Gezi Parkı protestosunun 4'üncü gününde Taksim savaş alanına döndü. Çoğu atılan gaz bombalarından, biri ağır 12 yaralı var

300 Spartalı gibiydik

Tahammül göstermediler

19 ilde eylem var

'Önder'lik etti hastanelik oldu

GAZLANDILAR KAZANDILAR

İş dünyasından AVM'ye tavır

GEZİ GAZİLERİ

NE DEDİLER?

Ufak tatsızlıklar oldu

Soruşturma açtık

İstismar ediyorlar

AVM yapmıyoruz

O günlerde yaşadığım bir hadiseyi paylaşarak devam edeyim. Henüz Gezi Parkı direnişi 22-23 kişi iken parkta olan ve son güne kadar bulunan biri olarak tanıklığım şuydu:

Milyonlarca insanın bu içten ve temelli öfkesini yönetebilecek bir *"ideolojik"* hat yoktu.

İdeolojisizliğin yarattığı *"amaçsızlaşma"* adeta hepimizi kuşatmıştı. Öyle ki, 3 kişinin 5 kişinin kurduğu *"sol örgütlenmeler"* standlar açıyor, her örgüt; kendi siyasal tasarımını ilan ediyordu.

Parkın duvarlarında *"taleplerimiz"* ifadesiyle başlayan yüzlerce farklı bildiride, birbirinden farklı, çelişkili talepler manzumeleri sergileniyor ve ortaklaşılamayan bir gelecek tasarımı gelişmiyordu.

Peki şimdi AKP Popülizminin durumunu kısaca özetleyelim ve kıyaslayalım, akabinde de çuvaldızları hazırlayıp kendimize batıralım...

AKP'nin somut olarak sunduğu bir gelecek tasarımı var mı? Evet var.

Peki o tasarım nedir?

2023, 2053, 2071 gibi tarihlerle ilişkilendirilen; "*büyük, güçlü, refahı yaymış, mazlumlara önderlik eden, uçak üreten, tank üreten, ABD ile kafa tutacak düzeye varan bir Türkiye...*"

Ve elbette "*milli, dini, tarihiyle bütünleşik, Osmanlı'nın şanlı iradesini yeniden hakim kılacak*" bir Dünya liderliğince tasarlanan bu gelecek tasarımı, polarize edilmiş kitlelere verilen önemli bir gelecek tasarımıdır.

Dolayısı ile "*bu harekete karşı gelişen her eylem,*" esasında bu ideallere yönelik gelişen eylemlerdir.

Kafalar karışmasın diye şimdi dikkatlerinizi bir yere çekeceğim...

Peki bu harekete karşı gelişen bir hareketlilik, çok daha tutarlı, eşitlikçi, özgür ve somut bir "*gelecek tasarımı*" sunarsa ne olur?

İşte o dakikadan sonra her karşı çıkış; "*iktidarın gelecek kurgusunu yok etmek için değil,*" bu gerçek temellere dayanmayan kurgudan ziyade, bir "*gerçek ve temellendirilmiş, ikna edici, yüksek motivasyonlu*" gelecek inşasını hedeflemiş olacaktır.

Eğer böyle bir gelecek modellemeniz yoksa, atacağınız her adım ve her karşı çıkışınız kaçınılmaz bir son olarak bu gelecek tasarımını hedefleyen bir "*ihanet*" olarak kodlanmaya mahkumdur.

Yani anlaşılacağı gibi, bu mücadele hiç kolay değildir. Ve toplumsal karşılık bulmak için "*direnmek, kavga etmek*" yerine, akılcı ve bilimsel temelde kendisini ortaya koyabileceğiniz bir "*tasarıma*" ihtiyaç vardır.

Bazı arkadaşlarım bu yaklaşımıma şu şekilde tepki verir; "*bizim bir gelecek tasarımımız var, sınıfsız ve sömürüsüz bir gelecek.*"

Son derece soyut, gerçeğin ve hayatın, tandır ocağının, seccadenin, minber ve köy kahvesinin; ve yine plaza ofisiyle üniversitenin ocağından yükselmeyen bu ses, bu alanları örgütleyici bir somutluk içermemektedir.

Nedir bu "*sınıfsız ve sömürüsüz dünya.*" Bunu anlamak için Maraş'lı Mehmet amcanın Engels'in "*Ailenin Devletin ve Özel Mülkiyetin Kökeni*" kitabını okuması mı gerekir?

Hayatta hangi gerçekliğin içinden seslenerek somutlaştırılabilir?

Elbette mesele budur.

Tabi Erdoğan bununla yetinmedi.

Demokratik taleplere
CANIM FEDA

Başbakan Erdoğan, Taksim Gezi Parkı olaylarıyla ilgili **"Demokrasi içerisinde, özgürlükler çerçevesinde sizden bir talep olur. Siz bu talebe ters bir tepki ortaya koyarsanız gösterinizi yapabilirsiniz. Herhangi bir miting alanı veya gösteri yürüyüşleri ile alakalı bir şey mi istendi? Demokratik taleplere canımız feda"** dedi.

REFERANDUMUN NETİCESİNİ BİLİYORLAR

2-3 AY ÖNCESİNDEN BUNLARI BEKLİYORDUK

AVRUPA PARLAMENTOSU: GEZİ PARKI OLAYLARI ARAP BAHARI İLE KIYASLANAMAZ

Türkiye'de demokrasi işliyor

Yetkin ve yapıcı muhalefet yok

'Sınırlı referandum' önerdi

Taksim Dayanışması ile yapılan toplantı sonrası, o görüşme "demokratik taleplere canım feda" şeklinde ifade edilmişti. Bunun manası; "mesele demokrasi değil" manasına geliyordu. Zaten küpürün spotunda gördüğünüz; "biz bir dışarıdan müdahale bekliyorduk ama çevrecilik üzerinden geleceğini tahmin edemedik" şeklindeki söylemle, Gezi direnişi, tümüyle bir dış müdahale haline dönüştürülmüştü.

Çok akılcı ve son derece stratejik bir tutumla; "*Gezi Parkı direnişçileri ile görüşme masası kurdu.*" Ve bizzat hep yaptığı gibi masayı yine kendisi devirdi. Çünkü ihtiyacı "*uzlaşmak*" değil, masaya oturanların "*uzlaşmaz*" olduğu imajını yaratmaktı.

Düşmanlaştırmanın felsefesini yazmak ya da ruhunu tanımlamak gerekirse; 15 yıllık AKP siyasetini santim santim incelemek yetecektir. Halk nasıl kutuplaştırılır ve muhalefet nasıl şeytanlaştırılır. Elbette Popülizmin bizzat ruhunu oluşturan bu durum, yaşanmışlıklarımızın içinden el sallıyor bizlere.

Ve akabinde eylemler sona erdi. Yitirdiğimiz çocukların acısını ve matemini tuttuk. Çeşitli vesilelerle kitleler yeniden sokağa çağrıldı. İnsanlar artık bu çağrılara katılmıyordu.

Neredeyse 100-200 kişilik kitlelerin sürekli dayak yediği, polislerce dövüldüğü görüntüler hemen hemen her yere yayılıyordu.

Popülistlerin ustaca yarattığı toplumsal yarılma açısından bu görüntüler "*her mahallede ayrı bir etki*" yaratıyor ve mahalleler bu etkiden bihaber biçimde hayatını sürdürüyordu.

Dövülen bizler, bu görüntülerin daha fazla yaygınlaşmasını sağlarken; "*buna inanabiliyormusunuz, bakın, bu nasıl olabilir*" gibi reflekslerle; halkın ya da milletin bu durumu kabullenemeyeceğini ve tepki göstereceğini düşünürken, "*diğer mahallelerde durum hiç böyle değildi.*"

Her yayınlanan görüntüde; "*darbecilerin ve hainlerin başının ezildiği, büyüyen Türkiye'ye ihanet edenlere dersi verildiği*" algısı derinleşiyor, artık eski Türkiye'nin olmadığı, ne darbecilerin, ne de medyanın ve yine ne de Batı'nın "*milletin ele geçirdiği*" iktidara güç yetiremez hale geldiği özgüveni büyüyordu.

Ölümü düğün görene kimse diz çöktüremez

Konya'da Hazreti Mevlana'nın 741. vuslat yıldönümü dolayısıyla düzenlenen anma etkinliğinde konuşan Cumhurbaşkanı Erdoğan, "Rabbine kavuştuğu geceyi bir düğün gecesi, Şeb-i Arus gibi gören kişi için ölüm artık ölmüştür. Ölümü içinde öldüren kişiyi artık Allah'tan başka hiç kimse korkutamaz. Ölümü adeta düğün gibi karşılayan kişiye hiç kimse diz çöktüremez" dedi.

KONYA

NUMAN KURTULMUŞ

'Kimse Türkiye'ye ayar veremez'

KRİPTO PARALELLER

'Tuzluk'tan küstahlık

Avrupa Parlamentosu FİLİSTİN'İ TANIDI

Mardinli Arapların tabela tepkisi

"Ölümü düğün gören, kazanan lider; güçlenmeye devam ediyordu. Milletine seslenen "sermayenin sesi," aslında bir kutsal kişiliğe dönüşüyordu. Gezi direnişinin bastırılması, "dış mihraklara karşı kazanılmış bir zafere dönüşmüştü." Numan Kurtulmuş; "Türkiye'ye kimse ayar veremez" diyordu.

Bakın değerli okurlar. Aynı görüntüden bu kadar farklı ve tezat iki ayrı mesajın çıkartılması; *"popülistlerin dehasıdır."*

Nitekim, zamanla süreç başka bir romantizm yarattı. *"Ben dövüldüm, direndim ve bedel ödedim"* romantizmi, mücadele alanlarında eylemsellikte olanları rütbelendirirken, bu dayak üzerinden motive olan kitleler ise; *"bir yumruk ta ben atarak vatana hizmet edeyim"* fikriyle palalarını alıp sokağa çıkmaya başlamıştı. Çünkü iktidara karşı koyanların, iktidarın Türkiye'yi büyüttüğüne inananlara seslenebilecek bir alanı yoktu. Ki o alan oluşsa dahi gerçekleşecek seslenişin hiçbir dönüştürücü güç ve yetkinliği olmayacaktı.

Ergenekon ve Balyoz süreciyle *"düşmanlaştırılarak"* ötekilenen bir kitle üzerinden güçlenen AKP, bu ve benzeri tüm hareketliliklerle güçlenmeye devam ediyordu.

İşte bu sosyolojinin anlaşılmamasından ötürü; "*halka yabancılaşma ve halk düşmanlığı*" muhalefetin lisanına bir şekilde nüfus etmeye başlamıştı. "*Koyunlar, hüloooğcular, aptallar, salaklar*" gibi ifadelere sığınan çevreler, her söz ve eylemleriyle "*Erdoğan taraftarlığını güçlendiriyor,*" ve şu fikri örgütlüyordu: "*haklıymışsın be reyis!*"

Ve elbette sosyal medya...

Erdoğan'ın yaşamsal korkularının başında "*iletişim*" gelir. Ya birileri gelir de; "*benim hayalimi bir gerçek ile tarumar ederse*" korkusu üzerinden, sürekli bir "*iletişimsizleştirme*" halindedir. Sosyal medyanın Gezi ile birlikte Türkiye'nin en güçlü iletişim aracına dönüşmesi akabinde tedbirler alınmalıydı.

Masa kuruldu. Sosyologlar, danışmanlar ve parti entelektüelleri toplandı.

Strateji tartışıldı ve sonuca varıldı.

Medyanın itibarsızlaşması sonucu itibarlı hale gelen bir sosyal medya vardı.

Ve yapılması gerekenler şunlardı:

1. Erdoğan sosyal medyayı hedef almalıydı. Böylece o alandan çekilecek her kişi zaten bir kazanımdı.

2. Hemen akabinde, o alanda kalanlara yönelik bir strateji olarak "*kapatmalar ve dış mihraklarla ilişkilendirilen suçlamalara dayalı kısıtlamalar getirilmeliydi. Bu durum, sosyal medyanın itibarını sarsabilirdi.*"

3. Halen bu itibardan etkilenenler için ise bir yeni sosyal medya sistemi kurulmalıydı. Zaten AKP'nin yönettiği medyada yürütülen Popülist kutuplaştırıcı dil, henüz sirayet etmediği sosyal medyaya taşınmalıydı.

4. Ve etki gücü yüksek olan her hesap birer birer itibarsızlaştırılmalı, nefret odağına dönüşmeliydi. Ve hatta bu sayede "*savunmaya geçen o hesaplar*" yaratılan kutuplaşmanın sürdürülmesine katkı sunar hale geçecekti.

Gerekli bütçeler oluşturuldu. Sorumlular tayin edildi. Ve siyasi tarihimizin "*en güçlü organizasyon yeteneğine sahip partisi olan AKP*" bugün hepimizin TROLL dediği sosyal medya organizasyonunu yarattı.

Görevleri belliydi. Kurdukları Whats App gruplarında anlık görevlendirmeler yaparak; AKP'ye karşı çıkan herkesi aynı ithamlarla hedef alacaklardı. Neydi bu ithamlar?

"*Vatan haini, Türkiye düşmanı, Türkiye'nin güçlenmesine karşı çıkan, Millet düşmanı...*"

Bu kısa hikayeyi hepimiz yaşadık. Yaşıyoruz...

Ve hepimizin katkı koyduğu bu hegemonyayı, iliklerimize kadar hissediyoruz. Öyle değil mi?

Şimdi diğer başlıklara devam edelim.

3. HIRSIZ, YOLSUZ, SIFIRLAMA, TAPE...

Önceki bölümlerde "*sokağın siyasetsizleştirilip,*" siyasetin devlet içine çekilmesiyle; emek ile sermayenin mücadelesinin neredeyse tasfiyesi ve mücadelenin devlet içi hakimler arasına dönüşmesi tahlilini yapmıştık.

Tam da bu noktada, devlet içi hakimiyet mücadelesinin bir izdüşümü olarak 17-25 Aralık operasyonlarını yaşadık. AKP'nin iktidara gelir gelmez çok ciddi bir ittifak kurmak suretiyle bütünleştiği Fetullahçılar, bir operasyon gerçekleştirmişti. Ortaya çil yavrusu gibi dökülen ses kayıtları, tapeler ve fezlekeler saçılmış, gözaltılarla Türkiye gündemi adeta değişmişti. Ve kısa bir süre sonra yerel idari seçimler gerçekleşecekti. Her güne bir TAPE ile uyanıyorduk.

Tam o dönemlerde, Karşı isimli bir gazetenin yayın yönetmeniydim. Ve elbette tüm bu fezlekeler birer "*haber*" niteliği taşıyordu. Çünkü devletin resmi evraklarıydı. Devletin içindeki hangi güç odağından saçıldığının bir önemi yoktu. Çünkü mevcut iktidar zaten bu evrakları saçan kişileri "*devletleştirmiş*" ve meşrulaştırmıştı.

Doğruluğunun ve yanlışlığının dışında ve yine niyetlerden bağımsız olarak bir gazeteci için her polis fezlekesi bir haberdir. Ama elbette biz o dönem, bir yolsuzluk haberini manşetten yayınlıyorsak, sürmanşetten de Fetullahçılar aleyhine bir haberi mutlaka yayınlıyorduk. Ve şunu söylüyorduk; "*bu bir belgedir, haberdir. Aynı zamanda devletin içindeki bu yapılanma da böylesi çirkindir.*" Bu denge bugün de arşivlerde yer alan o gazetenin 66 sayısıyla gurur duymamı sağlamıştır.

Batılı popülistlerin dahi içinden çıkması zor olan bu süreçten AKP güçlenerek çıkmıştır. Bunun şifresi nedir? Çok basitçe anımsatayım: "*tüm belgeler inkar edilmiş, bu belgelerin devletin içindeki bir ihanet şebekesine hazırlandığı vurgulanmış, bu ihanet şebekesi ifşa edilmiştir.*"

Popülist liderlerin doğasında olan "*halka seslenme*" o günlerde yine baş göstermişti.

Ama krizin başına dönelim...

9 Şubat MİT kriziyle birlikte tekrar masa kuruldu. Danışmanlar, sosyologlar, iletişimciler ve her zaman olduğu gibi AKP kurmayları ile Erdoğan...

Bu tarihi bir krizdi. Tespit çok açık bir biçimde buydu. AKP tarihinin en büyük krizi. Çünkü paylaşılan belgeler "*doğru bilgiler içeriyordu.*" Lakin operasyonu yapan el "*kirli*" bir eldi.

Strateji oluşturuldu.

1. Her ne söylenirse "reddedilecek."

2. Tüm dikkatler var güçle "Fetullah'a çekilecek."

3. Bu yapının dış mihraklarla ilişkisi ifşa edilecek.

4. Bu büyük kriz "medya üzerinden" değil, Erdoğan'ı il il konuşturarak aşılacak.

5. Sürekli olarak AKP'nin Türkiye'yi getirdiği yer, büyüme, güçlü Türkiye ve bu gerçeğe emperyalistlerin düşman olmasına atıflarla sihirli sözcük, kriz anlarının en güçlü savunma silahı olan "darbe" sözcüğü fısıldanacaktı.

Esasen AKP ilk kez haksız değildi. Ortada emperyalistlerle iş birliği içinde bir yapılanma vardı. Bu yapılanma temizlenmeliydi. Fakat; geçen süreçte inanılmaz bir iç içe geçmişlik gerçekleşmiş, yapılanma temizlenemez hale gelmişti.

Bu kriz "*iyi bir fırsattı.*" Çünkü Popülistlerin bir "*ideolojisiz karşı koyuş*" karşısında kaybetme, yenilme ihtimali söz konusu değildi.

Ve Erdoğan başladı...

İl il gezdi. "*vatan hainliği, ihanet, Türkiye düşmanlığı, alçaklık, Amerikan ajanlığı, casusluk, Türkiye'yi yok etmek isteyenler...*" Meydanlar inliyordu. Bu tarikat için az bile söylüyordu belki.

Ve sonuç; "Erdoğan kazandı..."

Tarih, toplumsal gerçekler ve bilim çok açık biçimde ortaya koymaktadır ki; "*Popülistlerle, ideolojik olmayan bir mücadele ile zafer elde etmek olanaksızdır. Bu gerçeğin istisnası dahi söz konusu değildir.*"

Esasen Erdoğan için Fetullahçılar kolay lokmaydı. Çünkü, tümüyle "*kapalı devre örgütlenen, ideolojisiz ve toplumsal muhalefetçe sevilmeyen bir gruptu.*" Aynı zamanda, "*kirli, kumpasçı, iftiracı, örgütsel amaçları doğrultusunda her yolu mübah sayabilecek*" bir gerçeklikleri vardı.

O günlerde biz gazetecilik yaparken bu durumu öngörüyorduk. Fetullahçıların mutlak bir yenilgi yaşayacağını görmemek olanaksızdı.

Tam o günlerde, Erdoğan devasa kitleleri mobilize ediyordu. Zaten Popülizmin yarattığı, büyüttüğü ve Gezi ile taçlandırdığı "*derin yarılma*" ortadaydı. Artık insanlar "*mensubiyetlerine göre TV kanalı izliyordu.*"

Erdoğan milyonlara seslenirken tutmuş, içselleşmiş "*gerçek millet ve ötekiler*" sistematiğinden geri adım atmadan yine bir tarihsel hata baş gösterdi.

Tüm muhalefet partileri, neredeyse Parlamento içi ve dışı partilerin tümü, "*yolsuzluk belgelerini, üzerinde tepinircesine gündemleştiriyordu. Şimdi diyeceksiniz ki, "bundan doğal ne var?"*"

Böyle bir ortamda yolsuzluk belgeleri muhalefet partileri için fevkalade önemlidir. Nitekim bu belgeler sayesinde; temiz toplum, şeffaf refah devleti iddialarına zemin yaratırlar. Kirliliği vurgularlar.

Fakat, siyaset alanında var olma iddiası güden her siyasi parti, siyasetin felsefesine uygun hareket etmelidir. Meydanlarda "*milletine seslenen*" bir Popülist lider, o güne kadar yürüttüğü stratejiyi sürdürüyor iken ve bu stratejinin mutlak yenilmezliği bir gerçek olarak kendisini defalarca göstermişken, "*öteki*" ve hatta "*gerçekten de kirli olan*" öteki ile anılmak hata olacaktı. Dolayısıyla siyaset, "*yolsuzlukların üstünde tepinmeli, fakat bunun yanı sıra Fetullahçıların bu evrakları yolsuzlukla mücadele için sızdırmadığını, öteden beridir devleti ele geçirme amacı taşıdıklarından bunu yaptıklarını*" vurgulayarak; yayınlanan belgelerin sokaktan çekilen siyasetin devlet içine monte edilmesiyle ortaya çıkan "*hakimler arası çatışmanın sonucu*" temellendirmesinden giderek oyun bozmak fevkalade mümkündü. Ki neredeyse bütün muhalefet partileri öteden beri; Fetullahçılık ile mücadele çağrıları yapmaktaydı.

Cumhuriyet Halk Partisi'nin Fetullahçı yapılanma karşıtlığı tartışılmaz düzeydeydi.

Ama bariz biçimde, bir "*stratejisizlik*" kaynaklı bu zemin, Erdoğan ve parti popülistlerinin, Fetullahçıları da aşacak bir "*FETÖ*" torbası yaratma iştahını ve şaşkınlığını üretmiş oldu.

Yerel seçimler gerçekleşti. Erdoğan kazanmıştı. Daha doğrusu Popülizm bir zafer daha elde etmişti.

Şimdi bu Allah'ın lütfu olan 17-25 Aralık sürecinden yeni ve devasa bir şey çıkartılarak yola devam edilmeliydi. Zaten "marjinal olan ve sevilmeyen" bu tarikat yapılanması, özellikle de yürütülen kampanya bağlamında muhalefet partilerinin "stratejik hataları" nedeniyle inanılmaz bir fırsat doğmuştu.

Çünkü muhalefet partilerinin neredeyse "*tamamı,*" bu süreçte Fetullah'ın kötülüklerinden dem vurmuş ama bir siyasal fırsat gibi görülen "*yolsuzluklar*" bu sesi işitilmeyecek düzeyde bastırmıştı.

Dolayısıyla artık bir tarihi fırsat yakalanmıştı. Fetullahçı F Tipi örgütlenme tasfiye edilecek, ama bu marjinal örgütsellik; tüm siyasetle ilişkilendirilecek, bu ilişki "*siyasetin 17-25 Aralık tutumu*" üzerinden gerekçelendirilecekti.

Keza, muhalefetin zaten FETÖ'ye karşıt doğasının bir önemi yoktu. İktidarla birlikte yürüyen milyonlar tamamen atomize edilmişti. Artık tüm siyaset 5 kavramla tanımlanacaktı; "*Vatana ihanet, Türkiye düşmanlığı, Millet düşmanlığı, Millete ihanet, Emperyalist uşaklığı...*"

Ve büyük lider, İsrail'e kafa tutan lider zafer üstüne zafer kazanıyordu.

Artık bir savaş vardı. Türkiye, Türkiye düşmanlarıyla savaşacaktı. İşte 15 yıllık AKP'nin politize olduğu ve terk ettiği politikaya sarıldığı tek süreç burası olmuştur. "*Savaş.*" Çünkü savaş bir politik hareketliliktir. Ve AKP'nin politikayla tek ilişkisi "*savaştır.*"

Aslında bu açmazı evvelce görmüş biri olarak henüz 17-25 Aralık operasyonları yeni yapılmışken bir köşe yazısı kaleme almıştım. Sözüm "*siyasi muhalefete*" idi. Ve toplam 3 hamlede mat edilebilecek bu Şah tiplemesinin neler yapabileceğine atıf içeren yazılar yazmayı sürdürmüştüm. Ve yine, siyasete seslenirken; "*FETÖ AKP'den daha tehlikelidir*" mesajı vererek, yürütülecek yeni siyasetin ipuçlarını aktarmaya çalışmıştım.

O makalemi paylaşmadan önce şunları söylemek isterim; "*Popülistler, önceden öngörülebilirler. Bu nedenle yenilmeleri son derece kolaydır. Çünkü şablonları ve stratejileri belirlidir. Eğer halen ayakta durabiliyorlarsa, karşılarındaki siyasi muhalefetlerin stratejisizlikleri bunun temel nedenidir.*"

Peki nasıl karşı koyulmalıdır? Cevabı basit: "*sürekli, ısrarla, yaratılan kutuplaşmanın zeminin çökertecek pozisyonlar alarak ve güçlü bir ideolojik mücadele temelinde, somut, güncel bir yarınlar tasarlayarak.*"

Elbette siyasi hareketlerin "*taban kaybetme kaygısı,*" bütün toplumun mobilize edildiği gündemin içinden siyaset üretme zorunluluğunu yaratıyor. Bu bağlamda kitabın her bölümünde ısrarcı bir dille vurguladığım "*örgütlülük*" tarihi önem arz ediyor. Siyaset, kitlesel tabanını yarattığı ideolojik örgütlülük ile mobilize ederek aşabileceği Popülizmin gündemlerinden kaçınmak zarureti ile karşı karşıyadır.

Bu durum, muhalefet siyasetinin çok köklü, çok radikal bir "*yöntem, strateji ve politik*" değişikliğini zorunlu hale getirmektedir. Yürütülen *"kitle siyaseti"* adlı *"alternatif popülist hegemonya"* arayışı tümüyle çökmüş, ortak değerler ve ilkeler odaklı bir ideolojik zemin kendini olanca açık biçimde zorlamaya başlamıştır.

Şimdi 17-25 Aralık operasyonlarının yaşandığı o hafta kaleme aldığım makaleyi değerlendirerek devam edelim.

1. *Ergenekon ve Balyoz kumpas davaları ile boşaltılan yerlere FETÖ'cülerin yerleştiği bilgisine dayanarak oluşabilecek bir darbe hareketliliğinin "dar bir cunta" hareketliliği olarak kalacağını öngördüm.*
2. *Keza ABD'ye yönelik rahatsızlıklar Ergenekon ve Balyoz kumpaslarında büyümüştü. Bu bir "emir komuta zinciri" oluşmasını engelleyecekti.*
3. *Gelen, gidenden daha kötü olacaktı. Bu mesajım "AKP karşıtı olan herkeseydi."*
4. *Ayrıca hükümet bu durumu görmeli, Popülizmi terk ederek; normalleşme sağlamalıydı.*
5. *Ve bu hususta seslenebileceğim başkaca bir siyasal merkez yoktu.*
6. *Halk öncelikle kendi siyasal seçeneğini yaratmalıydı.*
7. *Ve son paragrafta "bir cunta hareketi olacağından neredeyse emin olmam sebebiyle," bu darbe girişimine direnilmeliydi.*
8. *"İş bu hakikat üzere" vurgusu ile işaret ettiğim hareketliliğe karşı halk sokağa çıkabilmeliydi.*

Bu bir yazarın, gazetecinin *"hiçbir belge ve bilgiye dayanmadan,"* Ortadoğu denklemlerinden çıkarsadığı bir öngörüydü. Ve öngörü tuttu.

Eğer o gün bir siyasi hareketin lideri olsaydım, bu öngörü bağlamında; *"Popülist kutuplaşmayı tamamen yok edecek argümanlar yaratmak fevkalade mümkün olabilirdi."* Türkiye için AKP ve FETÖ'den bağımsız, yepyeni bir siyasal zemin yaratmak için son derece uygun ve elverişli bir ortamdı.

Ve şunu da not düşmek isterim. Bu ve benzeri yüzlerce makale, kitaplar, TV konuşmalarıma rağmen, Popülist iktidarın *"FETÖ'cü"* ilan ettiği kişilerden biri olarak, ruh halimi biraz tefekkür etmenizi temenni ederim.

Göstere göstere gelen bu yarılma, yine bugünden yarına çok net öngöreceğim sonuçlar taşıyor.

Bu satırlara "*yarın neler olacağını*" yazmak istemiyorum. Çünkü defalarca kez haklı çıkmanın yarattığı büyük huzursuzluğu taşımak, vicdanlı bir bireye son derece fazla bir durumdur.

Ama "*öngördüklerimi*" okumak için Aydınlık Gazetesi arşivlerine göz atabilir ve onlarca kez bugünlere yönelik haklı çıkmış, birebir örtüşmüş tespitleri inceleme imkanı bulabilirsiniz.

Konuya dönecek olursak, AKP süreci Popülist stratejileri ışığında doğru yönetti. Kazandı. Ve esasen benim öngördüğüm bu durumu da "*öngörerek,*" baş ezmeyi, kelle almayı tercih etti. Bu zaferlere yeni bir zafer ekleyecekti. Her zafer, bir motivasyonu büyütüyor, Popülist iktidarın "*diktatörlük*" yolculuğunda güç katıyordu.

Sokaklarda "*hırsız Tayyip Erdoğan*" sloganları atılıyordu. Erdoğan bir stratejist değil. Ama AKP stratejik olarak; "*yarattığı ya da işaret ettiği düşmanın, üzerine giydirilen elbiseye uygun davranarak*" bir haklılık yaratma eğilimi içindedir.

Yani, FETÖ 17-25 Aralık sonrası "*darbeciliği*" tescilli örgüt olmuştur. Ve benim makalemde de öngördüğüm gibi mutlaka şansını deneyecektir. "*O halde buyursun, başını ezelim*" mantığıyla, hem devlet içi hakimler mücadelesinde bir kanadı tamamen yok edecek zeminin oluşması, hem de "*haklı temellere oturan darbeci*" tanımlamasının kendisini alenileştirmesi gibi bir durum ortaya çıktı. Bu konuda, "*15 Temmuz'un bilinçli müsaade edilmiş bir girişim olduğunu söyleyemem.*" Ama bir gazetecinin 2013'te bu kadar aleni öngördüğü bu hadisenin AKP tarafından öngörülmediğini de söyleyemem.

Ve şimdi arkanıza yaslanın ve düşünün.

Bu kanlı ve vahşi darbe girişiminde vefat eden ya da yaralanan bir vatandaşın amcasının oğlu yerinde konumlanarak düşünün.

17-25 Aralık fezlekelerine dayanmak suretiyle Erdoğan'a "*hırsız*" diyen bir kişi sizin için ne ifade eder?

Tüm bu yaşanmışlıkları göz önünde bulundurarak tekrar tekrar düşünün.

Ve şimdi tekrar kendi kimliğinize dönerek gidip AKP hegemonyasının kuşattığı mahalleden birinin kapısını çalarak, *"hırsız Erdoğan"* deyin.

Ne oldu? *"Hakaret işittiniz, küfür yediniz. Ve hatta şiddete uğradınız..."*

Aranızda bu ve benzeri bir durumla karşılaşmamış kimse var mı?

1. Ve şimdi tekrar arkanıza yaslanınız.
2. Halk özel harekat adı altındaki silahlanmayı,
3. *"Gerçek Milletin"* tümüyle kapalı devre bir yaşamsallığa geçişini,
4. AKP medyasına yönelen büyük ilgiyi,
5. Ve AKP'ye oy vermeyenlere yönelen *"şiddet ve nefret dolu"* eylemleri,
6. Komşular arasında bile gerilen ilişkileri...

Tüm bunları düşünün. Ve bütün bunların; tek başına bir kişi olan Erdoğan tarafından örülmediğini, adeta tüm Türkiye siyasetinin seferberlik ilan ederek bu yangına odun taşıdığını görün. Ve artık tek yolun, köklü ve radikal bir politik değişiklik olduğu, bugüne kadar yürütülen siyaset tarzlarının yarattığı bu sonuçları değerlendirerek kanaat getirdiyseniz kitabın nihai bölümlerinde *"çözüm"* önerilerine kulak veriniz.

8.4 DİNDAR NESİL TARTIŞMASI

Elbette değinilmemesi halinde eksik kalacak temel başlıklardan birisi de *"dindar nesil"* başlığıdır. Bu başlığın kullanılma gerekçeleriyle, bugün toplumsal muhalefetin kavramla verdiği kavga tam olarak örtüşür. Kavram, sırf bu kavganın oluşması için kullanılmıştır.

Kitabımızın çeşitli bölümlerinde ifade ettiğim bir hususu yinelemek suretiyle açmaya çalışayım; *"AKP, iktidara gelerek öncelikle iktidar olgusuyla kavgalı dindar kitlelerin tereddüt ettiği ve yadırgadığı biz siyasal eksene dönüşmüştür. Dolayısıyla ilk mücadelesi bu kitleleri ikna olmuştur."*

Politik ve ideolojik zeminde iktidar ve devlet kuramıyla kavga eden İslamcılığın önüne koyabilecek bir argümanı olmayan Popülist AKP iktidarı, bu ciddi ve geniş kitleyi; kapitalizmle ilişkisine ve iktidarına ikna edebilmenin tek yolu olarak bir tür "*savunma ve korunma*" refleksi üretme zarureti hissetmekteydi.

Bu hissiyat, İslamcılığın kökenden gelen ideolojik taleplerine kat'i şekilde yanıt veremeyecek olan AKP iktidarının kendisini meşrulaştırmasının tek yoluydu. Hali hazırda 28 Şubat bakiyesinin ve bu bakiyenin söylemlerini sürdürerek siyaset üreten çevrelerin davranış modellerini çözümleyen Popülist iktidar, ihtiyaç duyduğu koruma çeperini kurma adına bir ikna edici hat kurmalıydı.

Ve sihirli sözcük bulundu; "dindar nesil..."

"Sarhoş bir nesil istemiyoruz" başlığıyla yürütülen tartışmada muhalefet büyük yara almıştı. Kasıtlı olarak AKP grubu tarafından TBMM'de çıkartılan kavgalarla, "muhalafetin, alkol içmek için kavga ettiği" mesajı neredeyse bütün Türkiye'ye duyuruldu. Kültürel hegemonya potansiyeli sıfırlanan muhalefet, alkol için TBMM'de rezillik çıkartan bir yapı olarak addedilmişti. Erdoğan'ın hafif gülümseyen resimleri, Türkiye siyasetini aşan bir imaja bürünerek güçlenmesini sağlıyordu. Erdoğan kazanıyor, Türkiye kaybediyordu.

Geniş kitlelerin üzerinde uzlaştığı bir kavram olarak *"din,"* devlet ve sistemi tasarlayan bir olguya dönüşemezdi. Çünkü AKP iktidarı açısından mutlak manada yaşamsal görülen neoliberal politikaların kurumsallaşması adına İslamcılığın sistem dışı talepleri tehditkardı.

Ama İslamcılık; *"dindarlığın iktidar iddiasına yönelecek kitlesel tepkiler karşısında bir ehveni şer pozisyonu alarak, kötünün iyisi tercihiyle davranacaktı."*

Masa kuruldu...

Strateji oluşturuldu. Erdoğan *"dindar nesiller yetiştirmekten bahsedecekti."* Bu kavram, %50 civarında mutabakat toplayabiliyordu. Ve masanın etrafındakiler şundan emindi; *"siyasal ve toplumsal muhalefet bu çıkış karşısında, AKP Popülizminin tam da ihtiyaç duyduğu karşıtlığı ortaya koyarken kantarın topuzunu her zaman olduğu gibi kaçırarak "dindarlığı"* hedef alacak, laiklik adına 28 Şubat hafızasını canlı tutacak kritik hatalar sergileyecekti.

Böylece bir taşla iki kuş vurulacak, hem AKP Popülizminin merkezi konsolide etmesi sağlanacak, hem de ideolojik temelde devlet kuramıyla çatışan İslamcılık, *"dindar nesil"* kavramına karşı çıkan siyaset karşısında hiç olmayacak düzeyde AKP ile bütünleşmek durumunda kalacaktı.

Sonuç tam da beklendiği gibi oldu.

Erdoğan'ın *"dindar nesil"* ifadesi, son derece sert biçimde eleştirildi Ve eleştirilerin kaygılandırdığı merkez ve radikal kesimler; hiçbir ideolojik beklentisi karşılanmadığı halde ister istemez AKP hattına evrilmek zorunda kaldılar.

Zaten Popülistlerin en temel özelliği, oyunun başından itibaren kitleleri bir *"zaruret üzerinden"* kendileriyle ilişkilendirmeleridir. Bir ideolojik ortaklaşmaya gerek yoktur. Öteki addedileni sahaya çekmek, kitlelerin değerlerini tartıştırarak; *"değerlere sahip çıkan"* görüntüsü veren iktidarın çevresinde örmek bir siyasal yöntem olarak Popülizmin doğasıdır.

Onlarca yazı, makale, demeç, açıklama...

"Dindar nesil" tepkisi üzerinden gelişen tartışmalar, *"dindar olan"* nesillerde yadırganıyordu. Keza, bu nesil ve kitlelerle; eleştirenlerin iletişim kurması olanaksızdı. Çünkü bu iletişimi kuracak sosyolojik ilişki kopmuş, medya tekleştirilmişti. Muhalefet ne söylerse söylesin, karşıt olduğu şey; *"dindarlık kriterlerinin iktidarca belirlenmesinden duyulan rahatsızlık değil,"* dinin bizzat kendisine yönelik bir rahatsızlıktı zihinlere kazınan.

Bu nedenle AKP, kendi örgütsel tabanını genişletmek için özel bir çaba sarfetme ihtiyacı duymamıştır. Tabanını, muhalefete örgütletmiştir. Muhalefeti konuşturarak, korku ve kaygıları görünürleştirmiş ve bunun üzerinden kitleselleşmiştir. Popülistlerin bu yönü, ürkütücü bir şeytanilik içerir. AKP bu şeytani aklın en güçlü temsilcisidir.

8.5 ERDOĞANFOBİK SİYASET

Siyasal tarihimiz sanıyorum ki *"kendisinden nefret edilmesi ve kendisine karşıtlık örülmesi"* için özel gayret sarf eden bir siyasi lider daha tanımamıştır. Popülistlerin tarih boyunca kullandığı yöntemlerden çok daha farklı olarak Neopopülist bir lider olan Erdoğan, tek adamlaşma serüvenini esasen 16 Nisan referandumu ile başlatmamıştır.

Erdoğan, iktidara geldiği ilk gün itibariyle tek adam rejimine geçişi sağlamış, siyasetin *"kendisine karşıtlık"* hattında şekillenerek, *"kendisini odak noktası"* yapan bir süreç inşa etmiştir.

Ki geride bıraktığımız bölümlerde Popülist liderlerin *"lider ile halk arasındaki dolayımlar, kurumları yok etme eğiliminden"* bahsetmiştim. Bu eğilimin ilk adımı, iktidara geldikleri an itibariyle; karşıtlarının *"politik temelde, kendi şahsına evrilen"* bir karşıtlığı üretmesini sağlamak olacaktır.

TAYYİP'İN 2 YÜZÜ

Camiye postalla giren ABD'li askerleri kahraman ilan etti. 'Duacıyız' dedi

Camiye ayakkabıyla giren yaralı gençlere hakaret yağdırdı. 'Vandallar' dedi

Bunları görmezden gelmişti

Bunları hedef tahtası yaptı

"Erdoğanfobik kültüre" bir örnek.

Çünkü böylece kurumlara, siyaset etme biçimine yönelmesi gereken karşıtlık *"bir kişiye"* indirgenecek, bu durum siyasetin kişiselleşmesinin önünü açacaktır. Keza Türkiye pratiğinde tam da bu anlattığım durumun gerçekleştiğini söylememiz mümkündür. Erdoğanfobisi, doğal olarak AKP siyasetine yönelmiş kitleleri AK Partililikten kopartmış ve Erdoğanistleştirmiştir. Bu çok doğal ve makul görülebilecek bir evrimdir.

Politikanın kurumsallaşması, kurumsal ve ideolojik karşıtlaşmalarla mümkündür. Çünkü bu durum, "önermelerin" ortaya çıkmasını sağlar. Eğer bir ülkede siyaset alanı "önerme içermeksizin, sadece karşıtlık üzerinden" gelişiyorsa, siyasal çöküş bütün toplumu kuşatmış olacaktır.

Keza şu bir gerçektir ki, öteden beridir siyasetsizleşen Türkiye halkı, bu yeni iktidarla birlikte çöküşü temellendirmeye başlamış, bu durum tüm boyutlarıyla kendisini hissettirir olmuştu. Dolayımsız bir biçimde, ısrarcı bir dille; *"neden Erdoğan'a laf söylemiyorsunuz"* şeklinde gelen eleştirilere kulak verdiğimde, siyasal tabanımızın da farkında olmadan bu ateşe odun taşıma noktasına geldiğini gözlemleyebiliyorum.

Bu durumun bir diğer sonucu da, *"kişifobik siyasetin kurumsallaşması akabinde, bütün seçenek potansiyeli taşıyan kişi ve lider profillerinin"* yok edilebileceğini görebilmemizdir.

“

Erdoğan, Çankaya adaylığını açıkladı... Nefret vaazı verdi... Halkı kucaklayamadı

YIL: 8 SAYI: 2563 2 TEMMUZ 2014 ÇARŞAMBA

T.C. Sözcü

BİZE TERS!

- Cemaatle kol kola girip, kumpasa göz yumdun. TSK'yı bitirdin...
- Her fırsatta dini siyasete alet ettin. Kutuplaştırdın...
- Cumhuriyet'i ve onun değerlerini yok saydın, örseledin...
- Ata'mıza ve İnönü'ye dil uzattın... Onlar için "2 ayyaş" dedin...
- Milli bayramları yasaklattın... T.C.'yi her yerden sildirmeye kalktın...
- Demokrasi talep eden gençlere 'çapulcu' dedin, aşağıladın...
- Bir milletin üzerine polisi sürdün, gençlerin ölmesine neden oldun...
- Sen ve ailenin adı yolsuzluğa karıştı aklanacağına, bağırdın...
- Şehitleri unuttun teröristbaşı Apo'yla pazarlık yaptın, ah aldın.
- Yurtiçi ve dışında bayrağımız indirildi 'gık'ın çıkmadı, seyrettin.
- Ülke, dış politikada bataklığa saplandı komşu bırakmadın...
- Vatandaşımızı rehin alan IŞİD'e 'terörist' yerine 'unsurlar' dedin...
- 'Türbanlı bacı dövüldü' ve 'camide içki içtiler' yalanını çıkardın...
- Adaylığını açıklarken bile böldün, SÖZCÜ'yü yine dışladın...

Ters köşe yapacaktın, biz seni ters köşe yaptık...

Erdoğanfobizme en güzel örneklerden biri olan bu manşetin, siyasetin AKP kurumsallığından bağımsızlaşarak, kendi temelinde şekillenmesini isteyen Erdoğan'ı rahatsız etmeyen bir manşet olduğunu söylememiz gerekir. Manşet spotlarında yer alan eleştirilerin tamamının "Erdoğan" tarafından yapıldığı vurgusu, esasen "muhalefetin" stratejik bir hatasıdır. Çünkü bu "tekilleşme," halkta "lidere karşı lider" arayışını örgütler. Bu da "politik, ideolojik ve kurumsal siyaseti yok edecektir."

”

Yine güncelden örnekleyerek izah etmem gerekirse; kişi odaklı siyasete bir kez girildiğinde, güçlü olanın bilge olanı, ahlaksızın ahlaklıyı, demagogun siyasetçiyi yok edebileceği alan oluşur.

Çünkü bu alanda kuralları "*güçlü*" olan belirler. Ve gücün sırrı Popülistin esrarlı, sihirli sözcüklerinde gizlidir.

O sözcüklerin içeriğinden ve o sözcüklerce büyülenmiş geniş kitlelerin gerçekliğinden ziyade, sözün hangi dinamikleri harekete geçirdiği anlam kazanır.

İçinin boş olması farketmez. Duygulara temas etmesi yeterlidir.

Bu bağlamda Kemal Kılıçdaroğlu çıkışı, ciddi bir kitlesel heyecan yaratmıştı. Kamyoncu boğazlı kazağı ve Anadolu kokan çehresi ile Kılıçdaroğlu, halkın içinden gelen bir lider adayıydı.

Şimdi dikkatlerinizi önemli bir noktaya çekmek istiyorum. Bu ifadelerim doğru anlaşıldığında büyük oranda ciddi bir iş başarmış olacağımızı düşünüyorum.

Bugün Kılıçdaroğlu'na yönelen ve toplumsal muhalefetten gelen bazı eleştirileri anımsayalım:

"Lider imajı yok. Nasıl yenecek Erdoğan'ı?"

Peki soruyorum; neden böyle bir yargıya varılmıştır?

Cevabı son derece basit. *"Dürüst olan, ötekileştirmeyen, kapsayıcı seslenen, kucaklayıcı olan, siyasal yaşamı boyunca tahkir edici ve ayrımcı tek bir çıkışı olmayan ve aslında bireysel düzeyde kalmak suretiyle Popülizme karşı içerikler ortaya koyan Kılıçdaroğlu tam da Popülist iktidara panzehir iken, nasıl böyle algılanır hale "getirilmiştir?"*

Çünkü, hali hazırda *"kabullenilmiş"* tek adamlığın temeli olan *"Erdoğanfobik"* siyasetin esir aldığı muhalefet, Erdoğan'a karşı Kılıçdaroğlu denklemine sürüklediği Kılıçdaroğlu'nun politik mücadele yürütmesine olanak tanımaz bir basınç yaratarak, böyle kurgulandığında kesinlikle kaybedilecek bir oyun kurulmasına vesile olmuştur.

Yani Kılıçdaroğlu'na yönelen eleştirilen sebebi toplamda Kılıçdaroğlu'nun yürüttüğü siyaset biçimi değil, toplumsal muhalefetin siyaseti *"Erdoğanfobik temele çekerek,"* asla kazanılamayacak bir oyuna dönüştürmesinden kaynaklanmaktadır.

Bu nedenle, *"gerçek millet ve ötekiler"* polarizasyonunun kanıksandığı ve olağanüstü güçlü biçimde kurumsallaştığı bir ortamda, muhalefet hareketlerinden beklenmesi gereken *"değişim,"* kişi değişikliği değil, siyaset etme yöntemine dair bir değişiklik olmalıdır.

Keza kişi odaklı değişim taleplerinin bagajında, kazanılamayacak bir oyunu kabullenmişlik vardır. Bu farkında olmaksızın kabullenilmiş *"siyasetsizleşme"* durumu, tarihin hiçbir safhasında *"neopopülist hegemonların"* yenilgisiyle sonuçlanmamış, Nazi örnekliği dahil, neredeyse tüm örnekliklerde gördüğümüz üzere, mutlak bir "*tek adam rejimi*" inşa etmiştir.

Kemal Kılıçdaroğlu örnekliği üzerinden devam ederek esasen konuyu derinleştirmek istiyorum.

Elbette bu örneklemenin temel sebebi, Cumhuriyet Halk Partisi Milletvekili olmamdan kaynaklı değildir. Bu kitabı bir milletvekili motivasyonuyla kaleme almadığım gibi, güncel ve anlaşılır olması nedeniyle bu örnekliği tartışmayı uygun buluyorum.

Dünya lideri addedilen bir siyasal kişiliğin, gündelik yaşamının büyük bir bölümünde, anamuhalefet partisinin liderine yönelik sözlü tacizlerde bulunmasının nedeni nedir sizce?

Sizce bu hesapsız, kitapsız yürütülen bir strateji midir?

Ve sizce, bu durum bir Neopopülist lider figürü olarak Erdoğan'ın bizzat geliştirdiği bir davranış biçimi midir?

Hayır!

Kitabın önceki bölümlerinde bahsettiğim bir meseleyi hatırlayınız; "*AKP iktidarının en büyük başarısı, siyaseti sokaktan tümüyle çekerek devlet içi hakimler savaşına dönüştürmesinden*" bahsetmiştim.

Popülist liderler açısından, en büyük siyasi risk; "*siyasetin bu zemininden kayması riskidir.*"

Eğer bu zeminden bir kez kayarsa, yenilgi mutlak ve kaçınılmaz olacaktır. Yine kitapta verdiğim 7 haziran seçimi örneğini hatırlayınız.

Ve şimdi dikkat!

Yarattığı "*gerçek milletin*" yeni "*milli değerler*" sisteminden yine iktidarın kültürel hegemonyasıyla dışlanan bir karşı figür olarak Kılıçdaroğlu'na yönelmek, Kılıçdaroğlu'nun tabanı üzerindeki etkisini yok edercesine, toplumsal muhalefetin,Erdoğan ile sürdürülecek bir kavgaya yönelik hırs ve basınç yaratması içindir.

Zamanla, "*kişifobik*" siyaseti kanıksayan toplumsal muhalefet, tam da Popülizmin büyüsünü yok edecek yeni kuşatıcı siyasete evrilmek yerine, yaşanmakta olan ve nefret duyulanca sürdürülen polemikte kalma ısrarıyla yaklaşacaktır muhalefet liderlerine.

Ve artık muhalefet liderlerinin tabanları üzerinde dönüştürücü bir gücü kalmayacak, liderler tabanları tarafından esir alınacak ve yine tabanın bu "*kaybedilmesi mutlak kavgaya uygun*" lider tiplemeleri arayarak, Popülist iktidarın kaçınılmaz galibiyetine farkında olmadan katkı sunacaktır.

Nasıl ama?

Biraz yadırganabilir. Ama bu durumu Kur'an'dan bir örnekle derinleştirmek istiyorum.

Her ne kadar bir ideolojik tartışmayı her halükarda "*idealizme*" bağlantıladığım eleştirisi gelecekse de, gerçek idealizmin bir toplam şartlanmışlık olduğu gerçeğinden kaynaklı ısrarımı sürdürerek örneklememe geçeceğim.

> ***(ENBİYÂ suresi 98. ayet)*** *Siz ve Allah'ın berisinden, kulluk/kölelik ettikleriniz, cehennem odunusunuz. Hepiniz oraya gireceksiniz.*

Kur'an'ın cehennem tehtidlerinin "servet ve refah sahiplerine" yönelik olduğunu yazdığımız diğer kitaplarda defalarca söylemiştik. Çok kullanılan bir tabir olarak "cehennem odunu" ne demektir, buna da değinelim.

Cehennem, yani sınıflı ve kaos ortamı "*ateş*" benzetmesiyle anılır. Bu ateşi yakan, varlığını sürdürmesini sağlayan tüm unsurlara da "*odun*" denilir.

Egemenlerin gözüyle hayata bakma çabasına gark olan ezilenlerin, sistemin varlığına sunduğu katkı yadsınamaz. Yani Cehennemi yaratan aklın yanında saf tutan her irade bir katkı sunar. Ama en büyük katkı, "*Cehennemi Cennete çevirmeksizin, içi boş ve doldurulamaz yöntemlerle Cehennemi yaratan aklı güçlendiren "karşıtlarıdır."*

Örneğin, deprem olduğunda kimsenin çıtının çıkmayışı. Sırf üç kuruş kazanabilmek için yapılan çürük yapılarda ölenlerin "ilahi kader, takdir-i ilahi" sloganları eşliğinde uğurlanması, lakin evinize giren katillerle savaşıyor olmamız bu tezatın belirginleşmesini sağlar.

Bu gerçeğe rağmen, bir deprem sonrasında " *sokaklarda yürüyüşler tertip edilmez.*" Ki bu en basit örnektir.

Egemenler, neyi seveceğimizi, hangi olaya kızmamız gerektiğini takdir etmiştir. Her eve sokulan ve kuyruğu egemenlerin ağzına sokulan "*medya*" aracılığı ile, toplum kimyası biçimlendirilmiştir.

Kime, neye karşı olacağımız, kültürel hegemonya tarafından belirlenir.

İtiraz kültürü, "*ilahi*" kelimesi ile başlayan cümlelerce kuşatılıp imha edilir. Sokakları, kör ebe oyununda uzmanlaşmış olanlar doldurur. Sürü, çoban nereye giderse peşinden gider.

Yeryüzü cehennemi, budur. O cehennemin odunları ise; egemenlerin gözünden hayata bakan "*ezilenlerdir.*"

Ama en tehlikelisi, bu kirli oyunda; egemenin arzu ettiği ve yarattığı temelde kalmak suretiyle, onu güçlendiren ve bunun farkına varamamaksızın karşısında konumlanan kitlelerin bu farkındalık krizinden kaynaklı olarak kendisini tüketen bir basınç ve dayatma hattına dönüşmesidir.

Türk'ün, Kürd'ün, işçinin tüm sorunları, egemenlerin dudaklarıyla belirginleşir. 17 Milyon icra dosyasının mahkemelerini doldurduğu memlekette, 17 kişi bir araya gelip bu duruma itiraz edemez hale gelir. Bu, sistemin iyice palazlanmasını sağlar. Çünkü o vurdukça, halk tatmin olmaya başlamıştır çoktan. Ve karşısında bu durumu değiştirmek şöyle dursun, ateşe odun taşıyan bir yaklaşım oluşmuştur.

Cehennemin harareti artmış, alevler gök kubbeyi kuşatmıştır. Nefes alan her insan, bir oduna dönüşmüştür. Zulmün güç aldığı, beslendiği bir odun.

> ***(CİN suresi 15. ayet)*** *"Hak yoldan sapanlar ise, cehennem odunu olurlar."*
>
> ***(ENBİYÂ suresi 98. ayet)*** *Siz ve Allah'ın berisinden, kulluk/kölelik ettikleriniz, cehennem odunusunuz. Hepiniz oraya gireceksiniz.*

Cin suresinde geçen ayet önemlidir. "*Öldükten sonra olurlar*" demiyor. Saptığınız an "*Cehennem odunu olursunuz*" diyor. Bu inceliğe dikkat ediniz.

Ve şimdi yüksek sesle söylüyorum. Sanıldığı gibi, yaşadığımız cehennemin odunları; AKP'ye aleni olarak destek verenler değil, bizim gibi *"bir iplik kadar kopabilesi"* bu neopopülist büyünün tesiriyle mestolmuş, yön ve rotasını şaşırmış karşıtlarıdır.

Evet, hepimiz Cehennem odunuyuz...

Aynı örnekten devam etmek istiyorum.

Popülist iktidarların kanıksanarak tek adam rejimleri inşasını engellemede en temel sorun, büyülediği kitlelerden ziyade; *"muhaliflerinin kendilerinin öngördüğü zeminde kalmasından kaynaklı büyük krizdir."*

Bu krizin beslendiği kaynakları daha da irdeleyelim, ki üzerinde mutabakat sağlamamız, şüphesiz bu gerçeği görmemiz mümkün olabilsin.

İşte ısrarcı tekrarlarımın bu kitabı adeta okur üzerinde bir baskı unsuru oluşturma çabası, tümüyle *"gerçeği görerek"* değişebilmek dışında bir seçeneğimiz olmayışındadır.

Dikkatlice hatırlayalım. Bölümün başında ifade ettiğimiz zemini güçlendirme adına, Popülist iktidarların kültürel hegemonya aracı olan *"yandaş"* medyada süreklileşen bir tartışmaya dikkat çekeceğim.

X bir yandaşın *"Kılıçdaroğlu"* ile olmaz önermesi, Kılıçdaroğlu'nun sürekli hedefleşmesi akabinde gelişen karşı refleks nasıl oluşmaktadır? *"Gerçekten de olmaz..."*

Aslında *"gerçekten de olmaması gereken"* tam da siyasal çıkışın buradan gerçekleşeceği düşüncesidir.

Ve çok sık tanık olduğum şu tartışma muhalefetin mahallesini kuşatır; *"nasıl bir lider olmalı?"*

Kitabı okuyanlar arasında da çoğunlukla bu tartışmaya dahil olmuş olanların olduğunu varsayarak, herkesin verdiği ortak cevabı hatırlatayım; *"genç olmalı, boylu poslu, koydumu oturtan, masaya vuracak, Erdoğan'a haddini bildirecek biri olmalı."*

Bu teslim oluş tümcesinin içerisini incelediğimizde en ufak bir politik, ideolojik emare içermediğini görürüz. İşte bu Popülist iktidarların kendi alanlarını, sokağı siyasetsizleştirdiği gibi, muhaliflerini de siyasetsizleştirdiğini delilidir.

İfade ettiğim gibi, oluşan bu siyasal basınç; "*muhalefet parti liderlerinin elini kolunu bağlar.*"

Onların, tam da kitabın girişinden beri anlattığım gibi; "*Popülist iktidarın karşısında bir genel kuşatıcı mutabakat siyaseti kurmasına olanak tanımaz bir baskı hattı yaratır.*"

O halde şunu söylemek mümkündür. Siyasal değişimlerin temeli toplumsal değişimlerdir. İktidar değişiklikleri, siyasal hareketlerin yarattığı toplumsal değişimlere bağlıdır.

Popülist iktidarlar; varlık ve hegemonyalarını sürdürebilmek için öncelikle; siyasal muhalif hareketleri, üzerinde şekillendikleri toplumsal tabanı dönüştüremez hale getirir. Ve onları hem iktidarla, hem de kendi toplumsal tabanlarıyla mücadele etmek gibi bir paradoksa zorlar.

Bu durumdan çıkışın yolu yok mudur?

Elbette vardır. Ve aslında bir cümleden ibarettir. Kararlı biçimde siyaseti "Popülistlerin mutlak anlamda yenileceği ideolojik hatta çekme kararlılığında bir siyasal muhalefetin, siyasi değişimden önce toplumsal değişimi önceleyerek kendi tabanını; iktidarın müdahalelerine kapalı bir ideolojik çeperle sarmalanmış hale getirmesidir.

Ve en önemlisi "*Erdoğanfobik*" siyaset anlayışının tamamen haritadan silinerek, kurumsallaşan yeni lisanın sahaya sürülmesi ve güçlü bir toplumsal sese dönüşmesi gerekir.

Böylece Erdoğanistleşen Popülist iktidarın yok edilen kurumsallığının parçası olan kişi ve kitlelerin; "*bu türden bir Popülist siyaset tarzının kültleşen liderin ömrüyle sınırlı kalan ve akabinde çöküşü getirecek*" temelsizlikte olduğunu görmesini mümkün hale getirecektir.

Sağlaması çok açıktır.

Bu durum ne zaman gerçekleşse; AKP kendi içinde yüksek tansiyonlu kavgalar yaşamıştır.

Ve yine 7 haziranda siyasetin "*Erdoğanfobik dilinden kopan ve vaatler odaklı gelişen*" tarzı, tarihinde ilk kez bir seçilmiş Başbakanın görevden alınmasına varacak kırılmaları yaratan büyü bozumunu başarmıştır.

Sürekli kutuplaştırarak sonuç alan iktidarın, bu işten kazandığını görerek "*kutuplaştırmaya*" devam ettiği bir ortamda, belki de 15 yıllık iktidar sürecinde ilk kez "*Popülist büyüyü bozan*" bu yeni siyaset dilinin başarısını görüp onda ısrar eden bir toplumsal muhalefet yaratmaması da ayrıca düşündürücüdür.

Yaşadığım bir olayı aktararak bu bölümü tamamlayacağım. Yaptığım bir köy ziyaretinde yanıma gelen 65 yaşlarındaki bir amca bana; "*vekilim, daha çok çıkın televizyona, daha çok vurun bu adama*" gibi bir laf söylemişti.

O günlerde "*güncelin*" içinde tam da içine düşmemiz istenen anlık öfkelerle yaptığımız çıkışlar nedeniyle bu söylenmiş. Çünkü ben, 65 yaşındaki o yaşlı ve hayatının geri kalanında ciddi hedeflerden ziyade, huzurlu bir son hayali kuran amcanın yüreğinde "*büyütülen*" öfkeye hitap etmiştim. Bu benim onun nezdinde önemsenmemi sağlamış ve elbette kibrimi okşamıştı.

Bu kibrin ve alkışlanmanın yarattığı hastalıklı durumun tesirinden kurtulmamamız adına gelişen ve bence bir "*toplum mühendisliği*" olan gündem kendisini sürdürmeye devam ediyordu.

Hemen her gün, türlü iftiralarla hedef gösterilirken, bir diğer taraftan da alkışlanıyordum. Yani, bir taraf şeytanlaştırıyor, diğeri ise kahramanlaştırıyordu.

Tam da bu gerçeğin içinden sormak gerekir; "*aynı surete baktığında birinin şeytanı, diğerinin ise meleği gördüğü bir durumda, bu iki kişinin birbirleriyle kurabileceği ilişki ne kadar mümkündür?*"

Melami üstadın muhabbetlerinden feyzlendiğim bir dönem, dahil olduğum muhabbet erkanında ilginç şeyler söyleyen birine dikkat kesilmiştim. Bir takım sırlara vakıf olduğunu söylüyordu. Bizlerin erişemeyeceğiz bazı sırlar. Ve anlattıkları dağarcığımızdaki hiçbir bilgi ile örtüşmüyordu.

Erkana dahil olanların bir kısmının öfkesini öteki kısmının ilgisini cezbeden bu kişinin yıllar sonra kendisini mehdi ilan ettiğini öğrendiğimde çok şaşırmıştım.

Evet, Popülist kültürel hegemonyanın sahte mehdilerine dönüştürülen siyasal figürlerin, meydanı birbiriyle savaşan "*kişilerden*" ibaretleştirmesinde her birimizin büyük emeği var. O halde şu ifadeyle diğer başlığımıza geçelim; "*ötekisi olmayan bir biz önündeki en büyük engel; sen, ben ve o sarmalına sıkışan biz'dir.*" Ve tüm arayışları hep "*o*" şeklindedir. Aslında aradığı şeyin bizzat "*biz*" olduğunu anlaması halinde bozulacak büyü, bu ısrardan kurtulmadıkça tesirini sürdürecektir.

Ve Popülist lider tamamen "*görmezden*" gelinmelidir. O kadar ki, kendisi bile "*var olduğuna dair şüphelere kapılmalıdır.*" Görülmemesi gereken tek şey O'dur. Görülmesi ve gösterilmesi gereken ise, tüm tarihin ortak çelişkisidir. Üretim ilişkilerimizdir. İşte, hepimiz orada buluşacağız.

8.6 BENİM YAŞAM TARZIM!

Sanıyorum en fazla eleştirileceğim bölüm bu olacak. Bu nedenle, çok yalın bir dil kullanmaya özen göstereceğim.

Türkiye'de öteden beridir yürüyen "*yaşam tarzı*" tartışması yine toplumun temel gündemlerinden biri haline gelmiştir.

"*Yaşam tarzı*" asla tartışılamaz bir gerçekliktir. Devletler, halkların mikro düzeyde içerdiği bütün sosyal fenomenlere eşit ölçüde yaklaştığı kadar adildir. Esasen adaletin temelini buradan tanımlamamız fevkalade mümkün.

Bu noktada bir bilimsel tartışma üzerinden "*edinilmiş fenomenler ve doğal fenomenler*" ayrımı yapılabilir. Ama bu tartışmanın muhatabı "*devletler*" değil, entelektüeller olacaktır.

Edinilmiş sosyallik ile, doğal sosyallik nedir?

Büyük toplumsal değişim iddiası ortaya koyan hareketler, mutlaka bir "*sosyal kişilik*" yaratır.

Örneğin; "*sosyalist örgütlenmelerde yaygın propagandanın aksine üzerinde dikkatle durulan bir ahlakilikten bahsederiz.*"

Kişi, katıldığı sosyalist örgütlenmenin bir parçası olabilmek için, hali hazırda sürdürülen bu ahlakiliği yaşamsallaştımak durumundadır. Örgütlü mücadelenin içinde, "*alkol kullanımını ve kadın-erkek ilişkisini kat'i suretle kısıtlayan*" bir ahlakiliği benimsemediği taktirde dışlanır.

Genel olarak *"küçük burjuva zaafları"* olarak tanımlanan bu eylemlerin *"mücadelenin dinamizmine zarar verecek yozlaşmalar"* vurgusu üzerinden gelişen bu tutum, İslamist örgütlenmelerdekinden çok daha güçlü ve önemsenen bir tutumdur.

Aynı biçimde, İslamist hareketler açısından da durum benzerdir. Harekete dahil olan birey, eğitilir. Belirli teorik eğitimleri almak ile birlikte çeşitli alışkanlıklar edinmesi sağlanır. Sabah namazlarına kalkmıyorsa, kaldırılır. İbadetlerini aksatmaksızın yaşam sürdürmesi, İslam akaidine aykırı davranış geliştirmemesi yaşamsallaştırılır. Aksi durumlarda, sosyalist hareketler kadar katı bir dışlayıcılık gelişmese de, ciddi bir propagandaya tabi tutulan kişiliğin mutlak dönüşümü esas alınır.

Hemen hemen her mahallede benzer hadiselerden bahsedebiliriz.

Eğer oturduğunuz apartmanda kadınlar Kur'an okuma toplantıları yapıyor ise ve siz daha önce bu toplantılara katılmadıysanız ilk kez katılımınızda; mevcut sosyalleşme biçiminizle katılırsınız. Bu katılımın sürdürülmesi, zaman içinde kendi sosyalleşme biçiminizden koparak o topluluğun içerdiği yaşam tarzını benimsemenize yol açar. Ve bu süreç hiç kırılgan değildir. Yani, o topluluğa bir içerik katmanız olanaksızlaşmıştır. Dolayısı ile ya katılır dönüşürsünüz, ya da katılmazsınız.

Bu her mahallede benzer şekilde tecelli eder.

İşte bu dönüştürücü gücün adı *"asimilasyondur yani özümlemedir."* Hayatımızda sıkça karşılaştığımız bu kavram, sadece *"baskı kurarak özümsetme"* olarak tartışıldığından, *"doğal ve iletişime dayalı özümsetme"* noktasındaki içeriksel tartışmalarını yaşamımızdan çıkartmıştır.

Bir toplum, üzerinde baskı kurarak *"kimlik, dil, kültür ve tüm sosyal fenomenlerine"* yabancılaştırılabilir.

Ve bazen bu *"cebir"* yoluyla olmayabilir.

Örneğin, Alevi inancına sahip olan yurttaşların *"zor"* yoluyla inançlarını terketmelerinin telkin edildiği tarihsel süreçler olduğu gibi, sistemli olarak inançlarının Sünni inancıyla eklemlendiği tartışmalara tabi tutularak dönüştürülmeye çalışıldığı süreçler de söz konusudur.

Aynı şey bir Kürdün aslında Türk ırkından geldiğini iddia eden aklın yaşattığı travmatik geçmişimizde de görülür.

Yaşam tarzlarına müdahale AKP ile birlikte yaşamaya başladığımız bir süreç değildir.

Devletin "*Kürde, Muhafazakara, Aleviye*" ve tüm "*öteki kimliklere*" yönelik dışlayıcı tutumuna dair ansiklopedik külliyat yaratabilecek birimize sahibiz.

Ulus kimlik inşasının doğal bir sonucu olan böylesi hadiseler, tüm ulus kimlik inşa süreçlerinde gözlemlenebilir.

Amerika'da zenciler, Almanya'da yabancılar, İngiltere'de köylüler.

Bu durumun ortaya çıkma nedeni son derece basittir.

İnsanlığın kocaman bir aile ve nihai biz konumundan, küçük hanelere ayrılırken ihtiyaç duyduğu bir gerekçe olarak "*farklılıkların birbirlerine üstünlüğü*" düşüncesi, tam da bu durumu temellendirir.

"*Tanrı Türk'ü korusun*" tümcesindeki Tanrı koşullamasının Kürdü, Ermeni ya da Arabı kapsaması beklenemez.

Dolayısıyla, kimlik ve yaşayış biçimlerinin "*ortak fenomenleri*" de atomize ettiğini söylemek mümkündür.

Arabın Allah'ı ile Acem'in Allah'ı farklılaşması, tek olan Allah'ın değil, Araplık ile Acemlik üzerinden kurulan çelişkinin sorunudur.

Acem'in iktidar alanı ile Arabın iktidar alanı üzerindeki hegemonlar, bu şekilde var olabilirler.

Ünlü ortaçağ tarihçisi Mak Bloch'unortaçağı tanımladığı şu ifade önemlidir.

"Ortaçağ demek bir başkasının adamı olmak demektir."

Yani insanlık kendi içinde yaşadığı bu çelişkiyi sürdürdüğü ölçüde "*ortaçağ*" sürecektir.

Kadın kimliği örneği üzerinden meseleyi somutlaştırmaya çalışacağım.

Yaşadığımız çağ açısından "*kadın nedir?*"

Yüzlerce farklı ifadeyle tanımlanabilecek bu kimliğin yaşayan tanımı aynen şöyledir; "*erkeğin partneri.*"

Yaşanan pratiğin bu şekilde cereyan etmediğini söylemek neredeyse olanaksızdır.

Yani "*kadın kimliğinin yaşayan tanımı dahi erkek üzerinden gerçekleşir.*"

"*Kadınlar çiçektir*" benzetmesi dahi bir bütün olarak "*erkek*" bir ifadedir. Çünkü çiçeklerle kurduğumuz ilişki "*koku ve rengiyle*" bizi memnun ettiği ölçüyle sınırlıdır.

Memnuniyet duyduğumuz çiçekler "*iyi,*" duymadıklarımız ise "*kötü*" çiçektir.

Yani bir kimliği tanımlarken dahi dolayımlarla kendi arzularımızı baz alırız.

Bizim gibi Doğu toplumlarında küfürler "*kadınların uzuvları*" üzerinden edilir.

Ve doğal olarak bu tutum bir karşı tepkiyi örgütler.

"*Kadın mücadelesi,*" kadının sosyal varlığını kabullendirmesi gibi, alenen var olduğu halde, varlığını kabul ettirme çabasına giren kadının kimlik mücadelesini başlatır.

Tehlike baş göstermiştir.

Erkek geri adım atar ve sınırlarını kendisinin çizdiği "*kadının sosyal yaşamdaki yeri,*" yine "*erkeğin*" bir lütfu olarak kadına varlığını görünürleştirmeye yönelik haklar verir.

Fakat bir gariplik vardır.

Garipliğin ötesinde, şaşılası bir kriz daha baş göstermiştir.

Kadın ya da dişi, esasen bir *"üretim modelidir."*

Tarihin bir aşamasını *"anaerkil"* diye tanımlar, halen var olan anaerkil kabilelerden atıfla, o dönemi ve yaşayışı *"özel mülkiyetin ve otoritenin ortaya çıkmadığı aşama olarak ifade ederiz."*

Avcı ve toplayıcı toplumun dağıtıcısı *"ana"* dır.

Ana ya da kadın, avlanıp kabileye yiyecek getiren eril(erkek)in getirdiklerini paylaştırır.

Bugün tam olarak bir *"arı kovanı"* mantığıyla işleyen bu süreçte özel mülkiyet ortaya çıkmamıştır.

Ve dolayısıyla sınıf, hegemonya, üstünlük yoktur. Sahip olma güdüsü gelişmemiştir.

Erkeğin egemen olmaya başladığı dönem ise tarım toplumuna geçiş sonrası olarak bilinir. Erkek kelimesi bir cinsel kimlik tanımı değildir. Erk, otorite demektir. Erkek; otoriyeti erilin elinde bulundurmasına atıftır.

Dişinin ya da kadının yarattığı üretim ilişkisinden geri dönülemez biçimde kopuş gerçekleşmiş, dolayısıyla yeni düzen eski düzeni yok etmiştir.

Ve yine, eski düzenin üretim ilişkisi olan *"kadın"* da yok edilmelidir. Erkek, bir üretim biçimi olduğuna ve bu yeni üretim tarzı *"özel mülkiyetçi, patroncu bir tarz olduğuna göre,"* bu yeni biçimi benimseyerek şekillenen her kimlik *"erkekleşmiş"* olacaktır.

Yani tarihin bu gerçekliğini baz alarak şunu söyleyebiliriz; *"yeryüzünde bir kimliksel olgu olarak kadın yoktur."*

Erkekleşen kadının, erkekle fiziksel farklılaşması vardır.

İşte tam da bu yüzden kadın, tek farklılaştığı durum olan *"fiziksellliğinden"* ibaret hale gelmiştir.

Modern çağ, erkek hegemonyasının en örgütlü olduğu dönem olmakla birlikte, kadın kimliğinin tarihsel bağlamına en yoğun biçimde yabancılaştığı süreçtir aynı zamanda.

Kadının özgürleşmesi, erkeğin üretim ve davranış tarzını benimsediği ölçüde mümkün ve bu ölçüde gerçektir.

Bu nedenle, sistemin mevcut üretim ilişkilerine yönelik gelişen her itiraz "*dişi*" karakterdedir.

Ve hegemon olan sistemin kendisi ise "*eril.*"

Bu büyük yabancılaşma ile birlikte, varsılların süreklileştirdiği temel davranış biçimi; yönetilenlerin alışkanlık, yaşam tarz ve modellerini belirlemek olagelmiş ve Türkiye'de de bu tartışma giderek büyümeye başlamıştır.

Ama meseleye şuradan bakmak önem arz edecektir: "baskılanan yaşam tarzları da dahil olmak üzere, tüm modellemeler; esasen hakim güçlerin ve sınıfların belirlediği bir çerçevenin ürünü olarak karşımıza çıkar.

Modernlik adına bireyselleşme, muhafazakarlık adına bilgiye kapalı pozisyon alma ve her ne kadar kategorik tanım yapacaksak, tüm bu tanımlar mutlaka bir "*üretim ilişkisine*" dayanacaktır.

Yani, bireyselleşen ve "*içkimi de içerim, keyfime de bakarım*" sloganıyla içerilen modelleme ile, "*millici, tarihsel bağları inşacı*" iddiasıyla şekillenen muhafazakar model ile en önemli kırılma noktasında uzlaşır; "*üretim ilişkisi.*"

Her iki yaşam modeli de, ortaklaşmacı ve eşitlikçi bir üretim ilişkisinden ziyade, temelden "*piyasacı ve tekelci*" tutumda hem fikirdir.

Bu manada "*bireyselciliğin,*" kolektif ve ortaklaşmacılığın karşısında aldığı tarihsel pozisyon ile,"*kimlik odaklı, demagojik içeriklerle şekillenen muhafazakarlık*" modellerinin aldığı pozisyon aynıdır.

Zaten Avrupa Aydınlanması ve Rönesans'a yönelen "*bireyselcilik*" eleştirilerinin kökeni, ortaçağdaki efendi-köle zemini, işçi-patron dönüşümüne tabi tutan bir eksene konumlanmasından kaynaklanır.

Ki "*muhafazakar birey*" adı ister hoca, lider, pir olsun, patroncu ve benzeşiktir.

Bu tartışmalardan vareste, başlığa dönecek olursak; "*gelinen bu noktada, temel çelişki etrafındaki benzeşmeye rağmen, neden ciddi bir çelişik kamplaşma oluşmakta, bu yaşam tarz ya da modelleri birbirlerinin biçimsel açıdan dönüştürme istidatıyla hareket etmektedir?*"

Bu noktaya kadar biraz karmaşık algılanabilecek bölümün kırılma noktası budur.

Başını örten kadının varlığından duyulan rahatsızlık ile, elinde bira şişesi olan kadının varlığından duyulan rahatsızlık "*hangi hayati çelişkiden*" kaynaklanır?

Büyük yarılmalar ve kavgalar; düşmanlaşmalar "*temel bir çelişkiden*" kaynaklanır. Bilim ve tarihin gösterdiği hakikat, "*insanlığın temel çelişkisinin üretim ilişkisi*" olduğunu ortaya koyar. Şu halde Türkiye'de yaşanan bu yarılma, "*gerçek çelişki olan üretim ilişkisi temelinde*" değil de, şekilselleşen bir temelde gerçekleşiyorsa, ortaya çıkan kavga politik değildir.

Aslolanda (üretim ilişkisi) uzlaşılmış iken gerilimin "*şekilsel zemine*" çekilmesi Popülistlerin bir başka sihridir.

Tıpkı sokağın siyasetsizleştirilmesi gibi, toplumsal farklılıkların birbiri ile kurduğu ilişkinin de siyasetsizleştirilmesi, birbirinin saçı ve sakalı ile uğraşan insan modelleri yaratır.

Oluşan bu modelin, aksi bir müdahale gerçekleşmedikçe tutumu değişmeyecektir.

Ve yine "*Popülist iktidarların asla kaybetmeyeceği o sihirli minderde*" güreşin gerçekleşmesi sorunsalı oluşacaktır.

Heleki siyasal alanın da bu zeminsizliğe gömülmesi, tam manasıyla bir facia iken, kitlelerin "*Erdoğanfobisini bu düzeysizliğin beslemesi*" yıkımın ayak sesidir.

Yani Erdoğan, neoliberal politikalar uygulandığı için görmediği toplumsal tepkiyi, alkole yönelik bir laf söylediğinde görüyorsa; tepkinin sahibi olan kitleler ile, Erdoğan neoliberalizmine teslim olan kitlelerin bir temel kavgası yok demektir.

İKİ AYYAŞ KİM?

CHP, Başbakan'ın "İki ayyaşın yaptığı yasa muteber oluyor da.." sözleriyle kimi kastettiğini sordu

UMUT Oran, Başbakan'ın din alkol yasağını savunurken kullandığı "İki tane ayyaşın yaptığı yasa muteber oluyor da neden dinin emrettiği bir yasanın reddedilmesi gerekiyor" ifadesini TBMM gündemine taşıdı. Oran şunları sordu:

NASIL ANLADIN

TBMM'de ne zaman 2 kişinin onayıyla yasa yapıldı?

Bahsi geçen iki tane ayyaşın yaptığı yasa hangisidir?

Kabulü ve yürürlüğe girişi hangi yollarla olmuştur?

Resmi Gazete'de yayımlanma tarihleri nedir?

İki ayyaşın sarhoşluklarını nasıl tespit ettiniz?

Bu konuda Başbakanlık'ta hangi raporlar vardır?

TBMM üyelerine ayyaş demek Meclis'in saygınlığına uygun mu?

Cumhuriyet tarihinde yasa yapan başka ayyaşlar var mı? 6'da

Esad'ın ajanları CHP'de

ERDOĞAN, "CHP'ye yakın bir gazetenin Hatay'daki temsilcisi ajanlıktan tutuklandı. İki kez Şam'a giden CHP heyetinin rehberi, Reyhanlı saldırısını planlayan kişinin ta kendisidir. CHP heyetlerini alıp Lazkiye'ye götüren oradan Şam'a götüren, hatta aynı fotoğraf karesinde yer alan şahıs Türkiye içindeki hain saldırıları planlayan şahıstır" dedi.

Türkiye'yi kıyma makinesine attı

BAHÇELİ, izlenen Suriye politikası yüzünden katillerin Türkiye'ye üşüştüğünü öne sürerek, "Reyhanlı'daki alçak saldırı bunlardan yalnızca birisidir. Çünkü Başbakan Türkiye'yi ölüm tüneline sokmuş, kıyma makinesine almıştır. Sınırlarımız delik deşik edilmiştir" dedi. Haberi 6'da

Birşey biliyoruz!

KILIÇDAROĞLU, "Reyhanlı'da 52 kişinin katili senin dediğin zaman, bil ki benim de bildiğim bir şeyler var. MİT, yetkilileri en son hangi tarihte uyardı" diye konuştu. 6'da

"

Tümüyle Erdoğan'ın kültürel hegemonyasıyla şekillenen toplum açısından "iki ayyaş" vurgusu çok kritik bir kırılmanın adımıydı. Erdoğan, "yaptığı yasaları" meşru temele bu şekilde çekecekti. Beslediği toplumsal yarılmaya hitap ederken, ilkeler değil "ayyaş" gibi popülist karşıtlıkları kullanacaktı. Bu, kendi kitlesini tatmin edecek ve kendisine yönelen öfkeyi büyüterek, kutuplaşmanın sürdürülmesi alanını açacaktı. Nitekim öyle oldu. Ve küpürün spotunda göreceğiniz üzere, konuşmasının bir yerinde "CHP'de Esad'ın ajanları var" ifadesi kullanarak, "biz ve hainler" algısını sürdürmüştü. CHP, ayyaş, alkolik, ajan ve haindi.

"

Popülist liderler, sihirbazdır.

Şimdi gözünüzün önüne bir sahne getireceğim.

İki ayrı kalabalık düşünün. Ve ortada bir Popülist lider. Karşısında da ona karşı olan liderler. Kalabalıkların arasında bir meydan var. Meydanda sadece Popülist lider ve ona karşı olan siyasi liderler. Ve meydanın tam orta yerinde, bir hazine.

Eğer kitleler hazineyi görürse "*sadece ona bakacak.*" Ve onu elde edecekler. İşte Popülist liderin büyüsü tam da bunun oluşmaması için karşı karşıya duran kitlelerin ortadaki hazineyi göremeyecek kadar "*birbirine bakmasını*" sağlamaktır.

Popülist lider, birbirine bakmasını sağladığı kitlelerin gözünü bir an bile birbirlerinden ayırmamaları adına sürekli, her gün, defalarca; birbirlerinden nefret ettirecek şeyler söylemelidir. "*Ayyaş, alkolik, zinakar"* diye ifadeler kullanacak, yanına aldığı kalabalığın alkışını toplayacaktır.

Ve karşısında duran kitlenin öfke patlamasını büyüterek, iki kalabalığın sadece birbirinin suratına bakar hale gelmesini sağlayacaktır. Ve ortamda inanılmaz bir gürültü vardır. Karşılıklı sarf edilen sözlerin devasa uğultusu bastırılamaz niteliktedir.

Ve Popülist lider sürekli daha fazla uğultu oluşmasını sağlar. Ve meydanda duran siyasi karşıtı olan liderlerin bir an dikkatleri tam ortadaki hazineye çekme ihtimali üzerinden, onların ses duyuramayacağı güçte bir uğultuyu besler.

İşte tam bu sırada, tek çözüm yolu vardır. Kulakları sağır eden uğultu, onları tüm gücüyle büyüleyen "*Popülistin*" söylemleri ve ortadaki hazineyi gören tek kişinin bile olmadığı bu ortamın tek çıkış yolu vardır.

Siyasal muhalif liderlerin başlarını yere indirmesi (sokak), hazineyi görmesi ve devasa kitlelerin bu hazineyi görebilmesi için bir kule inşa etmesi gerekir.

Birbirlerinin omuzlarına oturan liderler yüksek bir kule yaparlar.

Ve elleriyle aşağıdaki hazineyi işaret etmeye başlarlar. Herkesin görebileceği büyüklükteki bu kulenin dikkatleri çekmesi muhtemeldir. Çünkü Popülist lidere karşı olan kalabalığın içinde o kulede yer alan yüzleri sevenler vardır.

İşte o dev kalabalık, liderlerin işaretiyle "*hazineyi*" gördüğünde bütün oyun bozulur. Çünkü sonraki adım, hazineyi gören kitleye bakarak konuşmaya devam eden dev kalabalığa o hazineyi göstermektir. Herkesin hazineyi gördüğü ortamda ve kimsenin artık birbirinin yüzüne bakmadığı o ortamda, hazinenin başında birleşilecektir.

Az önce birbirine hakaret eden baş örtülü kadınla elinde alkol şişesi olan kadın için birbirlerindeki bu durum bir mutlak anlamsızlık haline dönüşecektir.

Öyle bir anlamsızlık ki, "*gerçeği görmenin birlikteliğinde buluşan bir anlamsızlık.*"

Ve o alandaki herkes, istinasız; "*sihirbazın topuklayarak oradan uzaklaşacağı*" bütünlüğü kuracaktır.

Bu örnek ışığında, Erdoğan'ın dikkatleri çekmek istediği yerlerde kalan bakış açılarımızın çok kalıcı biçimde değişmesi gerekir.

Ve elbette siyasal muhalefetlerin müştereken "*temel çelişkiyi*" gösteren "*ideolojik*" zemine çekilmesi gerekir.

Popülist liderlerin kazanımlarının tek sebebi, sadece bakan kitlelere dönüşmemizden kaynaklanır. Görmeye başladığımız an, zafer kaçınılmazdır. Elbette görmemizi sağlayacak "*görenler*" önemli ve bugünün temel ihtiyacı.

Bu madde ile birlikte "*Neopopülizmin besin kaynakları*" başlığımızda anlatmak istediklerimiz tamamlandığından, diğer ana başlıklarımızla tartışmamızı sürdürelim.

Siyaset ve Demagoji

Hayatımın en büyük korkusu *"iğne"* korkusudur. Fakat bu korkumun ömrü, hastalık bulaşıncaya kadardır. Tüm korkularımızın bir ömrü vardır. Ve ömrü, korkunun ilişkili olduğu sorunla yüzleşmemize bağlıdır.

David Copperfield, iyi bir sihirbazdır. Kurduğu sahnenin karşısında oturan kitlenin karşısında bir insanı kaybedebilir. Fakat, son tahlilde *"sihirbaz"* olduğunun bilinmesi, o insanın gerçekte kaybolmadığının bilinmesini sağlar.

Siyasetin esin kaynakları olan sihirbazların el çabuklukları, dikkatleri arzu ettikleri yere odaklamaya dayanır. Siz bir yere bakarken, olay başka bir yerde gerçekleşir. Başınızı çevirdiğinizde; sihirbazın görmenizi istediği durumu görürsünüz.

Eğer birinin sihirbaz olduğunu bilmiyorsanız yapacağı gösteri sizi aldatabilir. Yani düşünün ki, *"sihirbaz"* olduğunu bilmediğiniz ve *"sihirbazlık"* gibi gösteri temelli bir alana oturtamayacağınız, ciddiyetiyle sizi ikna eden bir *"gizli sihirbaz,"* kalıcı olarak bakmanızı istediği yere bakmanızı sağlayabilir.

Popülist liderlerin sihirbaz olduğunu ifade etmiştim. Keza bu usta sihirbazlar; illüzyonlarını gerçekleştirirken sahneden asla inmeme amacına dayanırlar. Çünkü sahneden indikleri an, başka bir sihirbazın hiç inmemek üzere sahneye çıkması muhtemeldir. Ve her sihirbaz, öncekinin hilelerini ifşa eder.

Gerçeğe dayanmayan herşey, gerçekliğini buna bağlayanların zincirine dönüşür. Gerçeği inkar eden her siyaset yarattığı iklimin kölesidir. Dolayısıyla Popülist liderler yarattıkları toplumun ve iktidarın kölesine dönüşmeye mahkumdur. İnsani olarak huzursuz, mutsuz ve gergin bir tipolojiye dönüşürler. Sanrılar, komplo teorileri, korku ve kaygılarla yoğuşmuş bir hayatın yarattığı mutsuzluk, öfke ve arzularının büyümesine yol açar. Arzularla paralel büyüyen ihtiraslar, esaret zincirlerini güçlendirir. Diktatörlük tam da bu sarmalın kendisidir.

Mutlu Diktatör yoktur. Mutsuzluğu kanıksamış ve mutluluğa yabancılaşmış diktatör vardır.

Siyaset alanı terk ettiğinde, geride sadece demagoji kalır.

Demagojinin kriteri yoktur. Çılgın bir sınırsızlıkla sadece hükmetmeyi esas alır.

Mesela, herkesin hayatında mutlaka yaşadığı bir örneği anımsatacağım; "*falanca olayın aslı şudur*" şeklinde kat'i bir olaya vurgu yaptığınızda, "*nerden biliyorsun, belki öyle değildir*" cevabı alırsınız. Oysa olay kat'i bir olaydır. Ama kat'iyyet; bilgi ile malüldür. Alanın demagojiye terki, bilgiye düşmanlaşmayı yaratır. Bilgi tehlikelidir. Çünkü en büyük otorite o dur.

Hani bir klasik ifade vardır, "*hiçbir patron çok bilen elemanı sevmez.*" Çünkü bilgi, para ve cebirle oluşmuş tüm otoriteleri yıkar. En fakirin en zengin karşısındaki üstünlüğüdür. Kimliksizdir. Ve gökkuşağı gibi tüm renkleri kapsar.

Bilgi birleştirir. Demagoji ise cehaleti örgütler. Örgütsüz cehalet işlevsizdir. Niteliksizdir.

Dolayısı ile alanda siyasetin var olması, cehaletin örgütlenmesini engellediğinde; öncelik alanın tamamen temizlenmesi olacaktır.

Alim ile cahilin farkını anlama açısından bir örneklemeyle devam edeceğim.

İran'da şah rejiminin tartışıldığı dönemlerde gerek İran'lı sosyalist entelektüeller gerek İslami kesim Şah rejiminin yıkılmasında hemfikirdi. Fakat, birbirleriyle ontolojik farklılıkları nedeniyle, temkinli pozisyon alan bu kitlelerin ortak bir mücadele üretme zemini yoktu.

İşte bu ortamda adeta bir meşale gibi dünü, bugünü ve yarını aydınlatan çok önemli bir isim sahneye çıktı; "*Ali Şeriati..*"

Bildiğimiz anlamda Müslüman Sosyalist hareketliliğin en önemli teorisyeni kabul edilen Ali Şeriati o günlerde polarize olan sembollerle ilgili tartışmaları izliyordu.

Kerbela mateminin acısı adına sırtına zincirler vuranların bu eyleminin "*bedene zarar veren mantıksızlığından*" bahseden aydın, entelektüel tip alanı domine etmişti. Şeriati sahneye çıktı ve sırtını zincirleyen Hüseyin sevdalısına seslendi; "*Ey Hüseyin sevdasıyla yüreği yanan, elindeki zinciri sırtına değil, Şah'ın duvarlarına vur!*"

Ali Şeriati'yi "*aman efendim, o da eklektik, bilimsel değil, idealist*" diye itham eden "*entel,*" sürekli "*at o pis zinciri elinden*" dediği mollanın tüm gücüyle zinciri sırtına vurmaktan vazgeçip Şah'ın duvarına boca ettiğini gördüğünde elbette şaşırmıştı.

Ve aslında İran'lı entelin zincirle kavgası üzerinden gelişmeyen toplumsal mücadele, Şah'ın keyifle izlediği ve varlığını sürdürdüğü zeminin teminatıydı. "*Pis yobaz! O zincir de ne öyle..*"

Aydının topluma yabancılaşması tehlikelidir. Ama elbette İran'da sonuç pek bildiğiniz gibi de gelişmedi. Şeriati, birleştiriyor; farklılıkları özümsetiyor ve tüm dikkatleri üretim ilişkilerine çekiyordu. Bu tartışmanın varacağı nihai nokta, asla bir otoriter rejim yaratamazdı.

Çünkü moderniteden yozlaşmaya, olağanüstü bir tartışma ve derinleşme toplumu kuşatıyordu. Jean Paul Sartre, "*eğer bir Tanrı'ya inanacak olsaydım, bu kesinlikle Şeriati'nin Tanrı'sı olurdu*" der.

Zincir örneği üzerinden devam edeceksek, İran'lı entelin tutumu demagoji, Şeriati'nin yaklaşımı ise siyasettir.

Elbette İran'da bir devrim olmadı. Şeriati öldürüldü ve demagoji iktidara geldi. Eğer yaşasaydı, ya da fikri yaşatılsaydı; durum farklı olacaktı.

Çünkü siyaset bir yöntem olarak mutlak çözümü arar. Şartlanmışlık ve benimsenmiş kabullerin inkarı, benimseyenin terkini sağlamaz.

Benimsenen olgunun yönünü belirlemek siyaset, olguyla kavga ise demagojidir.

Bu durumu bir örnekle sürdüreceğim.

İslam'ın ortaya çıktığı Mekke toplumunda özgür kadınlar başlarını örter, köleler ise örtemezdi. Bu sayede köle oldukları bilinirdi. Baş örtüsü bir "*özgürleşme*" sembolüydü. Ama tabi, içinde konumlandığı toplum açısından baskı ve zarureti de temsil ediyordu.

Yani "*baş örtülü*" kadınlar Mekke'nin elitleriydi. Ve yoksul kölelerin, cariye ve hizmetçilerin bunu takması imkansızdı.

Kendimizi düşünelim. Yaşadığımız toplumda bir kıyafet sadece elitleri temsil ediyor. Ve biz bunu giyemiyoruz. Öfke duyduğumuz elitlerin düzeni yıkıldığında, "*özgürlüğe*" atfen o sembolü sahipleniriz.

İşte köle kadınlar Mekke fethi ile birlikte, "*özgürlük nişanesi olarak başlarını örtmeye başladılar.*"

Ve başörtüsü ile ilgili ayetler, herkes tutkuyla başını örtmüşke, hali hazırda başı örtülü olan kadınlara geldi.

Ve "*baş örtülerinin ziynetlerinin üzerine sarkmasını*" söyledi. Zaten var olan bu sembol başka birşeyi örtme telkiniyle konumlandırılıyordu. Ziynetler…

Yani sahip olunması göreli olan şeyler. Bu ifade ile özetle; "*özgürleştiniz, bundan sonra üstünlük kuracak bir tutum almayın, ezmeyin, ezdirmeyin*" deniyordu. Elbette meselenin itikadi boyutuna değinmiyorum. O meselenin bir diğer boyutudur.

Tarihi bildiğimizde bu sembolün esasının bir "*özgürlük sembolü*" olduğunu biliriz.

Bilgiye övgüler dizmemin sebebi tam da bundandır. Bunu bilen bir entellektüelin kalkıp günümüzde "*laiklik adına*" bu sembole karşı olması mümkün müdür?

Değildir.

Oysa, bu tarihselliğinden kopan sembolü gerçekten bilimi esas alan bir entellektüelin reddetmekten ziyade, herkesin üzerinde mutabık olabileceği bu öz anlamıyla bütünleştirmesi gerekir.

Ya da, Erdoğan Rabia işareti yapınca; "*nedir bu Arap sevdası, ne Rabia'sı*" refleksi üretmek, İslam tarihinin belki de ilk feminist hareketliliğinin lideri olan, çok eşlilik ve cariyelikle mücadele eden Rabia'tül Addeviye'yi tanımamasından ileri geliyor olabilir mi?

Zaten entellektüelin tanımaması, Mısır sokaklarında etekle dolaşan kadına kezzap döken İhvan'cı profilin böyle bir devrimciyi sembolleştirebilmesine olanak tanımıştır. Entellektüelin tarihe yabancılaşması nedeniyle, İhvan'cının bu sembolü kendinde eritmesi, kadın mücadelesi veren bir Rabia'dan haberi olmaksızın Rabia sembolü yapan kadınları ortaya çıkartır.

Rabia gitti. Ebuzer gitti. İkbal gitti. Akif gitti...

Tarih boyunca sihirbaz size "görmenizi istediği" kadarını gösterdi. Ve gördüklerinizi irdelemeksizin reddederek, bağları koparttınız. Artık bütün bu semboller sihirbazın eline geçti. Ve sizin reddederek tüketemeyeceğiniz kitleler.

Ve aslında en büyük kötülüğü o kitlelere yaptık. Çünkü, bütün tarihsel olguların belirleyiciliğini otoriteye teslim ederek, esasında "devrimci" olan anlamlarının anlaşılabilir olmasını engelledik. Hakemi, teknik direktörü ve 11 futbolcusu aynı kişi olan takımla yapılan müsabaka esnasında sahadan çekilmemiz, maçın sona ermesini sağlamadı. 90. Dakikada 90. golü atarken, sahada var olduğumuz illüzyonu üzerinden kitleleri zaferine ikna eden o kötü takımın kazanmasını sağladık.

Ve sahadaki yokluğumuzdan kaynaklı, oyunun kurallarını belirleme, anlamları yeniden tanımlama güç ve yetkinliğini ele almasını sağladık. Ortaya çıkan sonuç karşısında da kitlenin coşkusuna ve yeni kurallara reddiyeler sıralayarak, trübünlerin öfke odağına dönüştük.

Suçluyuz

Ama en azından tek suçlu değiliz.

28 Şubat'ta başındaki örtü zorla çekilirken direnen kadının, o örtünün tarihte konumlandığı yer içinden çekilirken direnmemesi de bir suçtu. Fakat etrafında bunu zikreden tek bir kişinin kalmayışı ve yaşadığı yalnızlaşma bir hafifletici neden.

İşte hikayenin özeti bu. Anlamını bilmediği şeyi reddedenin referansı özgürlükken, anlamı kendisinden çalınan örtüsünün elinden alınmaması için mücadele edenin referansı da özgürlüktür. O halde ortaklaşılacak nokta bellidir. "*Özgürlük.*"

Siyaset bu ortaklığı kurabilmektir. Bilgi, tarihin ortaklaştırıcı hakikatlerini günümüze taşır. Demagoji ise öküz ile tren arasındaki ilişkinin ötesine geçemez.

Adolf Hitler ve Neopopülizm

Çocukluğu ve gençliğine atıf yapmaksızın Hitler'i siyaset sahnesine girdiği an itibariyle izlemek gerekir. Hitler, birahanelerde Aryen ırkının Almanya'yı büyüteceği tartışmalarını izlemek ile görevli bir ajandır. Ama sıkı bir ırkçıdır. 1. Dünya savaşının yaşattığı yenilmişlik duygusu ve çöken Almanya'nın durumu Hitler'in daha da radikalleşmesine yol açmıştır.

Bu süreçte sıkı bir silahlı mücadele savunucusudur. Hitler, silahlı mücadele ile yönetimi ele geçirebileceklerine inanır.

Ecart gibi Almanya'nın varlıklı sağ ideologlarından birinin kurduğu Thule örgütünün birahane toplantılarına katılır. Aryen ırkının, ari ırkın ele alındığı; kafa tas ölçülerinden bahsedildiği bu toplantılarda, Almanya'nın dünya hegemonyası konuşulur.

Ve bir gün Hitler bira içtiği masasından kalkarak konuşmaya başlar. O güne kadar "*mehdi*" bekleyen Ecart büyülenmiştir. Bu genç ajitatör, çok ateşli bir konuşma yapmıştır. Birahanede; Hess gibi sonraları Führer'in ikinci Adamı olacak bir kişi de vardır.

Kısa bir süre içinde yaptığı ateşli konuşmalarla gündeme gelen Hitler, Nazi partisinin sekreteryasına kadar yükselir. Ve Ecart'ın da desteğiyle partinin lideri olur.

Bu andan itibaren, silahlı mücadele ve darbe çalışmalarını başlatır. Ordunun önemli isimlerinden Röhm'ü ikna eder. Röhm'e SA taburlarını kurdurur. Bu silahlı birlikler, ordu ve emniyet içinden kişilerden oluşmaktadır.

Ve 1. Dünya Savaşının kahramanı Göblinz harekete katılır.

Ezik bir kişilik olan Himmler ve diğerleri.

Harekete geçerler. Bir darbe girişiminde bulunurlar. Ve başarısız olurlar.

Parti kapatılır; Röhm, Hess, Hitler gibi isimler tutuklanır.

Önceleri cezaevinde intiharı düşünen Hitler için süreç içerisinde bambaşka bir değişim yaşanır.

Hitler artık, sandık yoluyla iktidarı ele alacaktır. Bunun için duruşmalarda savunma yapmayacak, halkı ikna edici bir lider imajı çizecektir.

Genç bir gazeteci olan Göbbels'le yolları duruşmalarda kesişir. Göbbels bu etkili ajitatörden çok etkilenmiştir. Çalıştığı gazetede sık sık Hitler'i öven yazılar kaleme almaya başlamıştır.

O dönem ABD destekleriyle yaşayan Almanya'da görünürde bir ekonomik kriz yoktur.

Ancak yıllar süren ve "*Kavgam*" adlı kitabın yazdıldığı cezaevi süreci sonrası kriz yavaş yavaş başgöstermeye başlamıştı.

Göbbels artık partiye katılmıştı. Röhm SA tugaylarının başı, Göbbels medyadan sorumlu, Himler SS tugayları, Göblinz hava kuvvetlerinden, Ecart ise tasfiye edilmiş bir durumdaydı.

İlk seçimlerde %3, sonra %2.4 oy aldı Nazi partisi.

Sonra 107 sandalye aldılar. Ve nihai olarak %44'leri gördüler.

Buna, Wall Street borsasının çöküşü yol açmıştı. Hitler; ABD güdümlü ekonomiyi eleştiriyordu. Dış mihraklardan kurtulmaktan bahsediyor, çok çalışarak Alman halkının şahlanacağını söylüyordu.

Ve borsa çökünce ABD, Almanya'dan alacaklarını talep etti.

Fransa, alacaklarına karşılık fabrikalara el koyuyordu.

Ve Hitler iş başına geldi.

Çok detaylı anlatmayacağım. Fakat ilk yaptıkları şey "*1 milyon radyo üretip dağıtmak oldu.*"

Göbbels'in bu dehası neticesinde hem işsizliğe bir miktar çözüm bulunmuş, hem de her eve radyo sokulmuştu.

Akabinde medya genelgeleri ile, tüm medya Göbbels'e bağlandı.

İlk başlarda Göbbels'e direnen ve Prusya içişleri bakanı olan Göblinz de artık teslim olmuştu.

Tüm radyolar, tüm hoparlörler ve gazeteler Göbbels'in elindeydi.

"*Almanya uyan*" sloganıyla iş başına gelen Naziler, yollar yapıyor bunları inanılmaz bir ihtişamla sergiliyordu.

Tek devlet, tek ulus, tek lider söylemiyle, fabrika açılışlarıyla ve yollarla yürütülen propoganda devam ediyordu.

Ve kültürel hegemonya...

Göbbels "*radyo ajanları*" diye bir grup yaratmıştı. Her eyalette ve şehirde, gün içinde dolaşıp radyo dinlemeyenleri fişleyen ajanlar vardı.

Herkes radyo dinlemeliydi.

Tüm gün, neredeyse 24 saat aynı şey söyleniyordu; "*büyük Almanya, Almanyanın düşmanları, içimizdeki hainler.*" İçerdeki hainler de belliydi; "*Yahudiler.*"

Nazi Popülizminin gerçek halk ve ötekiler kutuplaşması; "*aryen ırk ile Yahudiler*" şeklinde konumlanmıştı. Çoğunlukta olan aryen ırk ve azınlık fakat varsıl olan Yahudiler.

Bu sayede "*Nasyonel sosyalistler,*" vadettikleri ekonomik reformları yapamamaları halinde tüm suçlu "*Yahudiler*" olacaktı.

Ve elbette dış düşmanlar.

Beklendiği gibi, yapamadılar.

Hitler günde en az 10 konuşma yapıyordu. Tüm medya bloke edilmişti. Göbbels ve diğer kurmaylar da konuşuyordu.

Muhalifler cezaevlerine tıkıldı. Günlük infazlar yaşanmaya başladı.

Ve Hess'in (2. Adam) denetiminde Hitler'e kaçak bir saray yaptırıldı. Bir dağ evi olan bu "*kaçak saray,*" bölge halkının arazilerine el koyarak yapılmıştı.

Muhafazakar bir lider olan Hitler, eşcinsel olduğu için en yakın adamı olan Röhm'ü harcamıştı. Ve SA tugaylarını dağıtmıştı.

Büyük Almanya'dan bahsediyor, ihtişamlı mitingler yapıyordu.

Sandıkta tüm rakiplerini eziyor; "*milli irade*" diyerek yaptığı tüm yanlışlara meşru zemin yaratıyordu.

Ve yerinde sayan bir girdaba girmişti.

Ekonomik kriz büyüyordu. Sovyet Rusya'sı, bir yıkıcı güçtü Hitler açısından. Ve elbette en güçlü karta sarıldı. Savaş!

2. Dünya savaşı ve sonrası malumunuz. Hitler'in intiharı ile sona eren bir süreç. Ve tarihin en büyük yıkımı. Bir soykırım, milyonların katledildiği kanlı bir zulüm.

Naziler açısından baktığımızda, Nazizm; Popülizmin en güçlü uygulayıcılarından olmuştur.

- Biz ve onlar çelişkisi yaratılmış; içeride Yahudiler, dışarıda ise Bolşevikler "*düşmanlaştırılmıştır.*"
- Alman halkının aslında herşeyi olabilecekken, bu iç ve dış unsurların sürekli provokasyonları neticesinde Almanya'nın büyüyemediği mesajı verilmiştir.
- Tüm medya ele alınmış, kültürel hegemonya gerçekleştirilmiştir
- Karşı kültürel ve siyasal dinamikler yok edilmiştir
- Ve sürekli gerilime duyulan ihtiyaç, bir mutlak çöküşü getirmiştir.

Özetle bu özellikleri nedeniyle Nazi hareketi bir "*popülist*" harekettir.

İlginç olan, "*cezaevinden çıkan muhafazakar liderin; Tanrı, Alman milleti, büyük Almanya gibi çıkışlarla*" ve bu çıkışları domine edecek hamlelerle, halkı aldatarak iş başına gelmesiyle hayata geçmiştir.

Nazizm "*sandıkla gelmiştir.*"

Koalisyon ortağı olduklarında güçsüzdürler. Derhal tek parti iktidarı kurmaları gereklidir.

Ve Alman parlamentosunda yangın çıkar. Parlamento yanar.

Halka bu yangının "*komünistlerce çıkartıldığını*" söylerlerler.

Ve sokağa iner, miting miting gezer; "*koministlerin milletin evini yaktığını*" anlatırlar. Ve arkası tek parti iktidarıdır.

Hitler her gün konuşmaktadır. Sürekli aynı şeyleri tekrar etmektedir.

Tekrarın gücüyle, halk ikna olmuştur. Ve 2. Dünya savaşının kırılma noktalarından olan Stalingrad yenilgisine kadar hemen hemen ilgisini yitirmez.

Hitler akılcı bir taktikle, yıllar süren savaşın; Almanya içinde hissedilir bir süreç olmamasını sağlar.

Halk açısından bu durum şöyledir; "*1. Dünya savaşında kaybeden Almanlar,, artık Dünya'ya meydan okumaktadır.*" Bu meydan okuma "*gazı*" üzerinden halk, gerçeklerine yabancılaşmıştır. Ta ki büyük yıkım gelene kadar. Sovyet toplarının Berlin içlerini vurmaya başladığı an bozulan büyü, öncesinde tüm gücüyle varlığını sürdürmektedir.

Nazi partisinin devletleşmesi öyle bir noktaya ulaşır ki, artık neredeyse resmi davetlerde dahi; Almanya bayrağı yerine parti bayrağı dalgalandırılır.

Türkiye ile fevkalade benzerlikler içeren bu süreç, kat'i suretle aynı sonla bitmemesi gereken bir AKP popülizmi tahlilinin yapılmasını zorunlu kılar.

Hitler'in en büyük avantajı, savaş sonrası çöken Alman motivasyonunu güçlendirebileceği ekonomik ve siyasal çöküşün varlığıdır. Ve siyasal ortama kaosun hakim olmasıdır.

Türkiye açısından durum biraz daha iyimserdir.

Muhalefet partileri vardır. Popülist ve Nazizm'le benzeş öğeler barındıran AKP; SA ve SS tugayları yaratamamış, muhalefete yönelik bir mutlak yok ediş sürecine girişememiştir.

Fakat, tarih ve toplumun gösterdiği hakikat şudur. Bu sihir bozulmazsa, son Nazi Almanya'sı gibi olacaktır. Bunu engellemek, mani olmak için neler yapmak gerekir?

İşte kitabımızın son bölümlerinde bunları detaylıca anlatacağım.

Zihniyet Devrimi

Elbette bireysel bir değişimin örgütsüz kalarak toplumsal değişimi sağlaması düşünülemez. Fakat, bir örgütlü mücadelenin; amacı içselleştirmiş örgütlenenlere ihtiyacı vardır.

Bu nedenle "*eleştireceğim*" tipoloji, içine kendimi de kattığım bir geniş kitleselliği hedefliyor.

Her birimiz birer birey olarak içinde bulunduğumuz toplumsal sistemi yaşıyoruz.

Yaşadığımız şey, bireysel hayatlarımız değil; içinde bulunduğumuz eko sistemdir.

Çünkü doğru ve yanlışlarımızı, hakikat ve hikmet algımızı, değerlerimizi ve toplamda bizi biz yapan herşeyin bizden önce tanımlandığı bir ortamdayız.

Dünya'ya geldiğimizde bir kültürün içinde gözlerimizi açıyoruz.

Ve öncelikle "*doğuştan gelen*" davranışlarımızın terbiye edilmesiyle birlikte sosyalleşiyoruz.

Dört yaşında bir çocuğun, acıktığı an "*kimseye sormadan*" masadaki yiyeceğe el uzatması halinde, önce eline vuruyor; sonrasında "*elini uzatmadan önce sormasını ve istemesini öğretiyoruz.*"

Yarattığımız bu paralel evren, içinde bulunduğumuz doğal eko sistemle uyuşmuyor.

Canlılık aleminde sürdürülen eko sistem, bizim inşa ettiğimiz uygarlığın davranışlarıyla çeliştiğinden, tümüyle o eko sistemden kopmayı tercih ettik.

Gözümüzün önünde sürdürülen bu yaşam modelinin, hırslarımıza dayalı olarak yaratacağımız düzeni tartıştırmasından korktuk.

Uygarlık olarak ifade ettiğimiz yeni düzeni bu hareketliliğin dışına taşıdık. Ve kentler ile ormanları ayırdık.

Daha da ileri giderek, tüm canlılık alemine hükmetmeyi benimsedik. Onları aşağılık, kendimizi ise akıl yönüyle en üstün varlık olarak ifade ettik.

İnsanlığın "gelişim ve ilerleme" tasarımlarıyla, bu eko sistemin uyuşmadığını söyledik. Gelişimi sürdürülebilirlikten bağımsız okuyarak Tanrısallaştık. Ve yarattığımız yeni Tanrı olan "üstün insan" etrafında kurulan bir yeni seleksiyon zincirini kaçınılmaz kıldık.Bütün kadim öğretiler bu durumu eleştirirken, aslında temel çözüm yolunun bir öze dönüş olduğundan bahsetti.

Ve elbette bu öze dönüşten "*ormanlara dönme*" anlamamamız gerekir. Fiziksel bir dönüş ya da yapısal bir değişimden bahsetmiyorum. Tümüyle mental ve motivasyonel bir dönüş.

İşte bu noktada şu soruyu tekrar sormak gerekiyor; hangi öz?

Irksal özümüz mü? Kültürel özümüz mü?

Hiçbirinden bahsetmiyorum.

Hangi "*öz*"den bahsettiğimi anlaşılır kılmak için evvelce bir kitabımda verdiğim "*gözlük*" örneğini vererek devam edeceğim. Ve vereceğim örneğin bir "*mistik öz*" çağrışımı yapmaması adına, dikkatlice ele alınmasını öneririm.

Bilindiği üzere madde moleküllerden, moleküller ise atomlar arası bağlardan oluşur. En basit haliyle, bir atomaltı süreci oluşturan atom; "*çekirdek ve etrafındaki elektronlardan*" ibarettir. Çekirdekte pozitif yüklüproton ve nötr olan nötron, etrafında ise negatif yüklü elektronlar vardır.

Atomlar birbirleriyle bağlar kurarak molekülleri oluşturur. Bu bağlar "kararlılık" diye bilinen ve kimyasal cetvelde soygaz olarak öğrendiğimiz kararlılık düzeyine ulaşmayı amaçlar.

Bu bağlanmalara *"kimyasal bağ"* denir. Bildiğimiz maddelerin tamamı *"kimyasal bağlarla"* birbirine bağlanan atomlardan oluşur.

Kimyasal bağların oluşmasının amacı, atomların; soygazların *"dengeli ve kararlı"* haline dönüşmesi istidatındandır.

Yani atomun amacı/ideolojisi *"soygazların kararlı sürecine"* dönüşmektir. Ve tüm atomlar sadece bu amaçsallığa göre davranırlar.

Atomların birbirleriyle elektron alışverişi yapıp ya da elekronları ortaklaştırdığı bağlanmalara tepkime denir. İki atomun bir araya geldiğinde oluşturduğu eğilim anlık etkileşim ve tepkimedir. Çünkü soygazların son kararlılığına erişmek için elektrona ihtiyaçları vardır.

Bu nedenle soygazlar tepkimeye girmezler. Çünkü zaten ulaşılması gereken *"kararlılık"* noktasındadırlar.

Helyum dışında tüm soygazların, çekirdek çevresindeki elektron sayıları 8'dir. Daha doğrusu son yörüngelerindeki elektron sayıları 8 olmalıdır.

Bu sayıya erişemeyen ve *"kararlı halde"* bulunmayan atomlar, tek başına bulunduklarındakinden daha düşük enerjili bir duruma geçmek için birbirleriyle elektron paylaşımına girer. Bu bir alışveriş yaratmaz. Birbirlerine bağlanmayı yaratır.

İşte bu bağlanma *"kimyasal bağ"* olarak ifade edilir.

Ve bu bağların kuvveti *"oluşan molekül ve maddenin"* sertliğini, yumuşaklığını, erime ve kaynama noktasını tabir caiz ise bütün fiziksel özelliklerini belirler.

Ve bu bağlarla birlikte ortaya et kemik dahil tüm nesne alemi çıkar.

Bu *"kimyaya ilgi duymayan herkesin"* anlaması adına fevkalade basitleştirerek yaptığım anlatım, fiziğin ve kimyanın temelidir. Tüm kuramlar bu hakikat üzerinde şekillenir.

Şimdi gözlük örneğime değineyim: *"bir gözlük üretildiğini ve gö-*

zümüze taktığımızda sadece bu atomaltı düzeyi gözlemlediğimizi" düşünelim. Titreşimsel bir hareketlilik ve enerji düzeyini düşürmeye yönelik "*bağlanmalar*" gerçekleştiren, tamamı birbirinin aynısı olan atomlar ve bağlanmalardan oluşan moleküller.

Burada insan; yetiştiği ortamın ve doğuştan geldiği farklılıklarının olması açısından moleküldür.

Ve bir arada olduğu insanlarla oluşturduğu toplum ise nesne.

Erime noktası, kaynama noktası, sertlik ve yumuşaklığı farklı olan bu nesnelerin birleşimi ise "*medeniyet ve uygarlık.*"

Mutlak öz ise "*atom.*" Yani, insanın doğal gerçekliğidir. Bu doğal gerçeklik, diğer bir doğal gerçeklikle bağlanarak "*yeni bir durum*" yaratır.

Oluşan "*yeni durum,*" atomun yani özün temel eğilimi olan "*kararlılık*" aşamasına evrilmeyi amaçlar.

Esasen tezim, uygarlık dışındaki tüm nesnel ortamın (tabiat ve canlılık) bu kararlılığı yansıttığıdır.

Ama insan uygarlığı açısından durum böyle değildir.

Verdiğim örneği sürdürerek devam edeyim.

Bu duruma istisna olarak insanlık eliyle "*atom çekirdeğinin parçalanması*" sonucu olağanüstü bir enerjinin ortaya çıkması sağlanmıştır.

Kararlılık haline geçmeye çalışan "*doğal amacı,*" enerji düzeyini düşürmek iken, atomun "*doğal durumuna*" kendiliğinden gelişemeyecek bir müdahalenin yapılması halinde, olağanüstü yüksek bir enerjinin ortaya çıkması sağlanmıştır.

Yani, atomların normal şartlar altında çarpışarak kendiliğinden yıkıcı bir enerji ortaya çıkması olanaksızdır. Lakin "*big-bang*" gibi spesifik ve istisnai süreçleri burada başka bir yerde konumlandırmak gerekir. Sistemleştirdiği doğallığı yaratacak enerjiyi oluşturan ve akabinde doğal sürecine dönen hareketlilik, müdahalelere açık fakat kendiliğinden "*yıkıcı*" bir enerji ortaya çıkarma eğiliminde olmayan noktadadır.

Şimdi örnekte aktardığımız bilgiyi sürdürelim.

Bir "*yeni durum*" oluşumundan bahsetmiştik. Kararlılığa erişme adına "*birbiriyle bağlanan*" insanların, bir müdahale sonucu "*atom bombasına*" dönüşmesi, yıkıcı, yok edici bir enerjinin oluşmasını sağlar.

Atom çekirdeğinin ya da "*özün*" aktif müdahaleyle parçalanmasından kaynaklanan bu patlama, Hiroşima ve Nagazaki örnekliğinde yaşandığı üzere kalıcı ve geri dönülmesi zor yıkım ve facialara yol açar.

Bu elbette anlattığımız motivasyonun "*fiziksel*" görünürlüğüdür. Meselenin sosyolojik yansıması da buna benzer.

"*Öz*" ortaya çıkan molekün(insan) ya da nesne(toplum) tarafından parçalandığında oluşacak yıkım; kararlı hale geçişi engelleyecek bir ortamı yaratacaktır.

Peki "*kararlı hal*" nedir? İsterseniz bunu tanımlayarak, bu tanıma karşıtlaşan "*müdahaleleri*" anlayabilelim.

Kararlı hal "*denge ve düşük enerji düzeyi*" demekti. Sürdürülebilirliğin rutini olarak bu, mutlak "*bağlanma*" ve "*çarpıştırılmama*" hali olmakla birlikte, "*yetinme*" durumudur.

Yani ortaya çıkan nesnenin aynı "*öz*" ile biçimlendiği bilgisine dayanarak, "*sertliği, yumuşaklığı, kaynama ve erime noktaları olan,*" ırkı, kimliği yani görünür tüm fenomenleri bir "*doğal durum*" kabul etmektir.

Ve mutlak kararlılık aşamasına bütün bu farklı görünürlüklerle varılacaktır.

Bir görünürlüğün, "*öze*" müdahalesi üzerinden kendisini mutlak bir duruma dönüştüreceği sanrısı, kesin bir yıkım yaratır. Bu durum "*doğal sürece*" aykırıdır.

Ya da bir diğerinin "*özüne*" müdahale, bilgisizliğin/kimyasal bağların gerçekleşmemiş olmasından ileri gelir.

Bir molekülün (insanın) diğerleriyle bir araya gelmeme eğilimi "*nesnenin*" oluşmamasını sağlar.

Dolayısıyla "*bireyselcilik,*" tüm varlığın moleküler düzeyde kalmasıdır. Ve nesne, eşya asla ortaya çıkmayacaktır.

Şimdi dikkatlerinizi bir kez daha çekmeye çalışacağım.

Atomların birbirlerine bağlanması için dış yörüngelerindeki "*elektronları*" ortaklaşması gerektiğini söylemiştik.

Bir atomun dış yönüngesini "*makul kararlılığa ulaşma adına 8 elektrona tamamlaması gerekir.*"

X atomunun beş elektronu var diyelim. Y atomunun üç. İkisinin birleşme şekli; "*toplam sekize ulaşan elektronlarının ikisinin birden etrafında hareket etmesini sağlar.*"

Bu bir "*üretim ilişkisidir.*"

Yani "*doğal sürecin*" nihai üretim ilişkisi "*ortaklaşmacıdır.*"

Atomaltı düzeydeki hareketliliğin, son yörüngesindeki elektron sayısını 9'a çıkartma istidatı hiç yoktur.

Müdahaleyi yaratan rahatsızlığın tek nedeni budur. Bu "*doğal duruma karşıtlaşmak.*"

Çünkü molekülü(insanı) oluşturan tek şey bu "*elektron paylaşımıdır.*" O halde ortaya çıkanın tek itirazı "*buna yöneliktir.*"

Yani "*toplumsal kararlılığın*" çökertilerek, atom patlamasına yol açan bütün müdahaleler, "*üretim ilişkisine*" yöneliktir.

Esas olan, "*saç, baş, renk, din, kimlik*" değildir. Çünkü bütün bu farklı moleküler yapılanmaların özü aynıdır. Görünüş ve yaşayıştan ibaret farklılıkların nesneyi ortaya çıkartamaması; toplum ya da "*millet*" oluşumunu engeller.

Yani "*millet/nesne*" kavramına tutkuyla bağlanan bir bireyin, o nesneyi oluşturan bütün moleküllere ihtiyaç olduğu gerçeğini bilmesi gerekir.

Gözlükle devam edelim. Gözünüze taktığınız gözlükle bu "*atomaltı düzeyi*" izliyorsunuz. Bir süre sonra genel hareketliliğin toplamda tek bir amaca yöneldiğini (kararlılık) göreceksiniz. Ve ortada "*kararlı hale geçmiş*" soygaz elementler var. Yani, örnekler var. Ve bu örnekler somut, yaşayan, rivayete dayanmayan, gözlemlenebilir örnekler. O örnekleri "*baz alarak*" birbirine bağlanan atomların davranış biçimi "*doğal süreçtir.*"

Örneklem açısından soygazlar; "*doğa, eko sistem ve tabiatın kendisidir.*"

Bütün kadim öğretiler ve inanışlar, aslında bu "*soygazlara*" işaret ederler.

Kararlılık istidatıyla davranan atomların, bu soygaz örnekliğine yabancılaştığını ve "*kararlılığı nasıl gerçekleştireceği*" bilgisini üreten bir müspet durumun olmadığını düşünelim.

Olağanüstü büyük enerji dalgalanmaları, büyük son. Yok oluş...

Oluşacak inanılmaz reaksiyonlar, çarpışmalar ve yıkım.

İnsan, "*bütün farklılıklarını özümsemiş*" eko sistemin fiziksel koşullarına geri dönmemelidir. Ama kendi fiziksel zeminine bu "*kararlılığı*" domine ederek, eko sistemin bir parçasına dönüşebilmelidir.

Bu durum bir yeni "*ortaklaşma*" ve temel çelişkinin etrafında bütünleşme aklını yaratmalıdır.

Şimdi en başa dönelim.

Sosyal içerilmemiz, kazandığımız alışkanlıklarla belirleniyor.

Eğer "*doğal süreç*" ve "*öz*" ile çelişen alışkanlıklar edinmişsek, atom çekirdeği patlıyor.

"*Bağlanma*" zorluğu çekmeye başlıyoruz. Görünür farklılıklar bizi rahatsız ediyor. Başkalaşıyoruz. Önemsediğimiz şey "*aynı olan öz*" değil, görünen yüz oluveriyor.

Ta en temelden başlayan bu kırılma, kavgayı örgütlüyor.

Ve savaşı.

Rekabet adına yok ediyoruz.

Ve benzeştiğimizi düşündüklerimizle "*biz*" olup, benzeşmediğimizi düşündüğümüz "*ötekilerle*" mücadele amacından ibaretleşiyoruz.

Popülizm tam da bu değil miydi?

İşte bu kararsız ve gerçekle bağdaşmayan durumu doğru anlamak gerekir.

- Bilim, anne karnındaki çocuğun; henüz rahimdeki gelişme süreci itibariyle sosyal etkileşime tabi olduğunu ispatlar.
- Anne karnında; annenin yoğun stress yaşadığı bir ortamda doğan çocuk, nevrotik eğilimler içerir.
- Doğumdan itibaren, bir çocukla temas kurulmaması halinde çocuğun yaşam ihtimali zayıflar.

Biz, kamusalız. Paylaşmak "*gerçeğimiz.*" Paylaştıkça "*biziz.*" Ve kazandığımız her güdü, bu gerçeğimize rağmen edindiklerimiz.

Bu nedenle değişmeliyiz. Ve değiştirmeliyiz.

İhtiyaçlarımızla var, ihtiraslarımızla yokuz.

Ve herşeyi yeniden var edeceğiz.

Köprüden Önce Son Çıkış!

Kitabın bu *"son"* bölümüne gelene kadar bir kavramı ve hegemonyayı *"tekrarın gücüne"* dayanarak çeşitli şekillerde anlatmaya çalıştım.

Örneklemeler ışığında, yaşanan süreçle sağlamasını yaparak, bir teşhis koyduk. Referans edindiğimiz tarih ve bilimsellik; her teşhise yönelik müspet tedaviler de önerdiğinden, bu bölüm tümüyle *"çözüm"* önerilerinden oluşacaktır.

Ve çeşitli vesilelerle *"sıcak"* siyasal krizlere de çözümler önererek, bu çalışmayı tamamlayacağım.

Popülistlerle nasıl mücadele edilemeyeceğini biliyoruz.

Ama nasıl mücadele edileceğini kitapta çeşitli imalarla işaret etmiş olsam da, somutlaştırmamız gerektiği açıktır.

Maddeler halinde bu yöntemleri sıralayayım;

- İdeoloji
- Örgütlenme
- Depolarizasyon
- Kültürel hegemonya
- Program ve Mücadele
- Zafer

Bu maddeleri tek tek açacağım. Zaten kitabın çeşitli yerlerine saçılan *"açılımları"* toparlama mahiyetinde bir içerik olacak.

İdeoloji, *"düşünbilimsel, toplumsal ya da siyasal bir öğreti oluşturan, ülkü olarak da benimsenebilen, kişi ve kurumların davranışlarına yön veren düşünceler bütünü"* olarak tanımlanır.

İdeoloji, altyapı önermeleriyle kendisini ortaya koyar. Kitapta, neopopülistlerle *"ortaklaşmacı"* bir ekonomik altyapı önermesiyle mücadele edilebileceği, bunun solun çerçevesinde olduğunu ifade ettik. Verdiğim örneklerde de belirttiğim üzere, yeni bir siyaset diliyle; tüm popülist bağlamından kopartılmış, üretim ortaklaşmasını esas alan ekonomik temellendirmede bütünleşilmelidir.

Zihniyet Devrimi başlığı altında ifade ettiğim "*bireyselciliğe,*" bireyi yok etmeksizin, ama bireyin bireysel taleplerden ziyade ortak mücadelenin sonuçlarına yönelimini sağlayacak temeli şekillendirecek şey "*ideolojidir.*"

Dolayısıyla, "*solun ekonomi politiğiyle*", atomun kararlılığını ve tarihin ortaklaşmacı değerlerinin bir araya geldiği, yeni bir davranış biçimi üretmeliyiz.

Bu "*yeni*" fikrin adının önemi yoktur. Keza kendisini tatminkar bulanlara "*kimlik*" yaratması gerekmez. Kimlikten ziyade "*kişilik*" yaratması yeterlidir. Ekonomi-politiği bellidir. Üretim ortaklaşmasına dayanır. Değerler ve inançlarla kavga etmez. Geleceği tasarlar. Bir ideal toplum modeli vardır. Ve o model; "*üstünlüklerin, kavganın, hegemonya ve çatışmanın olmadığı sömürüsüz bir dünyadır.*"

İçinde Ebuzer'in, Hz.Ali'nin, Hz.Ömer'in, Muhammed İkbal'in, Mehmet Akif'in, Mustafa Kemal Atatürk'ün, Ahmede Hani'nin, Marx'ın, Proudhon'un, Ali Şeriati'nin, Frantz Fanon'un, Sartre'nin, İbni Haldun'un ve sayabileceğim yüzlerce referansın olmadığı bir "*sol*" hareketliliğin bahsettiğim hattı kurması olanaksızdır.

İmgelerini tartıştırmayan, saydığım sayamadığım isimleri "*çerezleştirmeyen,*" tüm bu tarihselliğin "*ortaklaşmacı çıkışlarını*" benimsemiş, referans addetmiş bir çerçeveden bahsediyorum.

Hz.Ömer okuması üzerinden bu "*ortaklaşmacılığı*" benimseyen kişi ile, Proudhon okuması üzerinden benimseyen kişinin arasındaki ilişkideki tüm dolayımları kaldırmanın tek yolu, "*samimi bir referanslar sistemi*" yaratmaktır.

Çünkü temelde "*devletin dindar ya da laik*" olması tartışması; "*üretim araçlarına yönelik bir ortaklaşma*" arayışına adapte olmamanın sonucudur. Yani "*adaptasyon*" ana çelişkiye odaklandığında, Popülizmin karşıtlaştırıcılığı karşısında "*zihniyet devriminde*" mutabık kalındığında, farklılıklarıyla birlikte üretimi ortaklaştırmayı amaçlaştıran kesimler, devleti de ortaklaştıracaktır.

Bu ortaklaştırma; devletin, bir yaşam modelini esas alamaz hale gelmesini sağlayacak, kendisi gibi olmayanı tanımlayan bir inanç ya da akımın hakimiyet kuramayacağı" bir aygıta dönüşmesini sağlayacaktır. Bu "*laikliğin*" bizzat kendisidir. Esasen laikliğe yönelen tepkilerin teoriden değil, pratikten kaynaklandığı gerçeğine dayanarak, bu karşılıklı özümseme hali; kırılmaz bir toplumsal mutabakatın temelini atacaktır.

Solun dinselleşmeyi "*idealizm,*" sağın sekülerleşmeyi "*realizm*" olarak tanımladığı bu ortamda şunu söylemek gerekir.

Bu yeni "*sol*" temellendirmenin kültürel görünümü "*idearealisttir.*"

Bu "*eklektik*" bir tanım değildir. Sentez değildir.

"*Üretimsel ortaklaşmanın*" bütün tarihsel mirasına sahip çıkan, bunu "*inanç sahibi yaptı diye reddetmeyen,*" temel çelişkide uzlaşmış bütün bir insanlık mirasını içeren bir çerçeve olması açısından tamamen bütünleştiricidir.

Kitapta anlattığımız gibi, bütün anlam kaymalarının geçmiş üretim ilişkilerinden kaynaklandığı gerçeğine dayanarak, anlamlandıran ve çarpıtmayan, popülistlerce yaratılmış toplumsal kutuplaşmaları yokedebilecek "*lisan*" yaratılacak, kendisini bir kurtuluş reçetesi olarak ortaya koyacaktır.

Parlamenter/Temsili demokrasinin reformlarla dönüştürülmesi esası ile gücün merkezden yerellere dağıtıldığı, neoliberal politikalarla mücadeleyi esas alan, somut, gerçek bir içerik.

Bu noktaya kadar esasen bir ideoloji tanımı yaptık.

Özetleyelim;

1. Üretim araçlarını ortaklaşacağımız yeni bir siyasal sol eksen kuracağız,
2. Bu eksen, lisan olarak; tarihin bütün "ortaklaşmacı" değerlerini içselleyecek,
3. Bilginin mutlak hakimiyet ve bu hakimiyetin kamusal ortaklığını kuracağız,
4. Sınıf kimliğinin ve bilincinin gelişmesi adına, bu tarihselliği ortaya koyacağız,
5. Devlet ve kimlik modellemeleri, ya da bütün üstyapısal fenomenler " bu tarihsellikle" şekillenecek,

6. Farklılıkları zenginlik göreceğiz. Sosyal Demokrasiyi yeniden günün koşullarına uyarlayacağız,
7. Teknoloji ve bilim, temel aktördür. Bu aktör, başrol oyuncusu olacak. Ve filmin sonunda kötü adam mutlaka kaybedecek,
8. Eşitlikçi, üretenin ortaklaşmasına dayanan bu yeni siyasal dil, mutlak biçimde anlatılacak.

Kitabımızda anlattığımız ideolojik refereransların somut bir güncellikle anlatıldığı bu anlatımların "*karşıtlara dayanmayan*" bir güncellikle yapıldığı yeni siyasal zemini inşa edecek ve konuşacağız.

Bu ideolojimizin temelidir.

Örgütlenme, bir kavram olarak "aynı ideale inanmış bireylerin, kendi bireyselliğinden ziyade, oluşturdukları ortaklaşma temelinde yaygınlaşmasıdır."

Bu ideolojik rehberlikte gelişecek yeni örgütlenme, ancak Sosyal Demokrat parti tarafından kurulabilir. Çünkü iktidar karşısındaki enbüyük güç bu partidir.

%25'i Aşan örgütsellik, ideolojik ve Popülist iktidarın söylem alanından arındırılmış bir sadelikte, yatay ve eşitsel temelde kurgulanmalıdır. Örgütlülüğün amacı, halka ulaşmayan ideolojik verinin ulaşmasını 'halk eliyle' sağlamaktır. Bu yeni örgütlü mücadele, halkın; mevcut kutuplaştırıcı söylemlerden uzaklaşmak suretiyle, yeni siyasal hatta uyumlanmasını sağlayacaktır.

Bu nedenle, "kutuplaşan" değil, birleşen ve bu sayede popülist iktidarı alt eden anlayış, ancak bahsettiğim hassasiyetle gelişir.

Bir bütün olarak, tarih ve toplumun mirası esasen bizimdir. Bu miras üzere yükselen yeni kamucu "ideolojinin," gerçekçi ve yatay örgütlendiği zemin de bizimdir.

Yatay örgütlenmelerde "*herkes*" liderdir. Biri kaybeder ya da hata yaparsa, bir diğeri sorumluluğu alır.

Dikey hiyerarşik örgütlenmelerde lider tektir. O kaybederse herkes kaybeder.

Popülist iktidarlarla mücadele eden "*tekil*" liderlerin şansı zayıftır. Ama yatay örgütlenen şemaların kazanma gücü yüksektir.

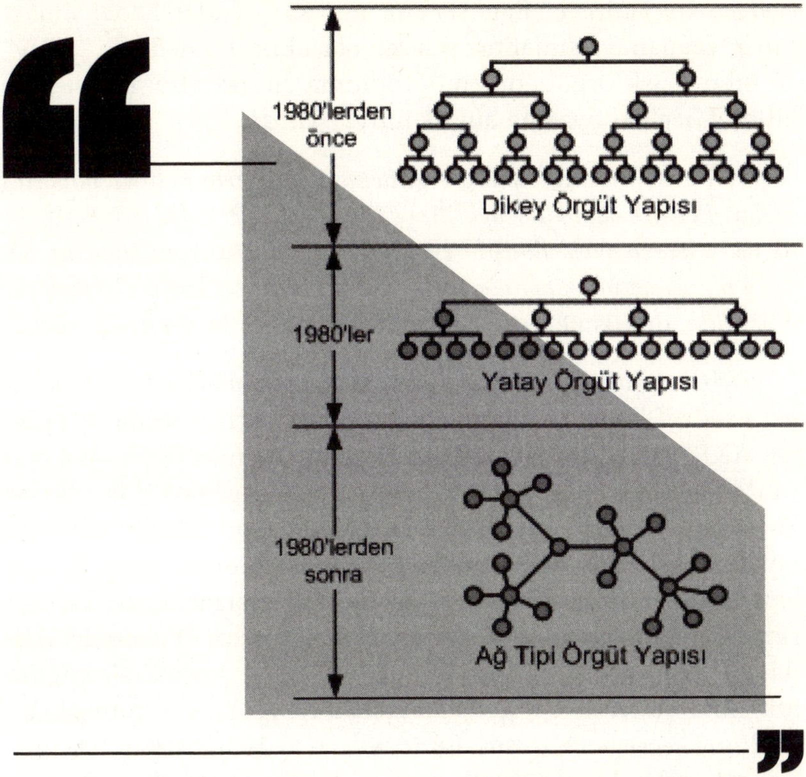

Dikey ve birbirine bağlı hiyerarşik ilişkilenmelerden ziyade, donanmışların yatay örgütlenmesi, inisiyatif ve görev bilincinin tabana yayılmasını sağlar. Yatay örgütlenme, bilginin iktidarını sağlar. Gücü tabana yayarak, aşağıdan yukarı bir örgütlenmeyi esas alır.

Bu yönüyle "*örgütlenme*" modeli olarak "*yatay*" bir örgütlenme önemsenmelidir.

Ağ tipi, sistemin içerisinde yaygın ve güçlü ve aynı şekilde "*yatay*" ve ideolojik içeriği olan örgütlenmelerin, dikey hiyerarşik örgütlenmelerin hegemonyasına panzehir olduğu bir gerçektir. Kişiliğinden ödün veren "*diye hiyerarşik örgütlenmiş birey,*" kendisi ise temas kuran bir derinleşmenin karşısında mutlak teslimiyeti benimseyecektir. Derinleşmenin yolu, ideolojidir. İdeolojinin temeli ise "*altyapı.*" Altyapı ise; "*ortaklaşmacı, paylaşımcı yeni mülkiyet düzeni."* Eğer sistemi, tam karşısından hedef almazsanız, ıskalama ihtimaliniz yüksek olacaktır. Bu nedenle "*yatay*" ve bilgi esaslı örgütlenmenin, topluma çil yavrusu gibi saçılan kitlesel hegemonyasına büyük ihtiyaç vardır.

Şöyle düşünelim; "*yatay örgütlenme, kitlelerin politize olmasını sağlar. Politize olan kitle, apolitize edilmiş kitleyle temas kurar. Apolitik ve iktidarca devşirilmiş birey, yaygın bir yatay örgütlenmenin sonucu olarak yaşamın her alanında "karşı tutarlı söylemlere"* tanık olduğunda, dönüşme katsayısı artar." Keza gücün kaynağı budur.

Güçlü örgütlülük, hayatın her alanında "*mutlak bir hegemonya*" üretir. Dikey örgütlenme ile bu kadar güçlü hegemonya üreten AKP Popülizminin başarısı, karşı bir örgütlülüğün olmamasından ileri gelir. Örgütlülük, amaçsal bütünleşmedir. İktidar ise bir araçtır. Eğer bir siyasi hareket, amacı olan iktidarı ele alma noktasında bütünleşememiş ve örgütlü tabanını "*siyasi kariyer hesaplarına*" yönlendirecek düzeyde siyasetsizleşmişse, bu durum Popülistlerin mutlak galibiyetine yol açar. O nedenle, iktidar ele alınmalıdır. Ve demokratik bir temele dayanarak, çoğunluk ikna edilerek bu gerçekleşmelidir. Ve yine çoğunluk bir "*kültürel hegemonya*" tesiri altındaysa, o hegemonyanın tüm tezleri çökertilmeli, bu çökertme eylemi "*örgütlenme*" ile sağlanmalıdır. Bu çöküşün arkası; depolarizasyondur.

Depolarizasyon, İdeolojik temelde örgütlenen siyasetin; mevcut kutuplaşmayı sona erdirecek temelde propaganda yürütmesidir

Yaratılan kutuplaşma çok güçlüdür. Popülist lider "*susmamakta,*" hergün konuşmaktadır. Ve anlattığı "*öteki*" tanımı şeytandır.

Düşman olan ötekinin, "*tüm sanrılardan bağımsız*" gerçekliğini ortaya koyması halidir depolarizasyon. Yani kutuplaşmanın çöküşü. Kitabımızda; Popülizmin gıdasını tanımladığımız içeriklerde ifade ettiğimiz temelde, Popülizmin kutuplaştırıcı doğasının çöktüğü ve gerçeğin görünür kılındığı iklimin oluşmasıdır. Bu iklim; "güçlü iletişim/örgütlü iletişim ve gerek söylemsel, gerek yaşamsal gerçekliğin bu kutuplaşmayı yaratmadığını gösterir dokunuşlar ile mümkündür".

Kültürel hegemonya, Popülist iktidarın yarattığı kültürel çöküş karşısında; "kapsayıcı bir kültürel karşı koyuş" üretmeyi esas almalıdır. Bunun nasıllığını bir sonraki bölümde ele aldık.

Program, Sistem ve Zafer ise yakındır. Keza bir sonraki bölümde ele alacağımız meseleler ışığında, popülizmden kopuk, bir yeni siyasal özgürleşme pratiği üretilebilir. Bu mümkündür! Bu gerçektir. Program nedir? Nasıl olmalıdır? Gelin birlikte bakalım.

KBE (Kaynak Bazlı Ekonomi)

Türkiye'yi de kontrol altına alan ve Popülist iktidarca uygulanan neoliberal piyasa ekonomisi, esasen bir değer olarak paranın baz alındığı bir ekonomik modeldir.

Bu modele göre, devletlerin piyasaya müdahalesi en minimum düzeyde hatta sıfır düzeyindedir.

Para bir maldır. Yani değerdir.

Hiçbir karşılığı olmayan bu kağıt parçası, altın ve gümüşün yerini alır.

Mübadelede tek araç halini almıştır.

Ve para, borç demektir.

Şöyle ki; "*sıkıntınızı çözmek için bankaya gider kredi çekersiniz.*"

Bu krediye ödediğiniz faiz "*olmayan bir paraya karşılık gelir.*"

Yani, her kredilendirmede "*karşılığı ödenemeyecek bir borç*" yaratılır.

Eğer Dünya'da, bütün kredi borçları kapatılmış olsaydı, mevcut para tükenecekti. Ama halen ödenmemiş borçlar kalacaktı.

Sistem bu faizin bir kısmını mevduat sahiplerine verir.

Yani aslında, bankaya para yatıran mudinin parası, ihtiyaç duyana verilir. Faizin bir kısmı para yatırana, kalanı ise bu sürece aracılık edene kalır.

Fakat bu borçlanmanın temel motivasyonu bir nakit akışına dayanmaz. Çünkü toplamda akan, çantalarla taşınan bir para yoktur.

Kısmi rezerv sistemi, ülkelerin ve büyük finans kuruluşlarının paralarını belirli merkezlerde toplaması ve kalan tüm hareketliliği bir dijital eksende sürdürmesidir.

Kapitalizm bir bilinç krizidir. Bu krizin artık eski kural, şablon ve gelenekleri kabul etmesi olanaksızdır.

Bu kadar sefalet ve yıkıcı şiddet kol gezerken.

Dünya nüfusunun %1'ini, toplam zenginliğin %40'ına sahip olduğu, her gün 34 bin çocuğun açlıktan öldüğü bu bilinç krizinin temelinde, para sistemi yatar. Para sistemi, tüm dinlerden çok daha güçlü bir eleştirilmezlik zırhına sahiptir. Neredeyse, her inanç mensubu kendi inançlarını eleştirirken, bu sisteme dair hiçbir eleştiri yapılmaz.

Paranın ne olduğu? Nasıl üretildiği? Nasıl yönetildiği?

Bu sorulara dair yanıtsız cevaplar ve tümüyle kanıksanmış olan bu düzenin mutlak hegemonyası, iliklere kadar hissedilen bir bilinç krizini de yaratmaktadır.

Kitabımızda, altyapı-üstyapı ilişkilerinde değinmiştik. Şimdi çok somut biçimde bu anlatımımızı ete kemiğe büründüreceğiz.

Dünya nüfusunun yarısı günde 2 Dolar'dan daha az kazanıyor.

Ve esasen yaşanan bu krizin temel sebebi "*kapital.*" Ve onun temel movitasyonu olan "*para.*"

Ki bu konuda yapacağım eleştiri ve çözüm önerilerinden bahsederken, ekonominin toplamda sıkıcı bir olgu olarak görüldüğünü bilerek hareket edeceğim. Ve mümkün olduğu kadarıyla, daha genel örneklemeler ile devam edeceğim.

Para nasıl yaratılır?

Bir örnekle açıklayalım; "*ABD hükümeti paraya ihtiyaç duyduğuna karar verir. FED (Federal Reserv)'i arar. Ve ondan 10 Milyar dolar ister.*"

VE süreç başlar.

FED, Hükümetten 10 milyar dolar karşılığında bir şey ister. Bunun adı "*devlet tahvilidir.*"

ABD hükümeti bu tahvilleri gönderir. FED, 10 Milyar dolara karşılık gelecek "*FED kağıtlarını*" gönderir. Bu takas neticesinde, hükümet; eline geçen kağıtları bir bankaya yatırır ve karşılığında 10 Milyar dolar yaratılmış olur.

Elbette yaratılan paranın kaynağı "*borçtur.*" Hükümet bu parayı "*tahvil karşılığı*" almıştır. Borçlanmıştır.

Ve geri ödemelidir.

Bu 10 Milyar doların Hükümetin işaret ettiği hesaba yatmasıyla birlikte çark dönmeye başlar.

Bankacılık sistemi gereği, bir bankanın toplam mevduatının %10'unu hesabında bulundurması yeterlidir. Yani 10 milyar doların 1 milyarı hesapta kalmalıdır. Geri kalanı; "*kredi olarak dağıtılır.*" Ve her çekilen kredi, bankanın açtığı bir hesaba aktarılacağından, aynı işlem tekrarlanır. Yaklaşık 99 Milyar dolar gibi "*gerçekte olmayan*" bir para yaratılacaktır.

Peki bu para nerededir?

İşte "*borç*" dediğimiz şey budur. Karşılıksız yaratılmış bir kağıt parçasının, bir anda bütün insanlık ailesine saçılarak var edilişidir borç.

Yaratılan paranın mevcut paranın değerini düşürmesi, buna dayalı olarak paranın değer kaybederek alım gücünü zayıflatmasına da "*enflasyon*" denir.

Bu haliyle enflasyon, yaratılan ve gerçek olmayan paranın, halkı borçlandırarak karşılık bulmasıdır. Yani, karşılıksız olanın karşılık bulması hali de diyebiliriz.

Bu nedenle para arzı, ya da paranın yaratılışı; dolaşımdaki mal ve hizmetlerle örtüşmediğinden değer düşer. Ve ortaya; "*TL'den 6 sıfır atmakla övünen*" fakat sıfırlar varken alınabilenler ile, sıfırlar yok iken alınabilenleri kıyaslayamayan bir demogoji siyaseti türer.

Ve son noktayı Popülist lider koyar. Tuvalet ücretleri örneği ile enflasyon sorununu çözmeye çalışır. Bir kara mizah olarak bu durum, tarihe geçecek niteliktedir.

ABD'nin büyüme olarak nitelediği "*Gayrısafi Milli Hasıla*" noktasındaki rakamların en önemli kalemlerinden birisi sağlık harcamalarıdır. Bu harcamalar, büyümenin varlığını ortaya koyar.

Sağlık için yapılan harcamalar, sağlıksız toplumun işaretidir.

- Hiçbir kapitalist sağlık baronu, kanserin tedavi edilmesini istemez. Çünkü kanserin tedavisi, hastalığın yarattı kar ve kazancın tükenişidir.
- Hiçbir kapitalist silah baronu, savaşların sona ermesini; terör ve şiddetin bitmesini istemez. Çünkü bu durum, silahsızlanmanın önünü açacaktır.
- Ve yine hiçbir kapitalist baron, açlığın bitmesini istemez. Ve borçlanmanın. Açlık; bir gerçeklik olarak gözlemlenecek, borçlandırılan kitleler; bu kötü sona uğramama adına "ucuz mal" olarak çalıştırılabilecektir.
- Ucuz mal" haline dönüştürülen birey, yine içinde olduğu üretim sürecinin yarattığı ürünleri tüketen kişilik yapılanmasıdır.
- Yani "kendi ürettiği değeri," kendisine "borç olarak verilen PARA ile alacak," ve faiz; sermaye sahibinin kesesinde kalacaktır.

Bu ekonomik düzen sürdürülemez.

Ve asla kabul edilemez.

Bu düzen değişmelidir!

Ve mutlaka yıkılmalıdır. Peki nasıl? Ve yerine ne konacaktır?

Bir kere şunu söylemek gerekir; *"ekonomi dahi olmayan bu para sisteminin görünmez gücü, borçların mevcut paradan fazla olduğu bu çürük düzeni yaratırken, bunu insanın gerçekliğine tezat bir durumda yaşantılatmaz."*

Kültürel hegemonyasını kurar. Ve bu durumu kanıksatır.

Kimsenin tartışmayacağı bir zemine dönüştürür. Bireyselciliği büyütür. Kolektifleşmeyi engeller. Küresel ölçekte operasyonlar ile, irili ufaklı herkesi bu sistemin kölesine dönüştürür.

Bu karanlık düzenin çöküşü açısından yapacağımız tahlil ile önereceğimiz düzen arasında *"hiç ütopik olmayan"* bir bağ göreceksiniz.

Bu kitapta bir *"devrim yöntemi"* önereceğim. Tüm aşamalarıyla. Yöntemleriyle. Tüm sürecin çıplaklığıyla.

Ve *"gerçekleştirilebilir, uygulanabilir"* bir yöntem olarak, önereceğim yöntemin adı; *"kaynak bazlı ekonomidir."* Yani *"para bazlı değil, kaynak bazlı"* ekonomiye geçişle bu işin içinden çıkabileceğiz.

Ama meseleyi biraz daha derinleştirmem gerekmekte olduğundan, sabırla okumanızı rica edeceğim.

Türkiye özelinde bir örnekle sürdüreceğim.

İktidarın neoliberalizmi esas aldığı bir ortamda doğal olarak *"inanç kuruluşları"* bu duruma uygun hareket eder. (altyapı-üstyapı ilişkisi)

Bu durum, *"inancın kendisinden bağımsız"* gelişir. Yorumlarla, istenilen ekonomik hatta uygun hale getirilir.

Bir kişinin 400 bin TL'sini bankaya yatırıp buradan 2 bin TL faiz alması *"haramdır."*

Ancak aynı kişinin 400 bin TL'sini eve yatırıp buradan 2 bin TL kira alması *"sorun değildir."*

Oysaki İslam dininde *"faiz"* diye çevrilen kavramın orjinali *"riba"* kavramıdır.

İslamcılık açısından incelersek, *"riba, şişmek anlamına gelir."* Güncel ifadesi; parayla para kazanmak.

Ya da *"alınteri dökülmeden"* elde edilen herşey.

Burada bir ayrım olarak, *"sahipsiz bir bahçeden toplanan elmayı"* ele almam gerekecek.

Kişi için koyulan sınır; *"ihtiyacı kadarını"* almasıdır. İslam kaynakları *"ihtiyaç fazlasının elde bulundurulmasına haram"* der (Bakara suresi 219. Ayet).

Faiz ve kira örneğine geri dönelim. Nasıl olur da bu durum kabul edilebilir?

Savunma basittir; *"ev kullanılır ve yıpranır, dolayısıyla o yıpranma payıdır. Fakat para yıpranmaz. Dolayısıyla, her türlü faiz haramdır."*

Bu çok yanlış bir okumadır. Para bir değer olarak görüldüğü

ölçüde *"yıpranır."* Enflasyon, yıpranmadır. 10 yıl önce 1 TL ile alabilecekleriniz ile bugün 1 TL'ye alabilecekleriniz aynı değildir. Dolayısıyla ne oldu?

"Yıpranma temelinde, faiz ve kira aynı zemine oturdu."

Şimdi söylenecek söz şudur; *"eğer faiz haramsa, kira geliri de haramdır."* Ya da *"eğer kira geliri haram değilse, teknik olarak faiz de haram olamaz."*

Yine İslamcılığın kavramları açısından tahlilimizi sürdürelim.

Haram ne demektir? *"Yasak olan şeyler."*

Mahrum kelimesi o kökten türemiştir.

Faiz haramdır, çünkü *"mahrumiyet"* yaratır.

Her *"haram,"* bir *"mahrumiyet"* yarattığından *"haramdır."*

Kur'an'ın bana göre en güçlü sistematiği aslında budur. Haramlar, sosyal mahrumiyetleri yaratan hadiselere yöneliktir.

Ahlaki, ekonomik ve manevi mahrumiyetler yaratan olgular *"yasaklanır."*

Riba, bunlardan bir tanesidir.

Riba, tüm meallerde *"faiz"* olarak çevrilir. Ancak, *"emeksiz kazancın ta kendisidir."*

Konut bir yaşam hakkıdır. Ve İslam bu hakka dair en ufak bir eleştiri yapmaz. Tam tersine, bunu korur.

Bakara Suresi'nin 219. Ayeti bu konuda inanılmaz etkileyicidir;

"Sana neyi infak edeceklerini sorarlar. De ki; ihtiyaçtan artanın tamamını."

Bu ayetten şöyle manalar çıkartan çevrelere tanık olursunuz; *"burada geçen infak sadakadır."*

Değildir! İnfak kelimesi ve münafık kelimesi arasında inanılmaz bir bağ vardır. Birisi *"n-f-k, diğeri ise en-fe-ka"* kökünden gelir.

İnfak; *"vermektir."* Münafık; *"vermeyendir."*

Vermeme adına türlü türlü bahaneler üreten, hatta Peygamber'e yalan hadis isnad edecek kadar ileri gidendir.

Şimdi buradan *"zenginliğe karşı olduğumu söyleyecekler."* Evet, AKP Popülizminin sömürdüğü İslam, *"kişisel zenginliğe karşıdır. Toplumsal zenginlikten yanadır."* Ve tahlili; *"kişisel zenginliğin, toplumsal fakirliğe yol açtığıdır."*

Bahaneleri; *"kaderciliktir. Allah'ın insanları zenginlik ve yoksullukla imtihan ettiği söylemidir."*

Panzehirleri ise, Kur'an'ın Nahl Suresinin 71. Ayetidir; *"Allah mallar bakımından kiminizi kiminize üstün yaratmıştır. Peki neden fazlalıklı olanlar verip onlarda eşit olmazlar? Allah'ın nimetlerini inkar mı eder bunlar?"*

Ayette *"fazlalıklı"* olarak çevirdiğim yerde geçen ifade *"faddala"* yani fazlalıktır.

Ayete göre, insanların mal bakımından üstünlükleri; ellerinde fazlalık bulundurmalarıdır. Yani, ellerinde olan fazlalıklar nedeniyle *"eksiklikler"* oluşmaktadır. Verip eşitlenmeleri gerekir. Vermemeleri halinde *"Allah'ın nimetlerini inkar etmiş"* olacaklardır.

Kira örneğine dönerek devam edelim.

AKP Popülizminin *"kültürel hegemonyasının"* tesir ettiği bir bireyi ele alalım.

Fabrikada çalışır, 1600 TL maaş alır. Çocuk yardımları ile ek gelirleri 1800 TL'yi bulur.

Eşi gündelikçidir. Haftaca 3 gün temizliğe gider. Aldığı para 120 TL'dir. Ve Haftalığı 360 TL civarındadır.

Bu aylık olarak 1440 TL yapar. Ve babanın geliriyle birlikte ellerine geçen para 3240 TL'dir.

Oturdukları ev kiradır. 700 TL kira verdiklerini düşünelim.

Aylık mutfak giderleri de 750 TL olsa, 1450 TL sadece bu iki gidere harcanacaktır.

Faturalar, çocuğun okulu ve tüm diğer giderler ile *"maaş"* bitecektir.

Bir sosyal ilişkilenme sürecinin oluşmasına imkan yoktur.

Baba akşam eve gider. En güçlü sosyal iletişim aracı Televizyondur! Ve faturasını ödediği elektrikle açılan televizyonda, yaşadığı bu durumun ona kanıksatılacağı yayınlar izler. Baba muhafazakardır ve inandığı din; bu durumu karşıdır. Ama o televizyonda konuşan hocalar, tümüyle bu durumu kurtarmaya yönelik çalıştığından, göremez. Görmesi imkansızdır.

Kira özeline döneceksek, ismini Kadir koyacağımız bu vatandaş açısından durum çok daha kritiktir.

Oturduğu ev başkasına aittir. Kendisi ise "*kiracıdır.*" Kullandığı aylar boyunca para ödemelidir. Ödemezse kapıya atılması mubahtır. Bunun için çalışmak zorundadır.

Bu arkadaşımız, her ay "*kazandığı*" ücret ile hayatını sürdürmekte olduğundan, bir "*maceraya girişme*" şansı yoktur.

İşsizlik diye bir durum olduğundan, işini korumalıdır. İşine bakmalıdır.

Günün birinde böyle düşünen bir yurttaşımızla sohbet ettim.

Bana, ben "*siyasetten anlamam, Allah'a iyi kul olma derdindeyim*" demişti. Ben de kendisine; "*Allah'ın yeryüzünde hiçbir ortağı olmadığını*" kabul edip etmediğini sordum.

Bana; "*elbette olamaz, bu şirktir*" dedi.

Ben de kendisine; "*Kur'an'da çok yerde mülk Allah'ındır ifadesi geçiyor*" hatta bu bir soğuk mühür gibi, kitabın tamamında hegemon olan bir söylem. "*Leh uma fis'semavat'il vel ard,*" yani "*yerlerin ve göklerin mülkü O'nundur*" diyor. Bu doğru mudur, diye sordum.

Bana; "*kesinlikle doğrudur, şüphesiz hakikattir*" dedi.

Ben de kendisine; "*bu mülkün içerisinde, kira ödediğin daire yok mu?*" diye sordum.

Kısa süre yüzüme baktı. Ama o... Ama onun sahibi var... Yok o ayrı, o ayrı...

Sordum; "*ayrı gayrı olan ne? Keza bu mülk kavramının anlamı ortada. Oturduğun ev de O'nun. Ve sen bir başkasına kira ödeyerek, O'nun ortağı olduğunu söylüyorsun. Bu seni Allah'a ortak koşan bir müşrik yapmaz mı? Çünkü O'nun ortağı olduğunu söylüyorsun. Hangi gerekçeyle olursa olsun..."*

Sohbetin sonunda *"şaşkınlıkla ve hayretle"* sohbete derhal son vermişti o emekçi insan. Ve bana son bir çıkış yaptı! *"Zaten siz böyle dinimizi de reform meform yapıyorsunuz! Ehli Sünnet'i reddediyorsunuz!"*

Zaten ben bu çıkışı bekliyordum. Çünkü söylediğim şey doğruydu ve mutlaka çürütülmeliydi. Asırlarca *"din bezirganları,"* gerçekleri örterek; bu tür eleştiriler üzerinden, benim yaptığım bu çıkışı itibarsız addetmişti. Ve bu durum sürmekteydi.

Yine bir gün; İstanbul eşrafından iyi tanıdığım bir inşaatçının şantiyesinin önünden geçiyordum. Mahmut Efendi diye bilinen cemaatin üyesi olan muhterem, yaptırdığı 6 katlı binanın önünde duruyordu. Binanın girişinde bir işçi çalışıyor, giriş kapısının üzerine; boncuk taşlardan *"Leh'ul Mülk, yani; mülk Allah'ındır"* yazısı yapıştırıyordu.

- Aramızda şöyle bir diyalog geçmişti:

- Hacı abi hayırlı işler! Ne yazıyor orada?

- Bilmiyor musun deyyus! Kafa mı buluyorsun?

- Abi bir söyle Allah rızası için...

- Mülk Allah'ındır yazıyor.

- Şimdi bu mülk Allah'ın mı?

- Evet!

- Peki tapusu neden sende? Sende ne işi var?

- Ihmm! Ya polemik yapma! Bu bir imtihan! Mülk O'nun, biz bekçisiyiz. Varlıkla imtihan oluyoruz.

Taşları yapıştıran işçi bir an irkilmiş ve bana dönmüştü. Gözlerimin içine bakıyordu. Benden bu söze karşılık bir cevap bekliyordu.

- Peki, neden sen bekçisin? Ver biraz da bu arkadaş bekçilik yapsın! Hep sen bekçi oluyor, hep sen varlıkla imtihan ediliyorsun! Bu adalet mi?

Tabi beklediğim tepkiyi sağlayacaktı bu cümle. Ve geldi:

- Bozgunculuk yapma Eren! Böyle laflar çıkartarak reformistlik yapıyorsunuz! Bu nasıl söz?

Devam ettim elbette:

- Abi, Nahl Suresi 71'de söyleneni bilmiyor musun? "Allah sizleri birbirinize mülk bakımından fazlalıklı yarattı, neden fazla olanlar verip onda eşit olmazlar? Allah'ın nimetlerini inkar mı ederler bunlar?" Bu ayeti sen bilmiyor musun?

Ve yine beklediğim cevap geldi:

- Ayetleri işine göre çevirme! O ayetin tonla manası var. Alimlerin hangisi senin dediğin gibi demiş? Komünistliği dinimize sokuyorsun! Tevbe et!

Ve artık söyleyebileceğim söz yoktu. Çünkü haklıydı. Alimler dediği kişilerin çoğu; "*mülk sahibi olduğu için,*" bu ayeti gerçek manasında yorumlamamışlardı. Haklıydı. Kur'an'a değil, şeyhlere ve alimlere bakıyordu. Ve baktığı heryerde O'na kapitalizm anlatılıyordu. "*Para, piyasa, rekabet, mülkiyet, üretim araçlarının tekelleşmesi...*" Neredeyse, kapitalizmin tüm çıkarımları "*dinsel alanca meşrulaştırılıyordu.*" Ve bunun yapılabileceği en zor olan olan İslam açısından durum daha vahimdi.

Kur'an baştan sonra, "*ortaklık, eşitlik, adalet*" diyordu. O halde, tarih boyunca Ebu Süfyan ve Muaviye'den itibaren süregelen süreçte, yapılması gereken; "*Kur'an'ın anlaşılmamasını sağlamaktı.*" İlmihaller, hocaefendiler, alimler, fakihler... Bir bütün olarak; "*bu hakikatleri örtüyor, başka bir iş yapıyorlardı.*"

Ramazan programlarında hocalar TV ekranlarına çıkar.

Tanık olduğum bir sohbet beni çok sarsmıştı. Bir "*hoca,*" inanılmaz reyting alan programında konuşuyordu. Başı öne eğik, elinde mikrofon ve arka planda ince bir müzik.

Gözleri yere bakıyordu. Ve söze başladı:

"Ali geliyordu! Allah'ın arslanı yürüyordu! Dağlar O'nu haykırıyor, gökyüzü ihtişamı önünde secde ediyordu. Ya Ali! Yürü diye haykıran çöller, tane tane kumların itikafı ve utancıyla yol açıyordu O'na. Ali geliyordu..."

Yaklaşık 60 dakika süren programın sonunu merakla bekledim Ve tam da beklediğim gibi *"Ali hala gelememişti."* Bir türlü *"gelmedi,"* yolda bırakıldı. Tıpkı, geçmişte *"yoldaş bildiklerinin"* yaptığı gibi. Çünkü eğer o *"hoca"* Ali'yi getirseydi, ilk önce kendisinin ocağına incir ağacı dikilecekti. Ali getirilmemeliydi. Ömer getirilmemeliydi. Ebuzer'den bahsedilmemeli, Selman'ın adı bile anılmamalıydı.

Çünkü bu isimlerden bahsedildiğinde, yaratılan büyü bozulacaktı. *"Mülk, servet, zenginlik, mal biriktirme, kenz, yığma ve her şer."* İslam'ca reddedilmiş herşeyin mübah addedilmesi için 3 şey yapılmalıydı:

1. Kur'an okutulmamalı, "okuyanın Kur'an'ı anlayamayacağı" telkin edilmeli, inananlar hocaefendilerin eteğine bağlanmalıydı. Hocaefendiler ile işi halletmek daha kolaydı. Ama Kur'an'ın okunması riski asla alınamazdı. Eğer okunursa; "ortaya çıkacak ekonomi-politik eleştiri," bütün bir saltanatı yıkabilirdi. Bu asla olmamalıydı.

2. Kur'an'ın ekonomi-politiğini içselleştirmiş örnekler üzerinde durulmamalıydı. Hz.Muhammed'in bu pratiğinden bahsetmek yerine, kendisinin bir "sihirbaz" muamelesi göreceği "uydurma rivayetler" anlatılmalı, tarihin bu en muteber devrimcisi ve Peygamberi; üzeri örtülü biçimde takdim edilmeliy-di.

3. Ve Hz.Muhammed'in çevresindeki "örnek teşkil eden" simaların sadece "dini-itikadi" yönü esas alınarak anlatılmalıydı. Mal, mülk işleri dünya işiydi. O işler ayrı, din işleri ayrıydı.

Yıllarca "mal mülk işi ayrı, din işi ayrı" diyen bir zihniyetin "laikliği eleştirdiği" bir kepazeliği yaşadık. Ve bir tek kişi çıkıp; "iş mala mülke gelince din ile dünyayı ayıranlar, iş yönetime gelince neden yaygara kopartıyor" demedi. Çünkü İslam'ın devrimci ve eşitlikçi yüzü öylesine örtülmüştü ki, geriye sadece "şekiller, semboller, itikadi ve içtihadi yorumlar" kalmıştı. Ve bunların tamamı "din" olmuştu. Esasta olan ise, tarihin en vahşi soykırımına uğramışçasına imha edilmişti. Ortada yaşayan bir "Kur'an" vardı ve O'na dokunmak için "hocaefendilerin mühRüyle meşrulaşacak" pasaportlar alınması gerekiyordu. İşte bu açmaz içerisinden konuşan İslamcılık, tam da kitabımızın "altyapı-üstyapı" tahlillerini içeren bölümlerde ifade ettiğimiz gibi, neoliberal ya da kapitalist sistemin mutlak hegemonyasına boyun eğdi. İtikadda Allah'a, amelde PARA'ya tapan bir yeni dindar profil yarattı.

Bu bahsi neden bu kadar uzuttığımı soracaksınız? Elbette kaldığım yerden devam edeceğim.

Fakat yaşadığımız ülkenin gerçekliğini ortaya koymadan ne denli ciddi bir çözüm iddiası ortaya koyabilirim ki?

Ben, tarihin ve toplumun değerlerini reddetmiyorum! Onları kökten reddederek; "*dini, ahlakı, kimlikleri*" tümüyle gerici addederek bir diyalektik kuramayacağımı biliyorum. Şu halde, tarih ve toplumun bütün kamucu dinamiklerinin ortak bir referans addedildiği "*yeni bir siyasal*" okumadan bahsedeceksek, önyargısız ve insanca; tarihsel ve kültürel değerlere mercek tutmalıyız. Bu merceği; "*yaratılmış ve koşullanmış önyargıların varlığından kaynaklı tutuyorum!*" Ve yüksek sesle haykırıyorum; "*İslam, eşitlik ve özgürlük dinidir! Fakat, İslamcılık; kapitalizme boyun eğmiş; bireycilik bataklığına saplanmış ve beslendiği köklere ihanet etmiştir.*" Bizim esas alacağımız şey İslam'dır. İslamcılık üzerinden İslam'a yönelecek bir saldırı ile, Marksizmin son derece yanlış anlaşılarak terörize hadiselere gerekçe kılınmasına yol açan hareketliliklerin yanlışının Karl Marks'a kesilmesi aynı motivasyondan beslenir. Entelektüel akıl, usul ile esası ayırır. Ve her zaman esasa bakar.

Hiç bu hadiselere kafa yormamış yurttaşlarımız vardır. Ve bu doğaldır. Benim için en hassas nokta, bu zemindeki yurttaşlarımızın bu kitaptan ne anlayacağıdır. "*Mülkiyet, kapitalizm, üretim, ortaklaşma...*" 'Neler oluyor burada' gibi bir motivasyon oluşturmuş olabilirim. Yaşayarak satırlandırdığım bu metni, bütün bu hesap ve matematiklerle kurmaya çalışıyorum. Ve çok ince hesaplamalar ile ilmek ilmek bir hadiseyi anlatmaya çabalıyorum. Umarım, kitabın sonunu getirebilirim.

Devam edeyim.

Kitabın başında AKP Popülizminin 2 büyük başarısından bahsetmiştim. Birincisi "*paranın,*" ikincisi de "*emeğin*" kontrol altında alınmasıydı. Keza, emek; "*güvencesiz çalışma ve taşeron-*

laştırma" ile kontrol altına alınmıştı. Şimdilerde *"taşeron kalktı"* söylemine dayanarak yürütülen bir kampanya olsa da, gerçekte durumun böyle olmadığı açıktır. Bu kampanya *"Popülist sihirbazın, gelecek seçimler için kullanacağı bir halüsinasyondur."* Kalkan bir taşeron söz konusu değildir. Belediyelerde iş gören taşeron firmalarda çalışan işçiler, bu firmalardan alınmış; belediyelerin şirketlerine işçi yapılmışlardır. Esasen çok değişen bir durum yoktur.

Tazminatlarından vazgeçme pahasına buna inandırılan işçiler, yarın işten çıkartıldığında; *"işsiz kalabileceklerdir."* Hak ettikleri tazminatlar ödenecek, işleri bitecektir. Kadro güvencesi verilmemiş, inisiyatif belediye şirketlerine teslim edilmiştir.

Her ne ise, *"emeğin kontrol altına"* alınmasıyla birlikte sokak siyasetsizleşti demiştik. Emek kontrol altına alınırken ve emekçi kitleler açısından mücadele *"sınıfın iktidarından"* ziyade, mevcut hakların *"iyileşmesi"* temeline evrildiğinden politik alan tek sesli bir hal aldı.

Bugünün sendikal mücadelesi *"sınıfın iktidarından ziyade, işçinin haklarını iyileştirme"* temeline dayanır.

Bir örnek vererek açmak isterim.

Üniversiye'ye yeni başladığım yıllarda bir fabrikada gerçekleşen greve çağrılmıştık. Gittik. Ama gitmeden bir gece önce, afişlerimizi hazırladık. *"Eşitlik, özgürlük, işçi sınıfının iktidarı, mazlumlar kazanacak..."*

Biz heyecanlı gençler, direnen ve grev yapan ağabeylerimizin yanına gittiğimizde yüreğimiz yerinden çıkacak gibiydi. Büyük bir mücadeleydi bu. Sınıf direniyordu! Ne demek? Sınıf... Sınıf ayağa kalkarsa, yıkılır saltanatlar.

Az sonra, biz henüz çaylarımızı bitirmeden bir haber geldi. Görüşmeler tamamlanmıştı. Maaş zammı talebi kabul edilmişti.

Nasıl yani? Herkes yüksek bir sesle durumu kutluyordu. Zamlar kabul edildi!

Ben bir an şöyle düşündüm; *"yanlış yere mi geldik?"* Sınıf ve zam? Maaş ve İktidar? Nasıl yani.

Sendikalizm, para bazlı ekonominin geldiği bu noktada "*emeğin, haklarını koruma*" mücadelesine dönüştü. Dolayısıyla "*ideolojik*" niteliğini yitirdi. Kitabımızın temel iddiası neydi?

İdeolojik iddiasını yitiren her hareketlilik hüsran yaratır. Esasen kitlelerin Popülist büyüye kapılması, yaşanan ve iliklere kadar kanıksanan sistemin içerisinde yürüyen tartışmaların, sistemi değiştirecek içeriğe sahip olmamasıdır. O içeriğe sahip olanların da geçmişe dair önyargıları tetikleyecek üslupta varlıklarını sürdürmeleridir.

Dolayısıyla "*dönüşsüz yol*" görünen neoliberal sistem, "*muhalif addedilen*" örgütlenmelerin zayıflamasına yol açtı.

Yüzbinleri yürüten sendikalar, aidat toplayamaz hale geldiler.

STK'lar kiralarını dert edinir oldu.

Dergiler battı.

Ve kitlesel çağrılarla örgütlenen eylemlere 300-500 kişiden fazlası teveccüh göstermez oldu.

Yine "*sınıf temelli mücadele*" iddiasıyla siyaset yapanlar, "*din, tarih ve toplumsal fenomenlerle*" verdiği mücadeleyi, sermaye sınıfıyla verdikleri mücadeleden daha önemser davranmaya başladılar. Değerlerle kavga eden bu eğilim, kültürel hegemonya tarafından da dışlandı.

Ama yaşadığımız "*para bazlı ekonomik sistem*" güçlenerek büyüdü.

Tam bu noktada çok ilginç gelecek bir tahlil yapacağım. Tahlilimin adı; "*Kürt sorunu.*"

Kürt sorunu nedir?

Tüm önyargılarınızdan arınarak yanıtıma kulak verin.

Kürt sorunu; "*üretimsel ortaklaşmanın gerçekleşmediği bir toplumsal olguyu, bu ortaklaşma krizinden kaynaklı olarak, inkara dayanan bir kültürel krizdir.*"

Yani, elitimiz "*Kürdü sevmedi.*"

Onu; Cumhuriyet kurucuları tarafından kurulan ama kendisinin ele geçirdiği yeni sistemin üretimsel zeminine ortak etmedi. Bu durum, doğal olarak "*ötekileştirmeyi yarattı.*"

Çünkü *"ortaklaşılan husus, üretim ise,"* gerisi teferruattır.

Temel çelişkide uzlaşıldığında, o çelişkiden doğan tüm yapay çatışmalar son bulur. Dolayısıyla, *"Kürt sorununu"* neopopülist bir iktidarın çözmesi beklentisi, Kürt siyasal hareketi açısından bir ideolojik krizin fotoğrafıdır.

Bu sorunun *"eşitlik"* temelinde çözüleceği gerçeğinin görünmez olmasını sağlayacak her çaba, toplamda emsal teşkil eden tüm krizlerin yönetimsel süreçlerini olumsuz etkileyecektir.

Ve nihai olarak gelinen nokta ortadadır.

Tekrar başlığımıza geri dönelim.

Para sistemi borcu, borç hegemonyayı yaratırken, temel değerin *"para"* olması açısından, rekabet ve tüm gayretlerin amacı *"para edinmek"* halini almıştır.

Bu mücadelede tek kazanacak gücün *"sistemin baronları"* olduğu aşikar olduğu halde, küçük kazanımlardan büyük başarı hikayeleri üretme heveslisi çevreler türemiş, sistem kanıksanmıştır.

Peki alternatif nedir?

Yani bu sistemin yerine ne koyulabilecektir?

Ve bu nasıl olacaktır?

Anahtar kelimemizi paylaşıyorum; *"kaynak bazlı ekonomi."*

Yani, *"kaynakların temelini oluşturduğu bir ekonomi."*

Peki bu modele nasıl geçilecektir?

Kaynak bazlı ekonomi nedir?

Hemen bu iki soruyu yanıtlayacak, bu sürecin nasıl inşa edilebileceğini anlatacağım.

Öncelikle şunu söyleyeceğim; *"kaynak bazlı ekonomi,"* bir refah sistemidir. Eşitlikçidir. Zenginliğin, tabana yayılmasını sağlar. Toplumun, nihai gelişmeye adaptasyonunu esas alır. Hiçbir inançla kavga vermez. Tam tersine; *"inançları dönüştürüp toplumu bir motivasyona angaje etme niyeti yoktur."* Kendi *"ekonomik gerçekliği"* yeterli dönüştürücü güçtür.

Bu modelleme üzerine Bilkent Üniversitesi internet sitesinde yer alan bir metni paylaşarak devam edeceğim. Elbette "*metnin katılmadığım*" yönlerini revize edeceğim. *(Kaynak: http://www.ctp.bilkent.edu.tr/~halil/download/kaynak_temelli_ekonomi.html)*

"Kaynak Temelli Ekonomi, bütün mal, ürün ve hizmetlerin para, kredi, takas veya herhangi bir borçlanma veya kulluk/hizmet borcu olmaksızın, elde edilebildiği bir sistemdir.

Bütün kaynaklar tüm insanlığın ortak malıdır, ufak bir azınlığın değil.

Bu sistemin dayanak noktası, dünyanın kaynakları bol olan bir yer olduğu ve paraya bağlı metodlarla hak-ediş alışkanlığımızın, varlığımızı devam ettirebilmemiz için önemsiz ve hatta aykırı olmasıdır.

Modern toplum çok ileri teknolojiyi kullanır, gıda, giyim, konut ve sağlık gereksinimleri karşılanır, eğitim sistemi sürekli geliştirilir ve sınırsız, çevre dostu enerjiler oluşturur ve kullanır.

Etkin tasarlanmış bir ekonomi oluşturarak, tüm insanların yüksek teknolojinin nimetlerini kullanan çok yüksek bir yaşam standardına kavuşması sağlanır.

Kaynak temelli ekonomi, varolan kara ve deniz kaynaklarını, temiz enerji kaynaklarını, fiziksel araç ve gereçleri, endüstriyel fabrikaları, vs. tüm kaynakları en etkin ve verimli şekilde tüm nüfusun yaşamını geliştirmek için kullanır. Para yerine kaynakları temel alan bir ekonomide, yaşamsal gereksinimler ve yüksek yaşam standardı tüm bireyler için sağlanır.

Şu örneğe dikkat edin: 2. Dünya Savaşının başında ABD›nin elinde 600 kadar birinci sınıf savaş uçağı vardı. Bir sene içinde, 90,000 den fazla uçak yapıldı. 2. Dünya Savaşının başında soru şuydu: yeterince finansal kaynağımız var mı? Cevap hayır›dı, yeterince para da yoktu, yeterince altın da; ancak gereğinden fazla kaynak vardı. Varolan kaynaklar sayesinde savaşı kazanmaya yetecek yüksek üretim ve etkinlik sağlandı. Maalesef bu sadece savaş zamanlarında göz önüne alınıyor.

Kaynak temelli ekonomide, dünyanın bütün kaynakları dünyadaki tüm insanların ortak mirasıdır, dolayısıyla insanları ayıran yapay sınırlara, ülke ayrımlarına gereksinim yoktur. Bu birleştirici zorunluluktur. Tüm insanların kardeşliği egemen olur.

Şunu vurgulamak gerekir ki, bu tür bir ortak dünya yönetimi, mevcut elit kesimin zihnindeki tek merkezden dünya yönetimi ile hiçbir şekilde benzer değildir. Onlar, kendilerinin yönettiği büyük (çok uluslu) şirketlerin tepede olduğu, dünya nüfusunun çoğunluğunun bu şirketlere itaat ettiği bir yönetim peşindedirler. Bizim globalleşme vizyonumuz, gezegendeki her bir bireyi olabilecek en iyi şekilde güçlendirilmesidir, hiçbir şekilde yöneten tüzel bir kurula sefilce boyun eğmek değildir.

Bizim önerimiz insanların refahına katkı yapmakla kalmıyor, aynı zamanda yeteneklerinin olduğu alanlarda çalışmalarını sağlayacak bilgilere de erişmelerini sağlayacaktır. Başarı kişinin kendi ilgi ve uğraş alanlarındaki gelişimi ve yaptıklarıyla ölçülecek, edindiği varlık, mal ve güçle değil.

Günümüzde, tüm dünya insanlarının çok yüksek yaşam standardını sağlayacak maddi kaynaklar bulunmaktadır. Sadece karaların taşıyabileceğinden daha fazla nüfus olursa, o zaman açgözlülük, suç, şiddet gibi problemler oluşacaktır. Kıtlığın üstesinden gelindiğinde, suçların büyük çoğunluğu olmayacak ve bugünün toplumlarının hapishanelerine gerek kalmayacaktır.

Kaynak temelli dünya ekonomisi yeni, temiz ve yenilenebilir enerji kaynaklarının geliştirilmesini kapsayacaktır: jeotermal, güneş, rüzgar, dalga, gelgit, kontrollü füzyon ve hatta okyanus enerjileri. Zamanla, uygarlığı binlerce yıl ileri fırlatacak neredeyse sınırsız enerjiye sahip olacağız. Kaynak temelli ekonomi, şehirlerin, taşımacılığın ve endüstri tesislerinin, enerji etkin, temiz ve tüm insanların gereksinimlerini en iyi karşılayacak şekilde yeniden tasarlanmasını üstlenmek zorundadır.

Kaynak temelli ekonomi başka ne anlama gelir? Teknolojinin zekice ve etkin şekilde kullanılması, enerjinin korunması, çöpün azaltılması ve daha fazla boş vaktin (iş dışı vakit) sağlanması. Küresel boyutta otomatikleştirilmiş envanter sistemiyle, üretim ile dağıtım/tüketim arasındaki dengeyi sağlayabileceğiz. Kaynak temelli ekonomide sadece besleyici ve sağlıklı gıdalar olacak ve son kullanım tarihi olgusuna gerek olmayacaktır.

Para temelli ekonomide olan bazı mesleklere (avukatlık, bankacılık, sigortacılık, pazarlamacılık, reklamcılık, satıcılık, borsacılık gibi) gerek olmayacağından, önemli bir insan kaynağı israfından da kurtulunacaktır. Aynı zamanda, çok sayıda rekabetçi markanın birbirinin kopyası veya benzeri ürünleri ortadan kaldırılarak, büyük miktarda enerji tasarrufu sağlanacaktır. Seçenekler iyidir. Ancak, aynı tür ürün üreten yüzlerce fabrika yerine ve bu benzer ürünleri üretmek için gereken evrak işleri ve personel yerine, tüm insanlık için o tür ürün üreten birkaç yüksek kaliteli fabrikaya gerek olacaktır.

Tek kıtlığımız, gerek bizlerdeki, gerek se seçilmiş yöneticilerdeki yaratıcı düşünce ve zeka eksikliğidir.

Bugün en değerli ve kullanılmayan kaynak insan zekasıdır.

Borçlanmanın ortadan kaldırılmasıyla, işini kaybetme korkusu artık olmayacaktır. Bu güvence, insanlar arasında çok daha anlamlı ilişkilerin eğitimle edinilmesiyle birleştiğinde, zihinsel ve fiziksel stres hemen hemen tamamen ortadan kalkacak ve bireylerin yeteneklerini keşfetmesi ve geliştirmesinin önü açılacaktır.

Eğer paranın ortadan kaldırılması fikri sizi rahatsız ediyorsa şu örneği düşünün. Bol altın, elmas ve parası olan bir grup insan, yiyecek, temiz hava ve suyu olmayan bir adada izole kalmış olsun, onların zenginliği yaşamlarını sürdürmelerini sağlar mı? Sadece kaynaklar kıt olduğunda para onların dağıtımını kontrol etmekte kullanılabilir. Örneğin nefes aldığımız hava veya dağlardan çok bolca akan kaynak suları satılamaz. Hava ve su çok değerli olduğu halde, çok bol olduklarında (herkes kolayca erişebildiğinde) satılamaz.

Para bir toplumda sadece hayatta kalmak için bazı kaynakların hak edilmesi ve insanların parayı kıt kaynakların değiş tokuşunda bir araç olarak kullanmayı kabul etmesi durumunda önemlidir. Para sosyal bir buluş veya sosyal bir anlaşmadır.

Ne doğal bir kaynaktır, ne de doğal bir kaynağı simgeler.

Eğer siz onu o şekilde kabul etmek için şartlandırılmamışsanız, para yaşamı devam ettirmek için gerekli değildir."

Makale esası itibariyle "kaynak bazlı ekonomi" modelini anlatmıştır. Fakat, daha ütopistik bir temelde anlatmıştır. Ben "kaynak bazlı ekonomi" modelini 5 temel başlıkta anlatacağım. Ve yaşadığımız gerçekliğin "bir anlık reddiyle" ya da bir mucizeyle dönüşmesinden ziyade, adım adım nasıl böyle bir Dünya inşa edebileceğimizi paylaşacağım. Tüm bu maddeler (aşağıdaki maddeler), kitabın ilgili bölümlerinde bahsettiğim "yeni iktidar" sürecinin akabinde gerçekleşebilecek durumlardır.

13.1- ENERJİ DEVRİMİ!

Güncel olması açısından Türkiye örnekliğini sürdüreceğiz. Ve inşa edeceğimiz geleceği idrak etme adına, önemli bir çalışma paylaşacağım. Çalışmanın sahibi; Cumhuriyet Halk Partisi, Balıkesir Milletvekili Ahmet Akın. Bir enerji uzmanı. Tüm enerjisini "*yenilenebilir ve alternatif*" enerji için harcayan değerli bir siyasetçi. Şimdi bu manada yaptığı çalışmaya birlikte göz atalım:

1- *TÜRKİYE'NİN ELEKTRİK ENERJİSİ GÖRÜNÜMÜ*

1.1- *Elektrik Enerjisi Kurulu Gücü*

2016 yılında ülkemizde elektrik enerjisi kurulu gücü toplam 78.497 MW olmuştur. Kurulu gücün %34'ü hidrolik kaynaklardan, %28,3'ü doğal gazdan, %22,1'i kömürden, %9,4 ise yenilenebilir kaynaklarda (rüzgar+güneş+jeotermal) oluşmaktadır. Diğer kaynakların payı ise %6,2'dir.

2002-2016 yılları arasında termik santrallerde kurulu güç artışında ithal kömür başı çekmiştir. AKP iktidarı döneminde yani 2002 ila 2016 yılları arasında ithal kömüre bağlı kurulu güç 145 MW'tan 7879 MW'a çıkarak tam 54 kat artmıştır. Yine doğal gaz kurulu gücü 8.438 MW'tan 22.217 MW'a çıkarak 2,6 kat artış göstermiştir.

Buna karşılık linyit kurulu gücü %40, taşkömürü kurulu gücü ise sadece %0,4 oranında artmıştır.

Bu dönemde termik santrallerde yaşanan kurulu güç artışı ithal kaynaklara bağlı olarak gerçekleşmiştir.

1.2- Elektrik Enerjisi Üretim ve Tüketimi

(YIL)	ÜRETİM (GWh)	İTHALAT (GWh)	İHRACAT (GWh)	TÜKETİM (GWh)	ÜRETİM ARTIŞ ORANI%	TÜKETİM ARTIŞ ORANI %
2010	211.208	1.144	1.918	210.434	8,4	8,4
2011	229.395	4.556	3.645	230.306	8,6	9,4
2012	239.497	5.826	2.954	242.370	4,4	5,2
2013	240.154	7.429	1.227	246.357	0,3	1,6
2014	251.963	7.953	2.696	257.220	4,9	4,4
2015	261.783	7.135	3.194	265.724	3,9	3,3
2016	273.387	6.400	1.442	278.345	4,4	4,7

2016 yılında ülkemizin elektrik üretimi kaynaklar itibariyle şöyle olmuştur:

- Termik Santraller : %67,6
- Hidroelektrik Santraller : %24,6
- Diğer Yenilenebilir Kaynaklar : %7,8

Termik santrallerde yapılan elektrik enerjisi üretiminin %33,74'lük kısmı kömür kaynaklı santrallerden(%19,67 taşkömürü, ithal kömür, asfaltit; %14,07 Linyit), %32,1'lik kısmı ise doğalgaz+LNG kaynaklı santrallerden elde edilmiştir. Termik Santrallerdeki elektrik enerjisi üretiminin küçük bir kısmı ise sıvı yakıtlar ile atıklardan elde edilmiştir.

2- 2016 Yılında Elektrik Enerjisi Üretiminde İlk Sırayı Kömür Almıştır

Ülkemizde 2015 yılında elektrik enerjisi üretiminde doğal gaz ilk sırada iken 2016 yılında ilk sırayı kömür almıştır. Kömür elektrik üretimindeki payı bir yıl arayla %28,2'den %33,74'e yükselmiştir. Doğal gazın payı ise %37,9'dan %32,1'e gerilemiştir.

Enerji ve Tabii Kaynaklar Bakanlığı tarafından yürütülen çalışmalar ve açıklanan Milli Enerji Programı dikkate alındığında önümüzdeki yıllarda elektrik enerjisi üretiminde kömürün payının daha da yukarılara çıkacağını söyleyebiliriz.

Nitekim 2016 yılı Haziran ayında 6446 sayılı Elektrik Piyasası

Kanununun *"özelleştirme"* kenar başlıklı 18. maddesinde yapılan değişiklikle Elektrik Üretim A.Ş (EUAŞ)'ın elinde bulunan kömür rezerv alanlarının elektrik enerjisi üretilmesi amacıyla yapılacak ihalede bedelsiz devri konusu düzenlenmiş ve ilk uygulaması da Ankara Nallıhan'da yapılmıştır.

06.02.2016 tarihinde Ankara ili Nallıhan ilçesi Çayırhan mevkiinde bulunan EUAŞ'a ait enerji üretim alanı ile kömür rezerv alanının işletme hakkının verilmesine yönelik özelleştirme ihalesi yapılarak sonuçlandırılmıştır. Açık eksiltme yöntemi ile yapılan ihaleye göre Çayırhan'da kurulacak elektrik üretim santralinde üretilecek elektrik 6,04 cent/kWh, bedelle 15 yıl boyunca Elektrik Üretim A.Ş tarafından satın alınacaktır. Ortaya çıkan fiyat 2016 yılı ortalama toptan üretici fiyatının çok üstünde olduğu için ihale kamuoyunda eleştiri konusu olmuştur.

3 - Doğal Gazda Rusya'ya Yüksek Oranlı Bağımlılığımız Sürüyor

Doğal gazın elektrik üretimindeki payının düşmesine paralel olarak toplam doğal gaz tüketimimiz 2016 yılında bir miktar düşmüştür.

2016 yılının Aralık ayı sonunda Kocaeli ve İstanbul başta olmak üzere yaşanan elektrik kesintileri Bakanlık tarafından iletim hatlarındaki arızaya bağlansa da asıl nedenin doğal gaz planlamasındaki sorunların olduğunu Elektrik Mühendisleri Odası Kamuoyuna açıkladı. Oda tarafından yapılan açıklamaya göre doğal gaz talebi ile arzı arasındaki dengenin kaybolmuş olması Aralık ayında doğal gaz ihtiyacının karşılanmasında güçlük yaşanmasına neden olmuştur. BOTAŞ'ın doğal gaz santrallerine verdiği gazda %90'lara varan kesinti yapması nedeniyle bu santraller devreden çıktığı için elektrik ihtiyacının karşılanmasında ciddi sıkıntılar yaşanmıştır. Meydana gelen kesintiler nedeniyle ortaya çıkan ekonomik kayıpların boyutu ise o günlerin basın yayın organlarında yer almıştır.

2015 yılında 48 milyar m3 olan doğal gaz tüketimi 2016 yılında 46 milyar m3'e gerilemiştir. %99'unu ithalat yoluyla karşıladığımız doğal gazın hala %53,5'ini Rusya'dan alıyoruz. Enerji arz güvenliğimiz için sakıncalı bulunan bu durumun kısa vadede düzeleceğine dair bir belirti henüz ortada bulunmuyor. Doğal gazın geriye kalan kısmı İran, Azerbaycan, Cezayir ve Nijerya'dan ithal edilmektedir.

4 - AKP Döneminde Elektrik Enerjisi Üretiminde Kamunun Payı Hızla Düşmüştür

AKP döneminde enerji yatırımları özel sektör odaklı olarak gelişme göstermiştir. Özel sektörün 2002 yılında elektrik üretimindeki payı %40,2 iken bu oran 2016 yılında %83'e çıkmıştır.

Kurulu güçte de benzer bir seyir izlenmektedir. 2002 yılında elektrik kurulu gücünde kamu payı kamu payı %66,1 iken bu oran 2016 yılında %25,6'ya düşmüştür.

5 - Yenilenebilir Kaynakların Durumu

Ülkemiz zengin olarak kabul edilen yenilenebilir enerji kaynaklarına sahiptir. Hidrolik dışı yenilenebilir kaynak potansiyelimiz şu şekildedir;

Rüzgar: 48.000 MW kurulu güce karşılık gelen 120 milyar kWh;

Güneş : 270.000 MW kurulu güce karşılık gelen 380 milyar kWh (Bahçe ve çatı uygulamaları ile birlikte 400 milyar kWh)

Jeotermal : Elektrik üretiminde kullanılabilecek potansiyel 1500 MW (Yenilenebilir Enerji Genel Müdürlüğü)

Biyogaz: 4000 MW kurulu güce karşılık gelen 35 milyar kWh,

5. 1- Rüzgar

2016 yılında 5.751 MW kurulu güce ulaşan rüzgar santrallerinden 15.492 GWh elektrik üretilmiştir. Bu miktar 2016 yılında üretilen toplam elektriğin %5,67'sine tekabül etmektedir.

2015 yılında rüzgarda başvurular alınmış ancak yarışma bugüne kadar yapılmamıştı. Geçtiğimiz Mayıs ayında yayınlanan yarışma yönetmeliği çerçevesinde önümüzdeki aylarda yapılacak yarışma ile rüzgar yatırımlarında yeni bir atılım beklenmektedir.

5. 2- *Güneş*

Ülke olarak en büyük potansiyelimiz güneş olmasına rağmen yenilenebilir kaynaklar en yavaş ilerleyen de güneş enerjisi yatırımları olmuştur. 2016 yılı itibariyle 832,5 MW kurulu güce karşılık güneşten 972 GWh elektrik üretmişiz. 2016 yılındaki toplam elektrik üretimimizin sadece %0,36 sı güneşten elde edilmiş.

Güneş konusunda bizim kadar şanslı olmayan bazı Avrupa ülkelerinin bize göre güneşten çok daha fazla elektrik ürettiği bilinmektedir. Örneğin güneşe hasret bir ülke olarak kabul edilen İngiltere 26 Mayıs 2017 günü elektrik ihtiyacının %24,3'ünü güneş enerjisinden karşıladığını açıkladı.

Türkiye'de ise TEİAŞ verilerine göre aynı gün, yani 26 Mayıs günü üretilen toplam elektriğin içerisinde güneş yer almıyor. 22.953.732 MWh olarak gerçekleşen aylık elektrik üretiminin oransal dağılımda yer almayacak şekilde sadece 1.906 MWh'i güneş enerjisinden elde edilebilmiştir.

Ülkemizde 2016 yılına kadar güneş enerjisi santralleri lisanssızlardan oluşuyordu. 2016 yılında 2 adet lisanslı GES devreye alınmıştır.

Karapınar Eneji İhtisas Endüstri Bölgesinde bulunan ve 1000 MW kapasiteli Karapınar YEKA ihalesi geçtiğimiz Mart ayında yapılarak sonuçlandırılmıştır.

5.3- *Jeotermal*

Jeotermal kaynak bakımından da zengin olan ülkemizde 2016 yılında 820,9 MW kurulu güce sahip JES'lerden 4.767 GWh elektrik üretilmiştir. Bu üretim toplam elektrik üretiminin %1,74'ünü oluşturmaktadır.

5.4- *Enerji Verimliliği*

Yapılan çalışmalarda bina sektöründe %30, sanayi sektöründe

%20 ve ulaşım sektöründe de %15 olmak üzere dört Keban Barajına eşdeğer tasarruf potansiyelimiz olduğu belirtilmektedir. Bu nedenle enerji verimliliğinin ülkemizin en önemli *"Enerji Kaynakları"* arasında olduğu söylenebilir.

Diğer ülkelere göre gecikmeli de olsa ülkemiz enerji verimliliğini 2000'li yıllarla birlikte gündemine almış ve bu amaçla 2004 yılında Enerji verimliliği Strateji Belgesi yayınlanmış, 2007 yılında ise 5627 sayılı Enerji Verimliliği Kanununu çıkarılmıştır.

Ancak bugüne kadar enerji verimliliği konusunda ciddi bir ilerleme kaydedildiği söylenemez.

AB İlerleme Raporlarında da enerji verimliliği konusunda ülkemiz eleştirilmektedir. Enerji verimliliği ile ilgili olarak ilerleme kaydedilmediği, Enerji Verimliliği Kanunu ile ilgili mevzuatın AB Enerji Verimliliği Direktifi ile uyumlu olmadığı belirtilmektedir.

Binalarda Enerji Performans Yönetmeliğine 2010 yılında eklenen Geçici 3. Madde ile mevcut binaların kanunun yayımı tarihinden sonraki 10 yıl içinde tamamının enerji kimlik belgesi alması hükme bağlanmıştır. Buna göre mevcut binaların enerji kimlik belgesi alması için öngörülen süre 2 Mayıs 2017 tarihinde sona erdi. Ancak bu süre yönetmeliğe eklenen bir madde ile 2020 yılına ertelendi. Çevre ve Şehircilik Bakanı sürenin sona ermesinden kısa bir süre önce ülkemizde enerji kimlik belgesi alması gereken bina sayısının 10 milyona yakın olduğunu ve bunlardan sadece 50 bininin enerji kimlik belgesi aldığını açıkladı. Sürenin bitmesi nedeniyle tanınan bu ek sürede de bu konuda görünür bir ilerlemenin sağlanamayacağı açıktır.

6- Milli Enerji Politikası

Enerji ve Tabii Kaynaklar Bakanı Berat Albayrak tarafından geçtiğimiz Nisan ayında *"Milli Enerji ve Maden Politikası"* açıklandı. Bakan, Milli Enerji ve Maden Politikasının tanıtım toplantısında yaptığı konuşmada yıllık 55 milyar dolar enerji ithalatı yapıldığını ve bunun da cari açık açısından çok önemli olduğunu belirtti. Bakanın konuşmasından milli enerji politikasının odağına nükleer santrallerinin yerleştirildiği anlaşılmaktadır. En önemli strateji ve 60 yıllık rüya olarak açıkladığı nükleer santrallerin hızlı bir şekilde devreye alınacağını duyurdu.

Milli enerji şeklinde sunulmaya çalışılan nükleer santraller yabancı ülkelerin bizim topraklarımızda santral sahibi olmalarından başka bir şey değildir. Yakıtından, teknolojisi ve insan kaynağına kadar tamamen dışa bağımlı olacağımız nükleer santraller enerjideki zaten yüksek olan dışa bağımlılığımızın artmasına yol açacaktır.

Milli ve yerli enerji kaynağı aranıyor ise fazla uzaklara gitmeye gerek yok. Yenilenebilir enerji kaynakları hem yerli, hem de millidir. Enerji ithalatına ödediğimiz yüksek bedellerin bir bölümü ile bu alan desteklendiğinde yenilenebilir kaynaklardan elde ettiğimiz enerji miktarı artacaktır.

7- Elektrik Fiyatları

2016 yılı sonu itibariyle konut elektriğinin fiyatı 41,24 krş/kWh, sanayi elektriğinin fiyatı ise 31,67 krş/kWh tir. Konutlarda kullanılan elektriğin bedelinin %46,4'ü enerji bedeli dışındaki bedellerdir. Bunlar; dağıtım bedeli, fon,TRT payı, elektrik, tüketim vergisi ve KDV'den oluşmaktadır. Satın alma standartlarına göre AB'de konut elektriğinin en pahalı olduğu yedinci ülke Türkiye'dir.

Geçtiğimiz yıl elektrik faturalarına yansıtılan kayıp kaçak bedeli konusu kamuoyunun en çok tartıştığı konuların başında geliyordu. Bu konuda açılan davalarda yargı tüketicileri haklı buluyor ve ödedikleri kayıp kaçak bedellerinin iadesine hükmediyordu.

AKP iktidarı bu durumu engellemek için, yani tüketicilerin haklarını yargı yoluyla elde etmelerini engellemek için önce kayıp kaçak bedelinin faturada gizlenmesi yoluna gitti. Ancak bu da yeterli olmayınca bir yasal düzenleme yaparak kayıp kaçak bedellerini başka kalemler içerisinde göstererek tahsilini yasal kural haline getirdi.

Yargı kararlarına rağmen yapılan bu yasal düzenleme ile tüketicilerden haksız ve hukuksuz olarak tahsil edilen kayıp kaçak bedelleri dağıtım şirketlerinin kasalarına aktarılmış oluyor. AKP iktidarı kayıp kaçak konusunda halkın yararından yana değil dağıtım şirketlerinin mali sürdürülebilirliklerinden yana olmuştur.

Doğal gaz ithal fiyatlarının uluslararası petrol fiyatlarına paralel olarak düşmüştür. Türkiye artık daha ucuza doğal gaz ithal etmektedir. Elektrik üretiminde doğal gazın payı dikkate alındığında bu düşüşten elektrik tüketicilerinin de yararlandırılması gerekiyordu. Ancak öyle olmadı. 2016 yılında toptan elektrik fiyatlarında yapılan indirimler ile faturalara yansıtılmadı.

Türkiye Elektrik Ticaret A.Ş (TETAŞ) özel sektör elektrik dağıtım şirketlerine elektriği toptan satıyor. TETAŞ'ın dağıtım şirketlerine yaptığı toptan satışta Enerji Piyasası Düzenleme Kurumu(EPDK) fiyatı üçer aylık dönemler için belirliyor.

EPDK 2016 yılbaşından sonra TETAŞ'ın elektrik dağıtım şirketlerine sattığı elektrik fiyatında iki kez indirim yaptı.

EPDK 2016 yılbaşında toptan elektrik fiyatını 17.75 krş/kWh olarak belirlemişti. 1 Nisan 2016'dan geçerli olmak üzere toptan elektrik fiyatı yapılan indirimle 16.35 krş/kwh'e düşürüldü.

30 Haziran 2016 da 1 Temmuz- 30 Eylül dönemi için EPDK ikinci bir indirim daha yaptı. Bu indirimle Elektrik toptan fiyatı 14.80 krş/kwh e düşürüldü. Bu indirimin karşılığı tutar da vatandaşın faturasına yansıtılmadı.

Toplamda yıl içerisinde yapılan 2,95 krş/kwh indirim elektrik faturalarına yansıtılmadı.

Tükettiğimiz elektriğin 2014 yılında %48'ini, 2015 yılında %38'ini, 2016 yılında ise %32'sini doğal gazdan elde ettik.

1 Ekim 2016 itibariyle doğal gaz fiyatlarında %10 indirim yapılmasına rağmen bu indirim elektrik fiyatlarına yansıtılmadı.

Sonuç itibariyle hem toptan elektrik fiyatlarındaki düşüş, hem de doğal gazda yapılan indirim nedeniyle elektriğin perakende satış fiyatının da düşürülmesi gerekmektedir.

2- *MADENLER VE DOĞAL KAYNAKLAR*

CHP, doğal kaynakların, madenlerin ve su kaynaklarının ulusal çıkarlar ve toplum yararına, ekonomik kriterler ve 249 çevreye duyarlılık ilkeleri çerçevesinde, en rasyonel ve verimli şekilde değerlendirilmesini sağlayacaktır.

Bu çerçevede;

Madencilikte Ulusal Politika

Madencilik sektöründeki yabancılaşma sınırlandırılacak, doğal kaynaklarımıza sahip çıkılarak, kamu ve özel sektörün işbirliği içinde ciddi, tutarlı bir ulusal madencilik politikası hayata geçirilecektir. Madencilik sektörünün tüm alt sektörlerinde üretimi arttırmayı ve sektörün ülke sanayisi ile entegrasyonunu sağlamayı hedefleyen kısa, orta ve uzun dönemli stratejik planlar "*Ulusal Madencilik Politikası*" temelinde geliştirilerek uygulanacaktır. Bu çerçevede, sanayi sektörleri ile entegre çalışacak kamu ya da özel madencilik projeleri, öncelikle teşvik edilecektir. Politikaların yapımına ve uygulamasına konu ile ilgili tarafların katılımı sağlanacaktır.

Madencilikte Atılım Sağlanacak

Doğal kaynaklarımızın aranması, çıkarılması ve üretimlerinin artırılmasına hız verilecek, sektörde yatırımların, hazırlanacak ulusal madencilik sektörü planlarıyla uyumlu olmasına özen gösterilecek, teknolojik değişimin sağlanması için gerekli özendirici önlemler alınacaktır.

Madencilikte Toplulaştırma Sağlanacaktır

Küçük ölçekli maden sahalarındaki maden üretimleri toplulaştırarak ekonomiye kazandırılacaktır.

Maden Aramacılığında Derin Sondajlara Geçilecektir

Bazı teşvik mekanizmalarının geliştirilmesi ile derin sondajlı maden aramaları özendirilecektir.

Maden Arama ve Yatırım İzinlerine Etkin Denetim

Madencilikte arama ve yatırım izinlerinin önündeki bürokratik engeller kaldırılacak, süreçte saydamlık sağlanacak, sektörde etkin ve özerk bir kamu denetimi uygulanacak, maden sahaları için verilen ruhsatlarda yer alan işletmeye geçiş sürelerine uyulacak, süresinde işletmeye geçmeyen madenlerin ruhsatları iptal edilecektir. Ruhsat ticareti ve spekülasyonlarının önlenmesi bakımından madencilik yapacak gerçek ve tüzel kişilerde teknik ve mali yeterlilik aranacaktır. Arama faaliyetleri,kamu denetiminde ve mutlaka rasyonel bir stratejik plan çerçevesinde yürütülecektir.

Madencilik Sektöründe Pazar Araştırması Yeniden Ele Alınacaktır

Gerek mevcut gerekse gelişen pazarların yakından takip edilerek değişikliklere uygun stratejiler belirlenecektir.

Madencilik Sektöründe İnsan Kaynakları Geliştirilecektir

Madencilik sektöründeki eğitim ve öğretim konusu yeniden ele alınacak, Sektörün gereksinim ve beklentileri gözetilerek ve üretime yönelik eğitim esas alınacaktır.

Madencilik Sektöründe, Çevre Dostu Teknoloji Ve Yöntemlerin Kulanılacaktır

Madencilik süreçlerinde ya da sonrasında çevrenin korunmasına ya da yenilenmesine yönelik önlemlerin alınacaktır.

Yerel halkın onayını almamış hiçbir ekonomik girişimin ülkeye yarar getirmesi beklenemez. Madencilik sektörüne ilişkin alınacak kararlarda ilgili yöre halkının da katılımı sağlanacaktır.

MTA Yeniden Yapılandırılacak

MTA'nın etkin ve özerk bir yapı içinde arama faaliyetleri yapabilmesi, kamu-özel sektör işbirliği ile uluslararası arama faaliyetini yürütebilecek bir yapıya kavuşturulması sağlanacak,

Türkiye Kömür İşletmeleri (TKİ) Yeniden Yapılandırılacak

TKİ etkin, özerk yapıya kavuşturulacak, kamuya ait kömür arama ve işletme sisteminin TKİ altında örgütlenmesi yeniden sağlanacak, TKİ, araştırma, üretim ve ürün işleme faaliyetlerinde bulunabilecek, bunun için yerli ve yabancı sermaye ile ortaklık tesis edebilecek bir yapıya kavuşturulacak,

TKİ'ye Uluslararası Normlarda Labaratuar Şartları Sağlanacaktır

TKİ'nin uluslararası ve AB normları içinde akredite olan kamu otoritesinden kömür analiz hazırlama labaratuarları kurulacaktır.

Linyitte Yeni Teknolojiler Uygulanacak

Linyitlerimizin gazlaştırma yoluyla değerlendirilmesi için araştırmalar hızlandırılacak, yurt dışında uygulanmakta olan teknolojilerin ülkemize uyum olanakları değerlendirilecektir.

Yer altı zenginliklerinin hammadde olarak ihracı yerine madenlerin işlendikten sonra ihracını özendirecek önlemler alınacaktır. Yer altı zenginliklerimiz işletilirken çevresel tahribatı önleyecek tedbirler alınacak ve titizlikle uygulanacaktır.

Bor Enstitüsü Yeniden Yapılandırılacak

Enstitü, sadece yayın üreten bir yapıdan kurtarılarak, ciddi bir araştırma merkezi, teknolojik yatırım ve üretim faaliyetlerinde bulunabilecek, yerli ve yabancı sermaye ile işbirliği yapabilecek bir yapıya kavuşturulacaktır. Bu kapsamda; Bor ve toryum gibi ülkemizin yeraltı zenginliğini oluşturan doğal kaynakların hidrojenin enerji üretiminde kullanımı konusunda, dünyada hızla gelişmekte olan ileri teknolojilerin araştırılıp geliştirilmesi ve ülkemize aktarımı için ulusal bir strateji oluşturulacak, Türkiye borda dünyanın önder ülkesi konumuna taşınacak, başta bor olmak üzere maden kaynaklarımızın üretiminde olabildiğince nihai ürüne yönelerek, daha yüksek katma değerli ihracat yapılması hedef alınacaktır.

3- ENERJİ KOOPERATİFÇİLİĞİ

Ülkemizde elektrik sektöründe katılımcılıktan söz etmek henüz mümkün değildir. Elektrik sektörünün önemli bir büyüklüğü özel sektör eliyle yönetilmektedir. Doğası gereği kar odaklı bir yönetim anlayışı egemendir. Enerji sektörü büyük karların ve büyük rantların söz konusu olduğu bir sektördür.

Elektrik üretimi sektöründe yapılan özelleştirmelerle kamu payı düzenli bir şekilde azalmış ve 2015 yılında %21,3'e gerilemiştir. Bu oran önümüzdeki yıllarda yapılacak özelleştirmelerle daha da aşağılara düşecektir.

Sermaye egemen bir yapıya sahip enerji piyasasının katılımcı bir yapıya kavuşması için başka bazı ülkelerde örnekleri görüldüğü gibi kooperatifçilik önemli bir araç olarak karşımıza çıkmaktadır. Tüketicilerin kendi elektrik ihtiyaçlarını üretmek üzere ortak bir çatı altında bir araya gelmeleri katılımcılığı artıracaktır.

Büyük oranda fosil kaynak kullanan büyük kapasiteli elektrik santralleri çok fazla sermaye gerektirmektedir. Bu yüzden sermaye sahipleri tarafından kurulabilmektedir.

Ancak yenilenebilir enerji üretim tesisleri daha küçük kapasitelerde ve tüketim noktalarına yakın yerlere kurulabildikleri için halk katılımına daha uygun olduğu değerlendirilmektedir.

Rüzgar, hidrolik, jeotermal ve güneş enerjisi gibi yenilenebilir kaynaklara bağlı elektrik üretim tesislerinin kaynağında kurulmasının daha ekonomik olduğu bilinmektedir.

Ülkemizde enerji kooperatifçiliğin altyapısı kimi eksikliklere rağmen yapılan mevzuat düzenlemeleri ile bir noktaya kadar getirilmiştir.

Tüketicilerin kendi elektrik ihtiyaçlarını karşılamak üzere üretim yapması, bu üretimi de ortak bir çatı altında gerçekleştirmesi sektörde katılımcılığı artırabilecek ve demokratik bir yapının oluşmasını sağlayacaktır.

Ülkemizde kooperatifler bugün için çok ciddi büyüklükteki işletmeleri bünyesinde barındıran ekonomik etkinliğe kavuşmuşlardır. 2015 yılı için İstanbul Sanayi Odası tarafından açıklanan ilk 500 sanayi kuruluşu içerisinde Trakyabirlik 126, Marmarabirlik 382, Pankobirlik Konya Şeker 37, Pankobirlik Kayseri Şeker 101. sırada yer almıştır. Bu anlamda Türkiye'de köklü bir kooperatifçilik birikimi ve deneyimi vardır.

1163 sayılı Kooperatifler kanununa göre en az 7 gerçek veya tüzel kişi tarafından ana sözleşmenin imzalanması ile enerji kooperatifi kurulabilecektir. Kuruluş işlemleri tamamlanan enerji kooperatifi "*Elektrik Piyasasında Lisanssız Elektrik Üretimi Yönetmeliği*" ve ilgili tebliği çerçevesinde faaliyette bulunabilecektir.

Buna göre ;

100 ortaklı kooperatifler, kooperatif birlikleri ve kooperatif merkez birlikleri 1MW'a kadar,

100 ila 500 arasında ortağı olan kooperatifler, kooperatif birlikleri ve kooperatif merkez birlikleri 2 MW'a kadar,

500 ila 1000 arasında ortağı ola kooperatifler, kooperatif birlikleri ve kooperatif merkez birlikleri 3 MW'a kadar,

1000'den fazla ortaklı kooperatifler, kooperatif birlikleri ve kooperatif merkez birlikleri 5 MW'a kadar, tahsis yapılabilmektedir.

Enerji kooperatifçiliğine Belediyelerin öncülük yapabileceğini düşünmekteyiz. Belediyelerin öncülüğünde kurulabilecek kooperatifler özellikle yenilenebilir enerji alanında yeni bir gelişme olarak önemli ilerlemeler sağlayabilir.

Kooperatiflere de şimdilik sadece lisanssız elektrik üretimi olanağı sağlanmıştır. Şirketlere verilmiş olan hakların kooperatiflere de sağlanması ve lisanslı olarak üretim yapabilmelerine de olanak tanınması gerekmektedir.

Enerji kooperatifleri sorumlu oldukları ortaklarına ucuz, güvenli ve kar amacı gütmeyen bir elektrik hizmeti vermek amacıyla kurulmalıdır.

Enerji üretimi çalışması yapan ve bu konuda teknik altyapısı ile birikimi olan belediyelerimizin enerji kooperatifçiliği konusuna öncülük yapması isabetli olacaktır.

Partimize mensup bazı belediyelerde enerji kooperatifçiliği ile ilgili çalışmaların ve girişimlerin olduğu bilinmektedir. Bu vesile ile bu çalışmaları yapan belediyelerimizi öncü girişiminden dolayı kutlamak gerekiyor.

Enerji kooperatifleri; üretimi, satışı, tüketimi veya enerji dağıtımını veya bu alanla ilgili diğer hizmetleri amaçlayan kooperatif yapılanması olarak tanımlanmaktadır.

Günümüzde enerji kooperatifçiliği alanında en ileri gitmiş ülkeler Almanya, Danimarka ve ABD'dir.

Almanya'da özellikle fotovoltaik, yerel ısınma ve rüzgar'da enerji kooperatifi sayısı hızla artmaktadır. Almanya'da 1000 civarında enerji kooperatifinin faaliyette bulunduğu belirtilmektedir.

Sadece Güneş'te 180 den fazla enerji kooperatifi bulunduğu bilgisi verilmektedir.

Danimarka'da ülkenin rüzgar kapasitesinin %23'ü kooperatiflere aittir. Biyogaz üretiminin %80'ini üreten biyogaz tesisleri enerji kooperatiflerine aittir. Danimarka'da 150 binden fazla aile rüzgar kooperatiflerinin ortağıdır. 2000'den fazla rüzgar kooperatifinin bulunduğu Danimarka'da enerji projelerinin en az %20 'sinin yerel halka ait olması yasa ile şart koşulmuştur.

ABD'de nüfusun %12'sine enerji kooperatifleri hizmet vermektedir. Dağıtım ağının %40'ı kooperatiflere aittir. Yenilenebilir kaynakların %13'ü kooperatiflerin yönetimindedir.

Bolivya'da 1 milyondan fazla insana hizmet sağlayan kooperatif elektrik dağıtım piyasasının %30'undan sorumludur.

Brezilya'da üç milyonu aşan tüketiciye elektrik sağlayan ve bir milyonu aşan ortağa sahip 126 adet kırsal elektrik kooperatifi bulunmaktadır.

Bu ülkelere ilave edebileceğimiz enerji kooperatifi uygulaması yapan pek çok farklı ülke bulunmaktadır.

Türkiye'de enerji kooperatifçiliği henüz başlangıç düzeyinde bulunuyor. Önemli olarak kabul edebileceğimiz bir ilerleme yok. Mevzuat altyapısı kimi eksikliklere rağmen tamamlanmış olmasına rağmen şu ana kadar kurulan enerji kooperatifi sayısı sadece beştir.

CHP'li belediyelerimizin bu konuya öncülük yapması bu alanın gelişmesi için çok yerinde olacaktır.

Halkımızın daha ucuz, kaliteli ve temiz enerji tüketebilmesinin yolu enerji kooperatifçiliğinden geçmektedir. Pek çok ülkedeki örneğinde olduğu gibi yenilenebilir enerji alanında faaliyet gösterecek enerji kooperatiflerinin başarılı olacağı düşüncesini taşımaktayız.

Bugünkü fiyatlarla 1MW gücündeki bir güneş enerjisi santrali 1 milyon Avro'ya mal olmaktadır. Rüzgar enerjisi santrali maliyeti ise buna yakın bir rakamdır. 1 MW rüzgar enerjisi santrali 900 bin Avro'ya kurulabilmektedir. Fosil yakıta dayalı elektrik üretim tesisleri ise çok daha büyük kaynaklar gerektirmektedir.

Yenilenebilir enerji alanında yaşanan teknolojik gelişmelerle önümüzdeki yıllarda maaliyetlerin daha da aşağılara düşmesi beklenmektedir. Bu durum enerji kooperatifçiliğinin yaygınlaşmasını sağlayacaktır.

Enerji Kooperatifleri ile;

- Yerel kaynakların yerel halk tarafından kullanılarak enerjinin tüketileceği yerde üretilmesi sağlanacaktır.
- Yeni istihdam yaratılacaktır.
- Halkın enerji konusunda söz sahibi olması sağlanacaktır.
- Enerji piyasasında sermaye egemen yapıya karşı bir alternatif ortaya çıkmış olacaktır.
- Yerel kalkınmaya katkı saplanmış olacaktır.
- Çevrenin korunması sağlanacaktır.
- Enerjide dışa bağımlılığımız düşecektir.
- Enerjide dönüşüme katkı sağlanacaktır.
- Enerji piyasasının demokratikleşmesine katkı sağlayacaktır.

CHP İktidarında;

- Enerji kooperatifleri tıpkı şirketler gibi elektrik piyasasında faaliyet göstereceklerdir.
- Bu anlamda gerekli teşvik ve destek sistemi geliştirilecektir.
- CHP'li belediyeler enerji kooperatifçiliğinde halkla birlikte yer alacak ve bu alanda örnek uygulamalar hayata geçirecektir.
- Yenilenebilir enerji kaynaklarımız enerji kooperatifleri üzerinden geliştirilecek ve devreye alınacaktır.

- Enerji kooperatifinin olduğu yerde teşvik ve desteklerde bu kooperatiflerin önceliği olacaktır.
- Enerji kooperatifçiliğinin önünde var olan bütün engeller kaldırılacaktır. "

Bu bilgiler ışığında düşününüz. Türkiye, bütün "*enerji ihtiyacını*" doğal kaynaklardan karşılıyor.

- Bu ne anlama gelecektir?
- Yüz milyonlarca dolarlık enerji harcamasının sona ermesi.
- İnsanlığın temel ihtiyacı olan enerjinin, bir met'a olarak alınıp satılmaz bir noktada konumlanması.
- Tasarruf

Ve tabi siz bunları yaparken "*para bazlı ekonomi*" içerisinde yaşamaya devam ediyorsunuz. Yani "*paranın değer olduğu*" sistem varolmaya devam ediyor. Ama sistemin dayattığı büyük bir zorunluluk tersine döndü ve tasarruf edilen bir alan yaratıldı. Yani "*dışa giden para*" bu tedbirler sayesinde içeride kaldı. Ve sonsuz bir kaynak olan "*doğal kaynaklarla*" enerji ihtiyacı gideriliyor.

Sistemle kitlelerin arasındaki en güçlü ilişki olan "*enerji*" alanındaki bu devrimin hemen akabinde, enerji devriminin yarattığı "*tasarruf iklimi*" kullanılarak yapılacak 2. Büyük devrim "*Teknoloji Devrimidir.*"

13.2- TEKNOLOJİ DEVRİMİ!

Kanser hastalığına yönelik ilaçlar üreten bir küresel şirketin karlılık oranı "*para bazlı ekonomi*" açısından birinci önceliktir.

Şu halde; "*X şirketinin tüm karlılığının bu ilaçlara dayanmak suretiyle*" kanser hastalığının yok olmasını istemesi mümkün müdür?

Şirketokrasi açısından tek amaç "*karlılıktır.*" Üretilen değerin ihtiyaçları karşılaması 2. sıradadır. IPhone marka telefon kullanıyorsanız, her yıl çıkacak yeni versiyonu almanız gerekir. Bir önceki cihaz "*çöplüğe gidecektir.*" Teknoloji çöplüğü; temiz ve mutlak ihtiyaçlara yönelen bir alandan ziyade, karlılık ve kazanç odaklı gelişir.

Para bazlı ekonomiler "*karlılığı*" amaçlar. Ve bu ekonomilerin şirketleri de aynı amaçla hareket ederler.

Ama siz, sistemde bir delik açarsanız; "*kendi kendine enerji üreten*" bir alan yaratır ve enerji ihtiyacından ötürü sürekli para ödemek zorunda olan durumunuzu iyileştirirseniz, mevcut kaynaklarınızda ciddi birtasarruf elde edersiniz. Bir önceki bölümde anlatılan "*yenilenebilir enerji*" eksenli "*enerji devrimi*" tam da budur.

Enerji devrimi, enerji ihtiyacınızı karşılamak için sürekli ödeme yaptığınız bir zeminden, kendi kendinize yetebileceğiniz bir zemine geçmenizi sağlar.

Peki bu kadar ciddi bir "*gider*" kalemi boşa düşünce ne yapmak gerekir?

ARGE yatırımlarını arttırarak, teknolojiye yatırım yapmak.

Şimdi bir hayal kurmanızı istiyorum. Size bu konuda "*matematiksel gerçekliğiyle*" bir hayalimi aktaracağım.

Tarih 24 Haziran 2018

Türkiye'de iktidar değişir.

Sosyal Demokratlar iktidara gelir. Ve ilk iş olarak "*enerji devrimini*" gerçekleştirirler.

Enerji harcamalarından boşalan alanı "*teknoloji ve ARGE*" yatırımlarına ayırırlar.

Türkiye'de "*Konya*" büyüklüğünde bir şehir oluşturulur. Adı "*teknoşehir*"dir.

Bir vaha üzerine yükseltilen bu şehir, "*özerk bölge statüsündedir.*" Kendi iç yönetmeliği ve mevzuatı vardır.

Burada, sadece ARGE yatırımıyla hayata geçmiş teknoloji üretim merkezleri vardır. Türkiye'nin en seçkin üniversitelerinin mezunları burada çalışırlar. Ayrıca buraya tesis açan firmalar "*vergiden muaf tutulur.*" Tek şartla; "*arge yatırımı yatmak.*"

Kültürel hegemonya yıkılmıştır. Sürekli olarak "*en iyiye olan ihtiyaçtan*" bahseden yayınlar yapılır. Rekabet değil, "*ideal olan.*"

Zehir gibi zihinlerin üretim yaptığı, bilimsel çalışma yaptığı o kentte; her gün bir bilimsel buluş elde edilir. Otomasyon finanse edilir. Seri üretime geçilir.

Türkiye'nin ihtiyaç duyduğu tüm teknolojik muhteva üretilir. Ve arta kalanlar satılır.

Buraya yatırım yapan şirketlerin ürettiği her ürün, Dünya pazarına sunulur.Türkiye artık bir teknoloji ülkesidir.

Devlet, ARGE yatırımlarını arttırmıştır. Üretim yapan firmalar ve kamu ortaklıkları ile; yepyeni teknolojik gelişmeler ortaya çıkmaktadır.

Oluşacak katma değer nereye yansıtılır?

"Halka..."

Halk, katma değere ortak edilir. Oluşan katma değer *"enerji harcamasına"* gitmeyeceğine göre, halka yansıtılır.

İlk aşamada *"barınma, temel ihtiyaçlar"* sorunu çözümlenir. Ve oluşacak yeni kültürel iklim ile bu sürecin ötesine ulaşmak toplam bir amaçtır artık.

Güdümlü ve iktidarları koruyan bir medya yoktur. Üreten ve paylaşan bir ülkenin medyası vardır.

Siyasi reformlar, kronik sorunları çözecek somut adımlar, terör ve şiddet sarmalına son verecek politik kararlar ve dahası.

Adım adım sürülen bu izin önemi bir safhasına ulaşılmıştır. Zihniyet devrimi başlığında anlattığım eksende; kamucu kolektif üretimin temel mantığı hayata geçmiştir.

Kooperatif mantığıyla halk, üretimden doğan artı değere ortak edilmiştir. Artık *"gerçek millet/halk ya da ne dersek diyelim"* iktidara gelmenin ne olduğunu kısmi düzeyde hissetmeye başlamıştır.

Ve bunun hemen akabinde *"devletin ontolojik değişimi"* esas alınır...

13.3- SOSYAL DEVLET DEVRİMİ!

Sosyal devlet, sanıldığının aksine bir *"sadaka devleti"* değildir. Devletin sosyalizasyonunun ilk aşamasıdır. Kalıcı bir sosyalizasyonun öncülüdür.

Demokratik devrimlerle gerçekleşmesi açısından, "*enerji ve teknoloji*" devrimlerini gerçekleştirmiş devletin, cari açık adı altında mahkum edildiği zincirlerden kurtularak bazı yapısal değişikliklere yönelmesidir.

İdeal anlamda "*sınıfsız ve sömürüsüz*" bir geleceği inşa açısından sosyal devlet, demokratik devrimin en önemli aşamasıdır. Sosyal devletler; Batı Avrupa pratiği üzerinden tanımlanamaz.

Dolayısıyla yeni bir teoriye ihtiyacı vardır.

Para bazlı ekonominin yaşayan en temel zinciri olan "enerji ve teknoloji" taleplerine yönelen bir siyasal hareketin 3. büyük devrimi bu olacaktır. Enerji ve teknoloji devrimlerinin amacı, "piyasa adı verilen" para hegemonyası ve kar ideolojisinden bağımsız bir amaçsal alan yaratmaktı. Bu amacın gerçekleşmesi, ancak ve ancak "devletin" bir politik temelde, bu alanlarda baskın kimlik olarak belirleyici unsur olabilmesi ile mümkündür. Ya da en basit haliyle, eğer "demokratik alanın içinden bir devrimci çıkışı" hedefliyorsanız, en temel yol haritanız bu olacaktır.

Sosyal devlet; "*halkın mutlak ihtiyaçlar temelinde,*" hak olan tüm ihtiyaçlarının karşılanmasına aracılık eden örgütlenme biçimidir. "*Kira, sosyal ilişkilenme*" ve benzer tüm ihtiyaçların, bir "*hak*" olarak korunmasına yol açan devlet örgütlenmesidir. Hedeflediği siyasal alan; "*lütufkar bir dille, demagojinin kitleleri manipüle etmesine müsaade etmeyecek kurumsallıkta,*" devletin üretimden ve vergilendirmeden doğan değerlerini yurttaşlarına iade etmesidir.

Bu durumun akabinde, sosyal güvencelerin "*güvenceye kavuşturulduğu*" bir zemin inşa edilebilecektir.

Yani şöyle düşünün; "*tüm bunlar yaşanırken, devletin artı değeri halka yansıtması halinde oluşacak sirkülasyon*" bir nebze de olsa eşitsizlikleri giderecek. Bir ortaklaşmacı zemin yaratabilecektir.

Devletin kasasına düşen kazanımların "*halka aktarılması*" fikri, her iktidarın temel önermesidir. Fakat Popülist iktidarlar, kaynak yaratmak yerine, kaynak yaratan alanların satılması üzerinden popülizm yaparlar. Şeker fabrikalarının satışı buna işarettir. Gerçek manada halkın iktidara ortak olabileceği temel zemin, halkın artı değeri ortaklaşmasıdır.

Bu amacı içselleştiren siyasal iktidarın en önemli eylemi bu olacaktır.

14.4- KÜLTÜR DEVRİMİ!

Esasen satır aralarında sırrını aktardığım bir süreç olarak kültür devrimi, devlet ile kültürel arasındaki ilişkinin özerkleşmesine dayanır. Bu özerkleşmenin *"sermayenin"* kontrolüne girerek, bir alternatif kültürel hegemonyanın oluşması riskine binaen, halkın mutlak ve gerçek ortaklaşma temeli esas alınır.

Her devrim kendi kültürel hegemonyasını yaratır. Bu kaçınılmaz bir durumdur. Esasen *"kamuculuk"* gibi tarih ve ruh köklerimizin ortaklaştığı bir temelde gelişecek her devrimsel hareketlilik, bütün değerlerin kucaklandığı bir kültürel hegemonyanı örgütler. Dolayısıyla bu hegemonyanın sahibi halktır. Halk adına hegemonya üreten bir azınlık değil.

Devletin bu anlamda yapabileceği tek şey; *"teşvik ve denetimdir."* Devlet, medyaya müdahale edemez. Ama bir *"adil denetim"* zemini kurabilir. Halk adına, halk yararına bu zemin, hegemonyanın dirilmesini engelleyici bir tedbirdir. Bu nedenle, mutlak bir basın özgürlüğü öngörülürken, kültürel iktidarın oluşması açısından; *"kamucu ve ortaklaşmacı"* değerlerin baskın gerçekliğini ve tarihsel haklılığını görünür kılan bir organizasyon şekillenebilir.

Halkın *"devlete"* ortak olduğu *"sosyal devlet"* formunun kritik eşiği budur. Kültür hayatının her alanında; her görüş kendini ifade edebilir. Sonsuz bir özgürlük ve eşitlik alanından bahsetmek mümkündür.

Ortaklaşmanın ve paylaşmanın hazzı, sosyal ve kültürel alanı yeniden yeşertecektir.

Bu alanda yaşanacak her gelişme, bir mutlak amacın gerçekleşmesini sağlayacaktır. Kitlelerin yükselen motivasyonu; *"üretimin, hukuksal alanın ve düşünüş alanının"* sermayeden tamamen bağımsız, tümüyle kamusal ve kamusal gerçekliklerle örülmüş bilimsel alanlara dönüşmesi temelinde şekillenecektir.

Yani halk, kendi yarattığı iktidarı *"bizzat"* sahiplenecek, ortaklaşacak ve mesajının herkesçe algılanması adına kendi kültürel alanını inşa edecektir. Özgür ve demokratik bir alan olarak *"kül-*

tür devrimi," Çin devriminin totaliter mantığından ibaret alan bir ruhla, kitlelerin politizasyonu temelinde gelişmelidir.

Unutmamak gerekir ki, "*kültür devrimi,"* bir iktidar hareketinin; kendisi gibi düşünmeyenleri yok ettiği süreçlere evrilebilir.

Bunu engellemenin temel yolu, güçlü ekonomik reformlardır. Gerçek manada kamusallaştırılan ekonomik alan, kendiliğinden "*kültürel devrimini*" örgütleyecektir. Evrensel kriterlerce suç addedilmeyen hiçbir olguya, devletin müdahale etmeyeceği bir temelde, yaşanan pratikten beslenen bir yeni kültürel iktidar inşa edilecek, bu iktidar; tüm tarihsel değerlerin referans addedildiği güçlü bir kültürel iktidar olacaktır.

14.5- SÜREKLİ DEVRİM, KESİNTİSİZ DEVRİM!

Artık anahtar, gerçek manada halktadır. Halkın ileriye yönelme istidatını büyütecek her dinamik şekillenmiştir. Halk; bir nihai amaç etrafında birleşerek; sınıfsız ve sömürüsüz Dünya'nın temellerini yükseltebilir. Ya da geriye dönmeyi arzu edebilir. Yaşanan gelişmelere rağmen, geriye gidiş arzusunun belirginleşmesi halinde, halka rağmen; üstelik tüm olanaklarla, halkın gerçekliği hissedişine rağmen bu durum karşısında pozisyon almak, gerçekçi olmayacaktır. Bizim gibi entelektüel çevrelerin, alacağı pozisyon bu olacaksa da, durumun arızi nedenlerini kavrama çabası bu noktada baskın gelecektir.

Yeryüzünde yaşanacak her ilerici politik hareketliliğin nihai amacı, Dünya'nın "*sınıfsız ve sömürüsüz*" bir yere dönüşmesidir. Bu mutlak hedef bağlamında, herkesin üretimden pay aldığı, herkesin memnun olduğu, herkesin kendi inanç ve kimliğiyle var olabildiği bir yeni gelecekten bahsetmemiz gerekir.

Öyle ki, herkes eşittir. Herkes özgürdür. Her inanç, düşünce, yaşam tarzı "*özeldir.*" Devletlerin ya da devletlere hükmeden dar zümrelerin, bu tarzlar üzerinde belirlediği tercihler gayrı meşrudur. Popülisttir.

Dolayısıyla, eşit ve özgür bir geleceğin inşası açısından kaçınılmaz olan, halkın tesir altında tutulduğu popülist sihrin bozulmasıdır...

SONUÇ

Bu kitapta bir olgu olarak *"popülizmi"* tanımladık.

Popülizmin yöntemlerini ortaya koyduk.

Ve yaşayan örneklerini belirginleştirdik.

Popülistlerle nasıl mücadele edileceğinden dem vurduk.

O mücadelenin zeminini anlattık.

Ve o zeminde bir mücadelenin nasıl verileceğini kendi görüşlerimizce ifade ettik.

Ve yine o mücadelenin tasarladığı geleceği görünür kıldık.

Eksiğimiz olabilir. Yanlışlarımız olabilir. Teorik açmazlarımız ya da hatalarımız olabilir.

En azında şimdilik *"doğrularımız adına,"* mücadeleye devam edeceğiz.

Ya sen?

Mücadeleye var mısın?

Bekliyorum.